精品课程新形态教材

21 世纪应用型人才培养规划教材

新时代创新型人才培养精品教材

U0730800

# 国际结算

GUOJI
JIESUAN

主编 蓝振峰 申之峰 解 蕾

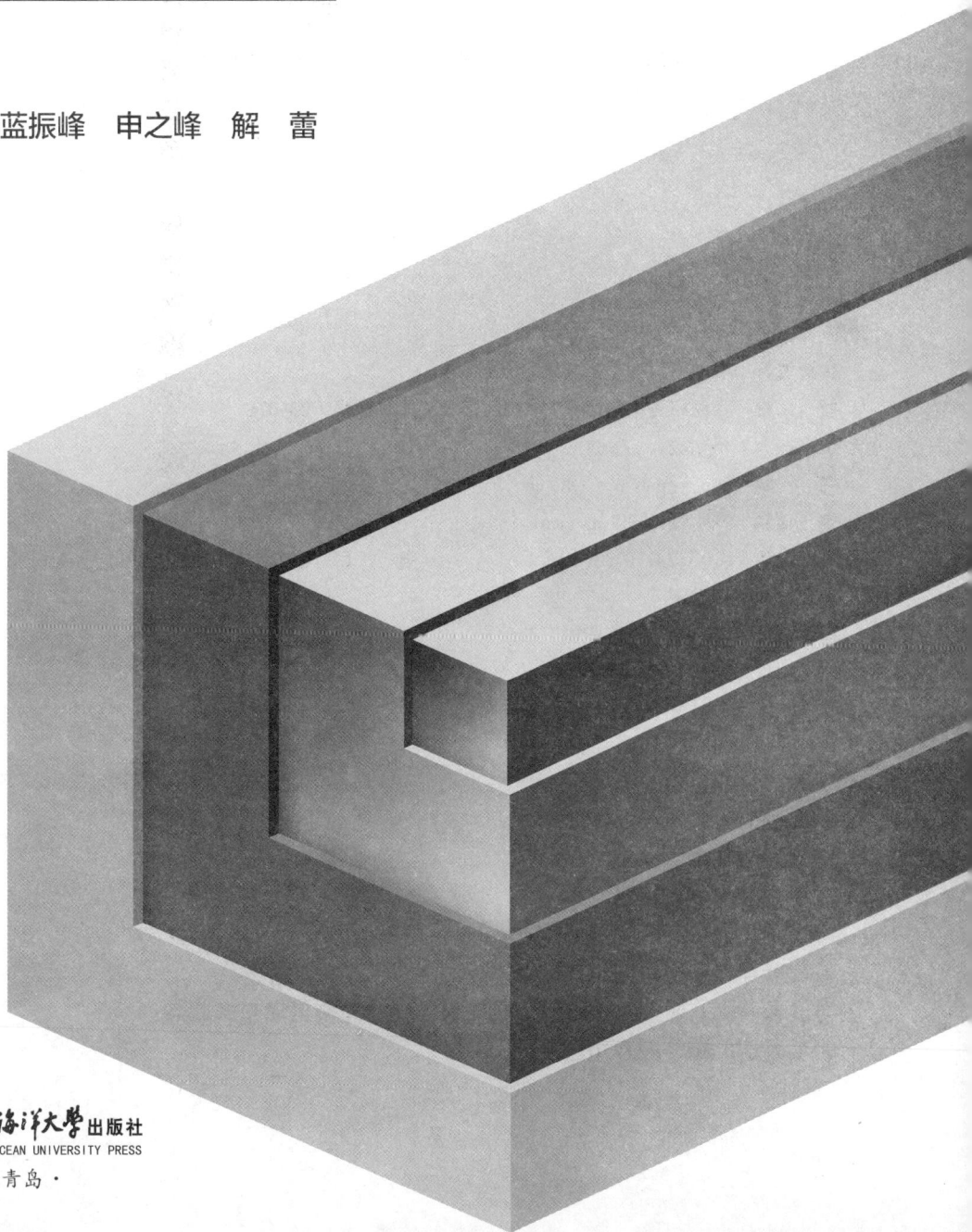

中国海洋大学出版社
CHINA OCEAN UNIVERSITY PRESS

·青岛·

**图书在版编目（CIP）数据**

国际结算/蓝振峰，申之峰，解蕾主编.—青岛：
中国海洋大学出版社，2022.3（2024.3重印）
ISBN 978-7-5670-3117-3

Ⅰ.①国…　Ⅱ.①蓝…②申…③解…　Ⅲ.①国际结
算　Ⅳ.①F830.73

中国版本图书馆 CIP 数据核字（2022）第 039106 号

| | | | |
|---|---|---|---|
| 出版发行 | 中国海洋大学出版社 | | |
| 社　　址 | 青岛市香港东路 23 号 | 邮政编码 | 266071 |
| 出 版 人 | 杨立敏 | | |
| 网　　址 | http://pub.ouc.edu.cn | | |
| 电子信箱 | 2880524430@qq.com | | |
| 订购电话 | 010-82477073（传真） | 电　　话 | 0532-85902349 |
| 责任编辑 | 王积庆 | | |
| 印　　制 | 涿州汇美亿浓印刷有限公司 | | |
| 版　　次 | 2022 年 3 月第 1 版 | | |
| 印　　次 | 2024 年 3 月第 2 次印刷 | | |
| 成品尺寸 | 185 mm×260 mm | | |
| 印　　张 | 16 | | |
| 字　　数 | 223 千 | | |
| 印　　数 | 10000—13000 | | |
| 定　　价 | 45.00 元 | | |

# 《国际结算》编委会

# 前　言

党的二十大报告中指出："坚持以人民为中心发展教育，加快建设高质量教育体系，发展素质教育，促进教育公平"。

国际结算业务既有高度的实践性，又有极强的前沿性。特别是《跟单信用证统一惯例》（UCP600）经国际商会通过，对我国的外贸、银行、法律、外运及保险各界都影响深远。因此，根据 UCP600 等国际贸易规则的演进，编写适合当前经贸发展需要的国际结算实训及习题册是当务之急。在上述思想的指导下，本教材编写坚持以下原则和特色：

1. 习题导向，将重要知识点全部以实训习题的形式体现，所以该教材实训习题部分篇幅比理论部分要大，让学生在完成习题过程中切实掌握重要知识点；

2. 实践导向，强调结算实训操作环节，体现为理论常识部分简略，实训习题部分丰满，题型以操作题、案例分析为主，让学生在动手完成实训习题的过程中提高技能和掌握知识。

3. 上课导向，本教材的使用主要着眼于教学，所以内容的编排具有针对性，既体现在内容上，也体现在习题形式上。

本书在编写过程中参考了大量优秀教材和相关业务部门专业人士为本书提供大的量最新资料，在此一并致以深切的谢意！

由于作者水平有限，书中不足之处在所难免，恳请读者批评指正。

编　者

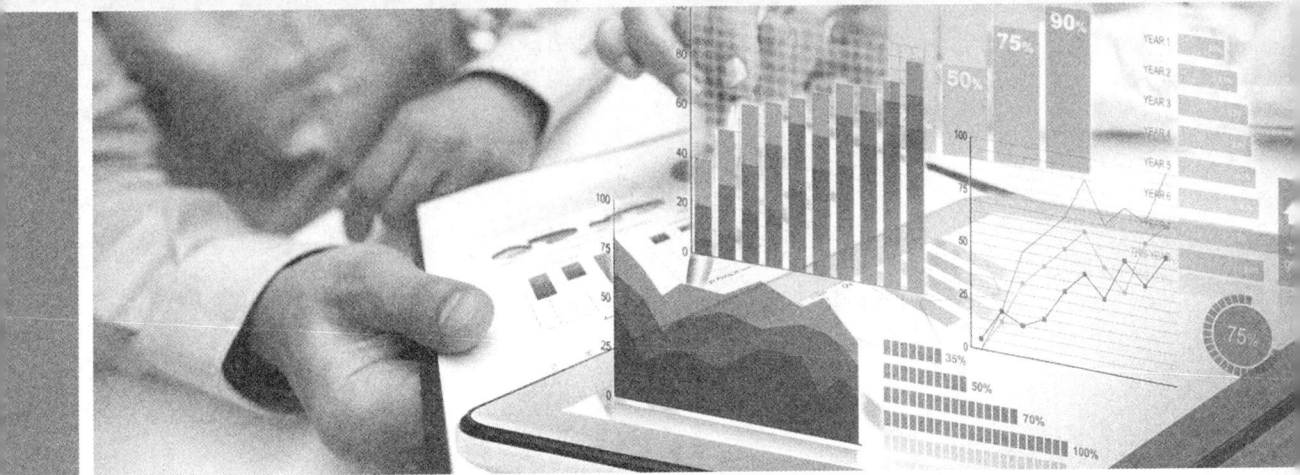

# 目录 | CONTENTS

# 第一章  国际结算概论

**知识要求**

通过本章的学习，学生能够掌握国际结算的含义、分类、特点、国际结算的基本法规，了解国际结算体系的构成，熟悉主要发达国家的国际结算系统的特点等知识点。

**技能要求**

通过本章的学习，学生能读懂 SWIFT 报文的基本内容，区别报文的基本类别，掌握主要国际结算规则，能用国际结算规则分析国际结算案例和现象。

**关键术语**

国际结算  SWIFT  UCP600  URC522

# 第一部分  国际结算概述常识

## 第一节  国际结算的概念及分类

### 一、国际结算的概念和业务种类

国际间由于经济、政治及文化交流等原因，产生了不同国家政府间、企业间或个人间的以货币表示的债权债务关系，用货币的收付结清国际间的债权债务关系的行为，称之为国际结算（International Settlement）。伴随着国际交往的日益增加以及经济全球化的深入发展，国际间发生的货币收付越来越频繁。国际结算在促进各国经济和国际贸易的不断发展，加强国际政治、文化等交流，促使国际金融一体化等方面发挥了越来越重要的作用。与此同时，开展国际结算业务还可以为参与国引进外资、资本输出、创收和积累外汇、稳定本国货币汇率、加强对外支付能力创造良好的条件。引起国际结算的原因很多，如国际商品贸易、国际服务贸易、国际金融交易和政府间支付等。

## 二、国际结算业务种类

国际结算的产生与发展同国际贸易、国际运输、国际金融和国际通信科学技术的发展进步有着密切的联系，并随着后者的不断发展而产生了不同的业务种类。归纳起来，国际结算业务通常有以下种类（见表1-1）。

表1-1　国际结算业务的种类和特点

| 种类 | 特点 |
| --- | --- |
| 国际贸易结算 | 由有形贸易引起的国际结算 |
| 国际非贸易结算 | 由服务贸易和非贸易从属费用结算及其他业务引起的结算 |
| 现汇结算 | 进出口双方通过银行汇兑，每笔交易单独结清，用汇付、托收、信用证或保函等方式结算 |
| 记账结算 | 根据两国政府间贸易支付协议，由双方国家银行或其他指定银行相互开立"清算账户"进行结算 |

## 三、国际结算的特点

### （一）国际结算是银行的一项中间业务

随着国际贸易的发展，传统的银货当面两讫的结算方式，已无法满足交易数量和交易金额巨大的国际贸易货物交割。同时，贸易单据化的发展又大大方便银行介入国际结算，银行成为国际结算不可或缺的主体。国际结算业务是商业银行代客户清偿债券债权债务、收付款项的一项中间业务。它使商业银行承担较少风险并获取丰厚的利润，同时带动银行的资产、负债及表外业务的开展。

### （二）国际结算与国际金融密切相关

国际结算与国际金融密切相关，在进行国际结算时经常涉及外汇转移及外汇票据流通、货币兑换与汇率、外汇进出入管制、外汇风险等问题，而这些都是国际金融实务的主要内容。

### （三）国际结算以国际贸易为基础

国际结算以国际贸易的产生和发展为前提，国际贸易的发展促进了国际结算的发展，国际结算的发展反过来又推动了国际贸易的发展，国际结算自产生之日起就是以服务贸易为宗旨。

### （四）国际结算环节比国内结算复杂

国际结算和国内结算相比更为复杂，在币种、风险、法律、文字和环节上均有差异，具体见表1-2。

表1-2　国际结算和国内结算的区别

|  | 国际结算 | 国内结算 |
|---|---|---|
| 货币 | 不同货币，涉及货币汇兑和汇率差 | 法定货币，不涉及汇率变化 |
| 风险 | 信用风险、汇率风险和政治风险 | 信用风险为主 |
| 法律 | 不同法律体系，涉及国际法和国际惯例的运用 | 国内法为主 |
| 文字 | 外语为主 | 本国文字 |
| 环节 | 环节多 | 环节相对少 |

# 第二节　国际结算适用的惯例与规则

由于国际结算涉及不同国家的法律，但目前各国法律对此的规定并不完全统一，因此，在处理国际结算问题时，很少适用某一当事人或某银行所在国的法律。为了保证国际结算的顺利进行，充分发挥其在国际贸易或其他国际活动中的功能和作用，国际社会已发展和形成了国际结算的统一做法和相关的规则，以消除各国在此方面的分歧。这种统一做法和规则就是目前国际结算中广泛适用的国际惯例与规则。国际结算中适用的国际惯例与规则，通常包括以下几种。

## 一、英国《票据法》

英国于1882年制定了《票据法》，此后对其少部分内容做了适当修改。虽然该《票据法》属于英国的国内法，但由于其权威性和历史悠久，在涉及国际结算问题时，许多当事人通常约定援引该法作为解决依据，因此，该法具有国际惯例的性质和特点。

## 二、日内瓦《统一汇票本票法公约》及《统一支票法公约》

1930年和1931年国际联盟在日内瓦召开国际票据法会议，通过了《统一汇票本票法公约》和《统一支票法公约》。上述公约现在已被法国法系和德国法系的大多数国家所接受，因此，大陆法系各国的票据法基本趋于统一。

## 三、国际商会《托收统一规则》（URC522）

在全球范围内统一托收的做法，减少了各有关当事人之间可能产生的争议，国际商会早在1958年就制定了《商业单据托收统一规则》。为了适应国际贸易发展的需要，国际商会在不断总结实践经验的基础上，对上述规则进行了多次修订。现行的《托收统一规则》

（The Uniform Rules for Collection, ICC Publication No. 522, URC522）是 1996 年 1 月 1 日开始实施的。该规则自实施以来，已被各国银行和贸易商广泛采用，它已成为托收业务的国际惯例。

## 四、国际商会《跟单信用证统一惯例》（UCP600）

国际贸易结算的国际性要求信用证规则在国际间的一致性。1929 年国际商会制定了《商业跟单信用证统一规则》，此后经过多次修改，定名为《跟单信用证统一惯例》（UCP）。目前正在使用的是国际商会 2007 年修订本，国际商会第 600 号出版物，简称UCP600。UCP600 已成为国际间各国银行和贸易商处理信用证业务的基本规则，对信用证的争议或纠纷乃至诉讼通常援引它作为依据。UCP600 促进了国际结算业务的标准化与统一化，使国际贸易与金融活动更加融合。

## 五、国际商会《国际备用证惯例》（ISP98）

自 UCP600 实施以来，备用信用证的使用一直适用《跟单信用证统一惯例》。尽管备用证与跟单信用证有许多相似之处，但两者在实际操作中毕竟有许多不同之处。因为UCP600 并非专为备用信用证而制定的，这就导致了有别于一般跟单信用证的备用信用证的特点在 UCP600 中得不到体现，从而使许多问题无从解决。因此，制定一部专门适用于备用信用证的国际统一规则势在必行，尤其是广泛使用备用信用证的美国更感到形势的紧迫性。1998 年在美国国际金融服务协会、美国国际银行法律与惯例协会和国际商会银行技术与实务委员会的共同努力下，国际商会以第 590 号出版物（ICC590）颁布了《国际备用证惯例》（ISP98），并于 1999 年 1 月 1 日起开始实施，从此国际间有了专门规范备用信用证的统一惯例。

## 六、国际商会《审核跟单信用证项下单据的国际标准银行实务》（ISBP645）

国际商会在 2002 年通过了《审核跟单信用证项下单据的国际标准银行实务》（International Standard Banking Practice for the Examination of Documents under Documentary Credits），简称《国际标准银行实务》（ISBP645）（ICC 出版物 645 号）。它对银审单及国际贸易中的制单结汇具有重要指导作用。

## 七、独立保函惯例与规则

为了向国际贸易和国际结算的有关当事人在国际商事中使用的信用担保提供统一的指导规则，有关的国际组织，如国际商会自 20 世纪 60 年代就开始致力于此项工作。到目前为止，国际商会先后制定并实施了以下相关的惯例与规则：《合同保证统一规则》（Uniform Rules for Contract Guarantee，1978 年国际商会 325 号出版物）、《见索即付保函统一规则》（Uniform Rules for Demand Guarantees，1992 年国际商会 458 号出版物）、《合同保函统一规则》（Uniform Rules for Contract Bonds，1993 年国际商会 524 号出版物）、《国际备用证惯例》（International Stand-by Practice，1998 年国际商会 590 号出版物）等。

1996 年联合国国际贸易法委员会正式通过了《联合国独立担保与备用信用证公约》（United Nations Convention on Independent Guarantees and Stand-by Letter of Credit）。上述惯例与规则对国际贸易和国际结算中常用的保函问题进行统一的规范。除上述惯例与规则外，国际商会的其他出版物，如各种答疑和意见汇编、案例分析与研究等，都是国际结算可适用的统一惯例与规则，均可作为处理相关结算业务的依据。

# 第三节　国际清算体系

## 一、支付清算体系的含义

支付清算体系由提供支付清算服务的中介机构和实现支付指令传递及货币资金清算的专业技术手段共同组成，用以实现债权债务清偿及资金转移的一种金融安排。国际支付清算体系的基本要素包括付款人、付款人的开户行、票据交换所、收款人的开户行和收款人。

## 二、货币跨国支付总原则

（1）任何外币票据不能进入本币票据交换所。

（2）跨国流动票据，其出票人和收款人可以是全球任何地方的个人或企业，但是票据的付款人或担当付款的人必须是所附货币清算中心的银行。

（3）将外币存款账户开设在该种外币的发行和清算中心，以便顺利地完成跨国的货币收付。

## 三、电子支付系统

### （一）电子支付系统的含义

电子支付（Electronic Payment）是通过计算机和电子通信设备进行金融交易的系统，它无须任何实物形式的标记，以纯粹电子形式的货币，一般以二进制数字的方式保存在计算机中。目前最主要的电子支付创新是电子资金转账系统，即 EFT 系统的应用。EFT 系统产生于 20 世纪 60 年代，是银行同客户进行数据通信的一种电子系统，它是银行之间利用自有的网络来做电子资金转换，用于传输同金融交易有关的电子资金和相关的数据与信息，为客户提供支付服务。

### （二）电子支付系统的发展

第一阶段：银行内部电子管理系统与其他金融机构的电子系统连接起来，如利用计算机处理银行之间的货币汇划、结算等业务。

第二阶段：银行计算机与其他机构的计算机之间资金的汇划，如代发工资等。

第三阶段：通过网络终端向客户提供各项自助银行服务，如 ATM 系统。

第四阶段：利用网络技术为普通大众在商户消费时提供自动扣款服务，如 POS 系统。

第五阶段：网上支付方式的发展，电子货币可随时随地通过 Internet 直接转账、结算，形成电子商务环境。

## （三）电子支付系统的种类与功能

电子支付系统主要包括三个子系统。

第一个子系统是银行传输系统，包括分支行联网系统（On-Line Branch System，OBS）。

第二个子系统是客户直接传输系统，它包括自动出纳机（Automated Teller Machine，ATM）、银行居家系统（Bank-at-home System）、零售点系统（Point-of-sale System）、企业电子转账服务（Corporate EFT Services，CEFTS）。

第三个子系统属于银行间传输系统，包括自动清算所（Automated Clearing House，ACH）和金融服务网络（Financial Service Network，FSN）。

# 四、主要国家（地区）的清算系统

## （一）美国的支付清算系统

### 1. 美国支付体系的主要特点

（1）"纸交换"发展得较晚，"电交换"出现得较早。

（2）有众多的提供支付、清算、结算服务的金融中介。

（3）有各种各样的支付工具和结算机制。

（4）美国制约支付活动的法律框架以及监控提供支付服务的金融机构的法规非常复杂。

（5）技术革新和竞争促进了美国支付体系的现代化。

（6）美国金融市场规模巨大。

### 2. FEDWIRE 资金电划系统

FEDWIRE 是美国境内美元收付系统，它属于美国联邦储备委员会所有。FEDWIRE 资金转账系统是一个实时的、全额的、贷记的资金转账系统。它还包括一个独立的电子簿记式的政府证券转账系统。FEDWIRE 资金转账主要用于银行间隔夜拆借、银行间结算业务、公司之间付款以及证券交易结算等。

FEDWIRE 支付信息通过连接 12 个联邦储备银行跨区的通信网络和联邦储备银行辖区内连接联储银行和其他金融机构的当地通信网络来传递。来自金融机构的支付信息被传送到当地联储银行的主机系统上进行处理。

FEDWIRE 资金转账系统 70%以上的用户（占业务量的 99%）以电子方式与联储相连接。

### 3. 清算所同业支付系统

清算所同业支付系统（Clearing House Interbank Payment System，CHIPS）是一个由纽约清算协会拥有并运行的一个私营支付系统。它是作为替代纸票据清算的一个电子系统。与 FEDWIRE 类似，清算所支付系统是一个贷记转账系统。然而与 FEDWIRE 不同的是，清算所支付系统要累计多笔支付业务的发生额，并且在日终进行净额结算。清算所同业支付系统的参与者可以是商业银行、国际条例公司和纽约州银行法所定义的投资公司或者在纽约设有办事处的商业金融机构的附属机构。一个非参与者要想通过清算所同业支付系统进行资金转账必须雇用一个清算所支付系统参与者作为他的代理者。

**4. CHIPS 和 FEDWIRE 的关联和区别**

CHIPS 既是 Fedwire 的客户也是其竞争者，两者的区别见表 1-3。CHIPS 的 49 家直参行也是 FEDWIRE 的参与行，他们在 CHIPS 和 FEDWIRE 都有账户，CHIPS 在 FEDWIRE 系统也有一个预付金余额账户即 CHIPS 账户。CHIPS 要求其参与行在每天的日初都要有一定铺底资金（InitialFunding）存在于其开在 FEDWIRE 上的 CHIPS 清算账户，一旦通过 FEDWIRE 资金账户向此 CHIPS 账户注入相应的资金后，就可以在这一天当中利用该账户进行支付指令的结算。如果参与者没有向 CHIPS 账户注入这笔资金，未达到初始头寸要求，则不能通过 CHIPS 发送或接收支付指令。在日间，CHIPS 参与行可以通过 FEDWIRE 向 CHIPS 发送追加资金报文（supplemental funding payments）来补充自己在 CHIPS 的清算资金。

表 1-3　CHIPS 和 FEDWIRE 的区别

|  | 拥有者 | 机构数量 | 支付最终性 | 结算方式 | 风险控制 |
|---|---|---|---|---|---|
| CHIPS | 纽约清算协会 | 49 家 | 指令从中央队列中释放后 | 延迟净额结算 DNS | 要求成员机构设立专门的 CHIPS 账户并通过 Fedwire 预先存入资金以满足相应头寸要求 |
| FEDWIRE | 美联储 | 数千家 | 收款方收到指令 | 实时全额结算 RTGS | 提供一定透支额度 |

## （二）瑞士跨行清算系统

瑞士跨行清算系统（SIC）的职能是对存放在瑞士国民银行的资金每日 24 小时执行最终的、不可取消的、以瑞士法郎为单位的跨行支付。瑞士跨行清算系统是瑞士唯一的、以电子方式执行银行间支付的系统。它是一个全额系统，即所有的支付都逐笔在参与者的账户上进行结算（借记支付指令发起行的账户，贷记接收行的账户）。瑞士跨行清算系统既是大额支付系统，也是小额零售支付系统，它没有金额的限制。瑞士跨行清算系统是由 TelekursAG 联合瑞士的各个银行和瑞士国民银行在 1981 年至 1986 年开发的，并于 1987 年 6 月 10 日开始运行。启动阶段从 1987 年 6 月持续到 1989 年 1 月。

## （三）英镑清算系统

交换银行自动收付系统（Clearing House Automated Payment System，CHAPS）。英国的 11 家清算银行加上英格兰银行共 12 家交换银行集中进行票据交换，其他商业银行则通过其往来的交换银行交换票据。非交换银行须在交换银行开立账户，以便划拨差额，而交换银行之间交换的最后差额则通过它们在英格兰银行的账户划拨。

CHAPS 定有四条基本规定。

（1）该系统不设中央管理机构，各交换银行之间只在必要时才进行合作（指最低限度的合作）。

（2）付款电传一旦发出并经通道认收后，即使马上被证实这一付款指令是错误的，发报行也要在当天向对方交换银行付款。

（3）各交换银行在规定的营业时间内必须保证通道畅通，以便随时接收其他通道发来的电传。

（4）各交换银行必须按一致通过的协议办事。

### （四）日本银行金融网络系统

日本银行金融网络系统（BOJ-NET）于 1988 年 10 月开始运行，它是一个用于包括日本银行在内的、金融机构间的、电子资金转账的联机系统。该系统由日本银行负责管理。金融机构要想成为日银网络资金转账服务的直接使用者，就必须在日本银行开设账户。系统的参与者包括银行、证券公司和代办短期贷款的经纪人，以及在日本的外国银行和证券公司。日银网络处理的资金转账一般是贷记转账，但如果是内部资金转账，也可以执行借记业务。一个发送银行可以传递一条附有发送行或者商业银行客户信息的支付指令。为第三方进行转账的最低金额定为 3 亿日元。

日本银行提供的大多数支付业务都可由日银网络处理。该系统可以用于处理下列业务。

（1）金融机构间涉及行间资金市场和证券的资金转账。

（2）同一金融机构内的资金转账（内部资金转账）。

（3）由私营清算系统产生的头寸结算。

（4）金融机构和日本银行之间的资金转账（包括国库资金转账）。

### （五）欧元实施后的欧洲支付系统

欧洲跨国大批量自动实时快速清算系统（Trans European Automated Realtime Gross Settlement Express Transfer，TARGET）于 1999 年 1 月 1 日正式启用。该系统联结各成员国中央银行的大批量实时清算系统，按法兰克福时间每日运行 11 个小时（早 7 时至晚 6 时）。

1999 年欧元实施后，除了 TARGET 系统以外，欧元区内各商业银行将至少有五个清算渠道与区内及全球各往来银行进行资金清算划拨。

（1）通过各自的中央银行清算中心与国内银行清算或在欧洲跨国大批量自动实时快速清算系统上与其他成员国银行清算。

（2）通过欧洲银行协会的结算网络系统清算。这个系统目前共有 18 个国家的 91 个银行成员。

（3）通过环球同业银行电信协会（SWIFT）进行清算。

（4）通过对清算账户的直接借记和贷记清算。

（5）通过国际银行组织电子银行协会（Electronic Banking Association）清算。

### （六）中国香港的支付清算系统

中国香港的自动清算系统叫作 CHATS（Clearing House Antomated Transfer System），凡是该系统的成员银行均可以利用该系统调拨港币，快捷又方便。中银集团 13 家银行均成为其会员。

### （七）中国的支付清算系统

2015 年 10 月，人民银行推出了人民币跨境支付（CIPS）。首批直接参与者包括境内的中外资银行机构 19 家，间接参与者共 176 家，覆盖了 47 个国家和地区。CIPS 一期系统主要功能是用于跨境人民币贸易结算，支持跨境贸易和货物服务贸易、服务贸易结算、跨境投融资、跨境个人汇款等业务，CIPS 对于提升人民币作为国际贸易结算货币的地位，以及人民币国际化和加入 SDR 都具有一定的推动作用。

其主要特点包括以下几个方面。

（1）CIPS 采用实时全额结算方式处理客户汇款和金融机构汇款两类业务。

（2）各直接参与者一点接入，集中清算业务，缩短清算路径，提高清算效率。

（3）采用国际通用 ISO20022 报文标准，采纳统一规范的中文四角码，支持中英文传输，在名称、地址、收费等栏位设置上更有利于人民币业务的自动处理。CIPS 报文设计充分考虑了与现行 SWIFTMT 报文的转换要求，便于跨境业务直通处理并支持未来业务发展需求。

（4）运行时间覆盖亚洲、欧洲、非洲、大洋洲等人民币业务主要时区。

（5）为境内直接参与者提供专线接入方式。

## 五、国际清算组织

### （一）环球同业银行金融电信协会

环球同业银行金融电信协会（Society for Worldwide International Financial Telecommunications，SWIFT）是一个国际银行间的非营利合作组织，成立于 1973 年，全球大多数国家大多数银行已使用 SWIFT 系统。总部设在比利时的布鲁塞尔，同时在荷兰阿姆斯特丹和美国纽约分别设立交换中心（Swifting Center），并为各参加国开设集线中心（National Concentration），为国际金融业务提供快捷、准确、优良的服务。SWIFT 运营着世界级的金融电文网络，银行和其他金融机构通过它与同业交换电文（Message）来完成金融交易。除此之外，SWIFT 还向金融机构销售软件和服务，其中大部分的用户都在使用 SWIFT 网络。

SWIFT 的特点。

（1）SWIFT 需要会员资格。我国的大多数专业银行都是其成员。

（2）SWIFT 的费用较低，高速度。同样多的内容，SWIFT 的费用只有 TELEX（电传）的 18% 左右，只有 CABLE（电报）的 2.5% 左右。

（3）SWIFT 的安全性较高。SWIFT 的密押比电传的密押可靠性强、保密性高，且具有较高的自动化。

（4）SWIFT 的格式具有标准化。对于 SWIFT 电文，SWIFT 组织有着统一的要求和格式。

SWIFT 报文共有十类。

第一类：客户汇款与支票（Customer Payments & Checks）。

第二类：金融机构间头寸调拨（Financial Institution Transfers）。

第三类：资金市场交易（Treasury Markets-FX，MM，Derivatives）。

第四类：托收与光票（Collections & Cash Letters）。

第五类：证券（Securities Markets）。

第六类：贵金属（Treasury Market-Precious Metals）。

第七类：跟单信用证和保函（Documentary Credits and Guarantees）。

第八类：旅行支票（Traveler's Checks）。

第九类：现金管理与账务（Cash Management & Customer Status）。

第十类：SWIFT 系统电报。

除上述十类报文外，SWIFT 电文还有一个特殊类，即第 N 类—公共报文组（Common Group Messages）。

## （二）国际清算银行

国际清算银行（Bank for International Settlements，BIS）是英、法、德、意、比、日等国的中央银行与代表美国银行界利益的摩根银行、花旗银行组成的银团，根据海牙国际协定成立于 1930 年，最初为处理第一次世界大战后德国战争赔款问题而设立，后演变为一家各国中央银行合作的国际金融机构，是世界上历史最悠久的国际金融组织，总部设在瑞士巴塞尔。其刚建立时只有 7 个成员国，现成员国已发展至 60 家中央银行或货币当局。

2019 年，国际清算银行宣布分阶段在不同城市设立创新中心，首先设立的两个中心位于瑞士巴塞尔和中国香港，第三个位于新加坡。

资金来源：成员国缴纳的股金、借款和吸收存款（各国央行和商业银行）。

服务对象：国际清算银行以各国中央银行、国际组织（如国际海事组织、国际电信联盟、世界气象组织、世界卫生组织）为服务对象，不办理私人业务。

组织业务：处理国际清算事务，办理或代理有关银行业务和定期举办中央银行行长会议。

组织作用：这对联合国体系内的国际货币金融机构起着有益的补充作用。外汇储备，货币种类可以转换，并可以随时提取而无须声明理由。这对一些国家改变其外汇储备的结构，实现多样化提供了一个很好的途径。在国际清算银行存放黄金储备是免费的，而且可以用作抵押，从国际清算银行取得黄金价值 85% 的现汇贷款。同时，国际清算银行还代理各国中央银行办理黄金购销业务，并负责保密。因此它在各成员国中央银行备受欢迎。除了银行活动外，国际清算银行还作为中央银行的俱乐部，是各国中央银行之间进行合作的理事场所，其董事会和其他会议提供了关于国际货币局势的信息交流的良好机会。

## 六、人民币跨境支付系统

人民币跨境支付系统（Cross-Border Interbank Payment System，简称 CIPS），是专司人民币跨境支付清算业务的批发类支付系统。该系统于 2012 年 4 月 12 日开始建设，2015 年 10 月 8 日上午正式启动。2018 年 3 月 26 日，CIPS 系统（二期）成功投产试运行。实现对全球各时区金融市场的全覆盖，支持全球的支付与金融市场业务，满足全球用户的人民币业务需求。截至 2019 年末，CIPS 系统共有 33 家直接参与者，903 家间接参与者，分别较上线初期增长 74% 和 413%，覆盖全球六大洲 94 个国家和地区，CIPS 系统业务实际覆盖

167 个国家和地区的 3000 多家银行法人机构。2019 年，人民币跨境支付系统处理业务 188 万笔，金额 34 万亿元。日均处理业务 7537 笔，金额 1357 亿元。

清算模式。现有人民币跨境清算模式主要包括清算行模式和代理行模式。清算行模式下，港澳清算行直接接入大额支付系统，其他清算行通过其总行或者母行接入大额支付系统，所有清算行以大额支付系统为依托完成跨境及离岸人民币清算服务。代理行模式下，境内代理行直接接入大额支付系统，境外参加行可在境内代理行开立人民币同业往来账户进行人民币跨境和离岸资金清算。

参与机构。工商银行、农业银行、中国银行、建设银行、交通银行、华夏银行、民生银行、招商银行、兴业银行、平安银行、浦发银行、汇丰银行（中国）、花旗银行（中国）、渣打银行（中国）、星展银行（中国）、德意志银行（中国）、法国巴黎银行（中国）、澳大利亚和新西兰银行（中国）、东亚银行（中国）、中信银行、广发银行、上海银行、江苏银行、三菱东京日联银行（中国）有限公司、恒生银行（中国）有限公司、中国银行（香港）有限公司、中国光大银行、银行间市场清算所、摩根大通银行（中国）、中央国债登记结算有限责任公司和网联清算有限公司共 31 家金融机构。

运营机构。跨境银行间支付清算有限责任公司负责运营，接受人民银行的监督，人民银行已经制定和发布了《人民币跨境支付系统运营机构监督管理办法》（银发〔2015〕290 号），对经营范围、业务运营等做出了规定。

运行时序。按照北京时间运行，以中国法定工作日为系统工作日，年终决算日是中国每年最后一个法定工作日。CIPS 每日运行时序分为营业准备、日间处理、业务截止和日终处理四个阶段，日间处理支付业务的时间为 9：00—20：00，运行时间为 5 × 24 小时 + 4 小时。

清算系统特点。运行时间为 5 × 24 小时 + 4 小时，实现对全球各时区金融市场的全覆盖；在实时全额结算模式的基础上引入定时净额结算机制，满足参与者的差异化需求，便利跨境电子商务；业务模式设计既符合国际标准，又兼顾可推广可拓展要求，支持多种金融市场业务的资金结算；丰富参与者类型，引入金融市场基础设施类直接参与者；系统功能支持境外直接参与者扩容，为引入更多符合条件的境外机构做好准备。建成 CIPS 系统备份系统，实现了主系统向备份系统的实时数据复制，提高了 CIPS 业务连续运行能力。

# 第二部分　国际结算概述实训习题

## 实训习题 1　主要国家（地区）的清算系统

| 简称 | 全称和基本业务 | 国别（地区） | 运营和管理人 |
| --- | --- | --- | --- |
| CHATS | | | |
| BOJ-NET | | | |
| FXYCS | | | |
| ZEGIN SYSTEM | | | |

| 简称 | 全称和基本业务 | 国别（地区） | 运营和管理人 |
|---|---|---|---|
| TARGET | | | |
| STEP | | | |
| FEDWIRE | | | |
| CHIPS | | | |
| CHAPS | | | |

## 实训习题2　SWIFT 主要的报文

| 主要报文 | 用途 |
|---|---|
| Customer Payments & Checks | |
| Financial Institution Transfers | |
| Treasury Markets—FX，MM，Derivatives | |
| Collections & Cash Letters | |
| Securities Markets | |
| Treasury Market—Precious Metals | |
| Documentary Credits and Guarantees | |
| Traveler's Checks | |
| Cash Management & Customer Status | |

## 实训习题3　SWIFT 的 BIC，按照 ISO-3166 标准，描述 BIC 各个部分的含义

| 项目 | BKCHCNBJ | BKCH | CN | BJ | X | 500 |
|---|---|---|---|---|---|---|
| 含义 | | | | | | |

## 实训习题4　阅读 SWIFT 的报文回答问题

| | |
|---|---|
| BASIC HEADER | F 01 XXXXXXX |
| APPLICATION HEADER | I 799 XXXXXX N 2018 |
| | —XXX BANK XX BRANCH |
| | —XX COUNTRY |
| USER HEADER | BANK PRIORITY 113 |
| | MSG USER RER. 108 |
| TRANSACTION REF. NUMBER | 20：10077006 |
| BARRATIVE | 79 |

RE YR CABLE DD TEST 3366 PLS UGENTLY ADVISE WITH WHOM YOU HAVE TEST-ED THE CREDIT AS WE DO NOT APPEAR TO HAVE DIRECT TESTING WITH YOURSEL VES.

TRAILER

**阅读电文回答问题：**

（1）BASIC HEADER 的含义是什么？

（2）APPLICATION HEADER 的含义是什么？

（3）USER HEADER 的含义是什么？

（4）TRANSACTION REF. NUMBER 的含义是什么？

（5）BARRATIVE 的含义是什么？

（6）TRAILER 的含义是什么？

（7）799 在这里表明涉及何种业务？

## 实训习题5　根据报文回答问题

｛1：F01BKCHCNBJASZN000000000｝

｛2：I103BOFAUS3NXXXN｝

：20：SZNBOFA40000100H

：32A：210225USD1000，00

：50：LI MING

：52D：BANK OF COMMERCIAL

XXX BRANCH·

SHEN ZHEN LOAD·

SHEN ZHEN

：53A：/D/100260110003456789·BKCHCNBJXXX

：59：/40000260010000000789·LI SAN

｛5：｛43DD6E50302000078030213 0078030213｝｝

根据报文回答问题

1. 这个报文是哪一类，主要处理那些结算业务？

2. ｛1：F01BKCHCNBJASZNO00000000｝是什么？BKCHCNBJASZN 代表什么？1 表示什么？

3. ｛2：I103BOFAUS3NXXXN｝2 表示什么？BOFAUS3NXXXN 表示什么？

4. ：20：SZNBOFA40000100H 表示什么？

5. ：32A：210225USD1000，00 各项分别表示什么？

6. ：50：LI MING 表示什么？

7. 52D 该栏表示什么？

8. ：53A 该栏表示什么？A 和 D 这里有什么不同？

9. 59：/40000260010000000789·LI SAN 表示什么？

# 第二章　国际贸易结算票据

知识要求

通过对本章的学习，学生应掌握以下知识点：结算票据的含义、常见票据行为、结算票据的种类的异同、票据法的有关规定。知识要求主要体现在第一部分国际结算票据常识部分。

技能要求

通过对本章的学习，学生应当掌握的操作技能包括：熟悉汇票的内容、掌握汇票在信用证和托收项下的区别、掌握汇票的背书操作、掌握远期汇票的付款日期的计算方法和区别常见的结算票据等。学生通过完成第二部分的实训习题来掌握以上技能和操作方法。

关键术语

汇票　票据行为　汇票的种类

# 第一部分　国际结算票据常识

国际贸易货款的收付，采用现金结算的较少，大多使用非现金结算，即使用代替现金作为流通手段和支付手段的信贷工具来结算国际间债权债务。票据是现代国际结算中通行的结算和信贷工具。国际贸易中使用的票据主要有汇票、本票和支票，其中以使用汇票为主。

## 一、票据的概念及其特征

### 1. 票据的概念

票据是由债务人按期无条件支付一定金额，并且可以转让流通的有价证券。票据是在货币或商品的让渡中，为反映债权债务的发生、转移、偿付而使用的一种信用工具。它是适应商品经济发展的需要，在商品交换和信用活动中产生并发展起来的。

目前，在国际贸易中，直接使用现金结算的占很小的比重，而大量使用票据结算。票据作为可流通转让的债权凭证比现金的直接输出、输入来清偿国际间的债权和债务关系更具有优越性，因而成为国际通行的结算和信贷工具。不过，随着人类进入信息经济社会，网络技术的日趋普及，未来社会有以高科技手段取代票据的趋势。

### 2. 票据的性质

（1）有价性。票据是以货币金额为付给标的物的有价证券。票据权利的行使，以占有票据为必要，若票据丧失，持票人便无从提出对票据的权利。

（2）要式性。票据的做成，必须具备法定的必要条件，即必要项目及法定格式，才能产生票据的法定效力。

（3）流通性。票据做成之后，可以通过背书、交付而使其权利履行、转让、流通。

（4）无因债权性。票据是否成立完全不受其赖以产生的原因关系的制约。原因关系的无效不影响票据的效力，只要票据具备法定要式，票据行为即行成立，而不论其行为发生的原因。

### 3. 票据行为

票据行为是以承担票据上的债务为目的所做的必要形式的法律行为，以及票据处理中有专门规定的行为。我国《票据法》所规定的票据行为包括出票、背书、承兑和保证四种。其中，出票是主票据行为，自出票到兑付（或拒付）的其他行为都是以出票为基础衍生而来的，称为附属票据行为。

票据行为具有独立性。所谓独立性，是指票据在运动过程中，各票据行为独立承担票据的责任。只要票据具有法定要式，前一票据行为的缺陷不影响后一票据行为的有效。因此，只要票据符合要式，票据行为的签名者均应以票据上所载文义为准独立承担票据责任。

## 二、票据的种类

### （一）汇票

汇票（Bill of Exchange，Draft）在票据的各种类型中是一种最主要的票据，所包含的内容最为全面，并且在国际结算业务中使用最为广泛。

### 1. 汇票的定义

我国《票据法》第 19 条为票据做出明确的定义："汇票是出票人签发的，委托付款人在见票时或者在指定日期无条件支付确定的金额给收款人或者持票人的票据。"

英国《票据法》对汇票的定义为：汇票是"由一人签发给另一人的无条件书面命令，要求受票人见票时或于未来某一规定的或可以确定的时间，将一定金额的款项支付给某一特定的人或其指定的人，或持票人"。

**2. 汇票的基本内容**

各国票据法对汇票内容的规定不同，但其主要项目和内容是基本一致的。汇票的基本内容参见图 2-1。

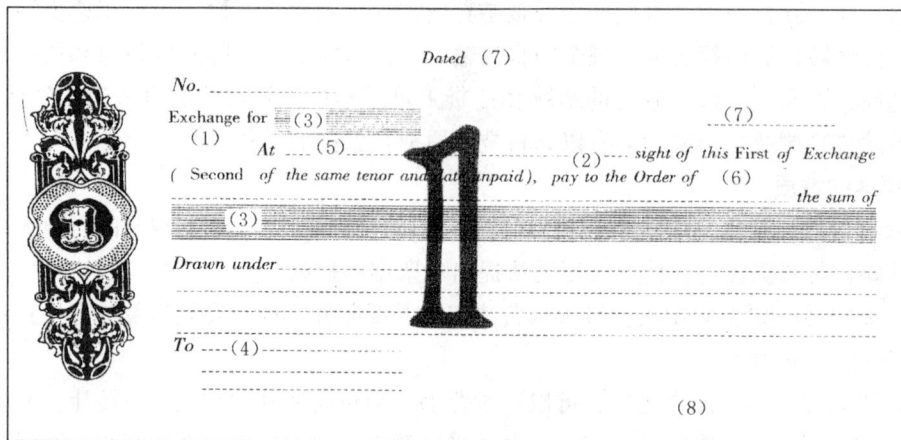

图 2-1　汇票样本

（1）载明"汇票"字样。如"Exchange for""Draft"等，目的在于明确票据的种类，使汇票与本票、支票等其他结算工具相区别。

（2）无条件支付的命令。因为汇票是出票人指定付款人支付给收款人的无条件支付命令书，所以支付不能受到限制，也不能附带任何条件。因此只能用无条件支付命令的文句，而不能用不是命令或带有条件的文句。

（3）汇票金额。汇票上金额的文字大写和数字小写同时记载，并且两者要完全一致，否则汇票无效。汇票金额不许涂改或盖校对章。汇票金额不得超过信用证金额，除非信用证金额前有"大约"或类似字样者。汇票金额应与发票金额完全一致。

（4）付款人姓名及付款地点（Drawee and Place of Payment）。汇票上付款人的名称、地址必须书写清楚，以便持票人按汇票指示向付款人提示承兑或付款。付款人必须承担支付全部汇票金额的责任。付款人名字旁的地点就是付款地点。它是汇票金额支付地，也是请求付款地，或拒付证书做出地。

汇票上未记载付款地的，付款人的营业场所、住所或经常居住地为付款地。

（5）付款期限（Tenor of Payment）。付款期限又称付款到期日，是付款人履行付款义务的日期。汇票的付款期限包括即期和远期两大类。

我国《票据法》规定的付款期限的记载形式有以下四种。①见票即付（At Sight）。它是指汇票上记载"At Sight"字样，付款人一经持票人提示汇票即履行付款责任。②定日付款（Fixed Date）。它是指在汇票上订明在某年某月某日付款，又称"板期汇票"，属远期汇票的范畴。③出票后定期付款（After Date）。它是指汇票上记载自出票日起经过一定期限付款，又称"计期汇票"，属远期汇票的范畴。④见票后定期付款（After Sight）。它是指汇票上记载自付款人承兑之日起经过一定期限付款，又称"注期汇票"，属远期汇票的范畴。

汇票上未记载付款日期的，为见票即付。

（6）收款人（Payee）。又称汇票抬头人。汇票上的收款人是主债权人，必须明确记载。有以下三种写法。

①限制性抬头。这种类型多是出票人不愿意把债权债务的关系转移到第三者手里。在收款人栏中填"限付给××人"（Pay to××only）或"限付给××人，不许转让"（Pay to ×× only not transferable）。这种抬头的汇票不能转让和流通。②指示性抬头。即在收款人栏中填"付给××公司或指定人"（Pay to××Co. or Order），"付给××人的指定人"（Pay to the Order of××）。③持票来人抬头。即在收款人栏内填写"付给来人"（Pay to Bearer）。这种抬头的汇票无须持票人背书，仅凭交付即可转让。汇票的债务人须对持票来人抬头汇票的持票人负责。

（7）出票日期与地点（Date and Place of Draft）。汇票上记载的出票人签发汇票的日期，不仅可凭以确定出票人在签发汇票时有无行为能力，还可以凭以确定出票后若干天付款的远期汇票的付款到期日、提示期限、承兑期限等。汇票上注明签发汇票的地点。对于在一个国家出票，而在另一个国家付款的国际汇票，关系到汇票的法律适用，可凭以确定以出票地国家法律来判断汇票是否要式具备而有无效力。

汇票上未记载出票地的，出票人的营业场所、住所或经常居住地为出票地。

（8）出票人签字（Signature of Drawer）。按照各国票据法的规定，汇票须经出票人签字后方能生效。出票人签字后即承担汇票的责任。若汇票的出票人是公司法人，则由其授权人签名。伪造签字或未经授权签字的汇票，即视为无效。

汇票上除记载法定记载事项外，还可以记载一些其他内容，如利息条款、付一不付二、禁止转让、免除作拒付证书、汇票编号、出票条款等。

**3. 汇票的种类**

从不同的角度划分，汇票可分为以下类型。

（1）按出票人的不同，汇票可以分为银行汇票（Bank's Draft）和商业汇票（Commercial Draft）。

银行汇票的出票人和付款人都是银行。银行签发汇票后，一般交汇款人，由汇款人寄交国外收款人向汇票指定的付款银行取款。出票行签发汇票时，必须同时将付款通知书寄给付款行，以便付款行在收款人持票取款时核对。银行汇票一般为光票，不随附货运单据。

商业汇票的出票人是商号或个人，付款人可以是商号或个人，也可以是银行。在国际贸易中，出口商装运货物后，签发商业汇票，并附以其他有关单据，委托银行向国外进口商收取货款。商业汇票的出票人不必向付款人寄送付款通知书。

（2）按付款时间的不同，汇票可分为即期汇票（Sight Draft，Demand Draft）和远期汇票（Time Draft，Usance Draft）。

即期汇票又称即期付款汇票，是指在持票人提示或付款人见票时应立即付款的汇票。

远期汇票又称定期付款的汇票。它是在一定期限或特定日期付款的汇票。这种汇票须由持票人向付款人提示，要求承兑，以便明确承兑人到期的付款义务。远期汇票付款日期的表示必须肯定。

（3）按照有无附属单据，汇票可分为光票（clean Draft）和跟单汇票（Documentary Draft）。

光票是不附带货运单据的汇票。光票的流通完全依靠人的信用。当事人信用较好的汇票易于在市场上流通。银行汇票多是光票。在国际结算中，除少量用于货款结算外，一般仅限于贸易从属费用、货款尾数、佣金等的托收或支付时使用。

跟单汇票是附带货运单据（主要包括发票、提单、装箱单、产地证和保险单等单证）的汇票。跟单汇票除有人的信用外，还有物的保证。国际贸易结算中的汇票大多采用跟单汇票。

（4）按承兑人的不同，汇票可分为商业承兑汇票（Commercial Acceptance Draft）和银行承兑汇票（Banker's Acceptance Draft）。

商业承兑汇票是由商号或个人作为付款人并承兑的远期汇票。商号或个人承兑后即承担了汇票到期支付的法律责任，因而属商业信用。

银行承兑汇票是由银行作为付款人并承兑的远期汇票。银行承兑后即承担了汇票到期支付的法律责任，因而属银行信用。

一份汇票通常同时具备几种属性，例如，一份商业汇票，可以同时是即期的跟单汇票或远期的银行承兑跟单汇票或远期的商业承兑跟单汇票。

### 4. 汇票的票据行为

汇票的流通和使用过程由汇票的出票、提示、承兑，付款、背书、贴现、拒付和追索等一系列票据行为所构成，每一票据行为必须要式具备。汇票的流通使用程序参见图2-2。

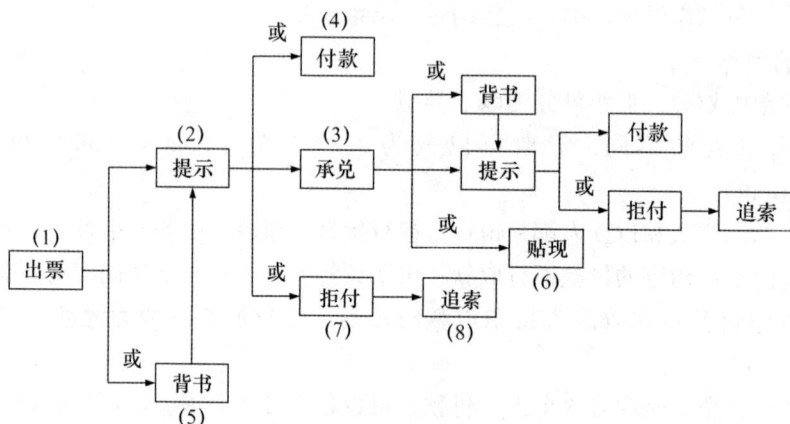

图 2-2 汇票的流通使用程序

（1）出票。

出票（Issue）是创设票据的行为。汇票上的权利、义务均由出票而产生，因而出票是主票据行为。

出票包括出票人按法定要式制作汇票并签字和将汇票交付给收款人两种行为。所谓交付是物权的自愿转移，指汇票的持有从一个人转移到另外一个人的行为。如果仅有出票人制成汇票并签名而未经交付，出票这一票据行为是不完整的。只有出票人将汇票交付出去，出票才告结束，汇票即生效。

汇票一经出票，出票人即为债务人，对收款人或持票人承担该汇票应被付款人承兑和付款的责任，而收款人即享有汇票上的所有权利。

（2）提示。

提示（Presentation）是持票人向付款人出示汇票，要求其承兑或付款的行为。在汇票可以背书转让的情况下，付款人并不知道汇票已流转到何人手中。因此，持票人要想取得票款，必须向付款人提示汇票。

提示可以分为两种：①付款提示，即期汇票或已承兑的远期汇票的持票人向汇票付款人提示要求付款。②承兑提示，远期汇票的持有人向付款人提示要求承兑。

付款提示和承兑提示都应在法定期限内进行，各国票据法对此都做出了规定。至于提示地点，持票人应在汇票规定的付款地点进行提示；若汇票未载明付款地点，持票人可直接对付款人进行提示。

（3）承兑。

承兑（Acceptance）是远期汇票的付款人承诺负担票据债务的行为。

承兑包括两种行为：①付款人在汇票正面注明"承兑"字样，并加注承兑日期和签名。②承兑人承兑汇票后，将汇票交还持票人，以供持票人在汇票到期日再次向承兑人提示付款。国际银行惯例是向持票人发出承兑通知书。

汇票一经承兑，付款人即成为承兑人，也即汇票的主债务人，必须承担汇票到期无条件付款的责任，而出票人和其他背书人退居于次债务人的地位。若承兑人在汇票到期日拒绝付款，持票人可直接对他提起诉讼；反之，若付款人拒绝承兑汇票，他并不承担对汇票到期付款的法律责任，持票人只能对前手背书人及出票人追索。此外，承兑不得附有条件，否则将视为拒绝承兑。

（4）付款。

票据的最终目的是凭以付款。付款（Payment）是付款人或承兑人对到期票据正当付款以结束票据上一切债权债务关系的行为。所谓正当付款，即指付款人或承兑人在到期时善意地付款给持票人，而不知道持票人的权利有无欠缺之处。如果不是由付款人或承兑人正当地付款，而是由出票人或背书人付款，则付款人或承兑人对汇票的债务还没结束，出票人仍可强令其付款。持票人应以背书之连续证明他是票据的正当权利人。

持票人取得付款时，应当在汇票上签收，或另外出立收款的凭证，并将汇票交付付款人。持票人委托银行收款时，由接受委托的银行将汇票金额转账持票人账户并代为签收。

至此，汇票上一切债权债务关系即告结束，全体汇票债务人的责任随之解除。

（5）背书。

背书（Endorsement）是以转让票据权利为目的的票据行为。凡指示性抬头的汇票必须以背书的方式进行转让。背书的方式有限制性背书、空白背书和指示性背书。

背书和出票一样，也包括两种行为，即背书人在票据后面背书和将已背书的汇票交付与被背书人。背书人是汇票的出让人，被背书人是汇票的受让人。汇票可以不断地经过背书连续转让下去。对于受让人来说，所有在他以前的背书人和原出票人都是他的前手；而对于出票人和出让人来说，所有在他交付或出让以后的受让人都是他的后手。前手对于后手负有担保汇票必然会被付款的责任。

为转让权利而做的背书，有以下几个作用：①背书人将汇票权利转让给被背书人。被背书人作为汇票的受让人，有权取得背书人的所有权利。②背书人对所有的后手担保汇票必然会被付款或承兑。③背书人向被背书人证明背书前手签字的真实性，并且以背书的连续性证明其权利的正当性及汇票的有效性。

（6）贴现。

贴现（Discount）是指持有远期汇票的人若想再付款人付款前取得票款，可以经过背书将汇票转让给贴现的银行或金融公司（受让人），由他们按票面金额扣除一定贴现利息后，将余额付给持票人（出让人）的行为。一般贴现的目的是汇票持有人为提前取得票款以加速资金周转。

（7）拒付。

拒付（Dishonor）也称退票。拒付包括拒绝承兑和拒绝付款两项内容。当持票人向付款人提示汇票要求承兑遭到拒绝时，构成拒绝承兑；当持票人提示汇票要求付款遭到拒绝时，构成拒绝付款。另外，承兑人或付款人死亡、逃匿的，承兑人或付款人被依法宣告破产的，或因违法被责令终止业务活动而使持票人不能得到承兑或付款的，事实上也已构成拒付。

汇票遭到拒付，持票人立即产生追索权，他有权向背书人和出票人追索票款。

付款人对远期汇票拒绝承兑，或对即期汇票拒绝付款，并不使他对持票人负有票据法上的责任；但是，若付款人对远期汇票承兑后到期又拒付，就不仅可被持票人追诉，也可被出票人追诉。

（8）追索。

持票人有权对其前手请求偿还汇票金额，即追索（Recourse）。持票人享有这项权利即追索权（Right of Recourse）。正当持票人可不依背书次序，越过其前手，而对债务人（出票人、背书人、承兑人）中的任何一人追索。被追索者付讫票款后，即取得持票人的权利，得再向其他债务人行使追索权，直到出票人为止。若汇票已经过承兑人承兑，则出票人还可以向法院起诉，要求付款。

追索的票款应包括：①汇票金额，包括汇票规定的利息；②汇票到期日至实际付款日的利息；③支付的追索费用，取得拒付证书和发出拒付通知的费用等。

行使追索权的条件：①持票人必须在法定期限内向付款人提示票据。未经提示，持票人不能对前手行使追索权；②持票人必须在拒付后的法定期限内及时向其前手发出拒付通知，并将拒付事实通知其前手；被通知者再通知其前手，直至出票人。发出拒付通知的目的是使汇票上的所有债务人及时得知拒付事实，以做好偿付被追索票款的准备。有些国家的法律很重视拒付通知，规定持票人若不及时发出拒付通知，即丧失其追索权；③汇票遭到拒付时，持票人为了行使追索权，必须在法定期限内做出拒付证书（Protest）。拒付证书是一种由拒付地的法定公证人或其他依法有权做出这种证书的机构，例如，法院、银行公会，甚至邮局等所做的证明付款人拒付的文件。它是持票人凭以向前手追索的法律依据。持票人请公证人等做成拒付证书，应先将汇票交出，由公证人持向付款人再做提示；再遭拒绝后，公证人即按规定格式做成一张证明书，连同汇票一并交还持票人，持票人据以向前手行使追索权。若汇票注明"免作拒付证书"，持票人则可免作拒付证书。

汇票的出票人或背书人为了避免承担被追索的责任，他可以在出票时或背书时加注"不受追索"（Without Recourse）字样，但这种票据在市场上难以流通转让。

## 案例 2-1

### 远期票据遭拒付案

甲交给乙一张经付款银行承兑的远期汇票，作为向乙订货的预付款，乙在票据上背书后转让给丙以偿还原先欠丙的借款，丙于到期日向承兑银行提示取款，恰遇当地法院公告该行于当天起进行破产清理，因而被退票。丙随即向甲追索，甲以乙所交货物质次为由予以拒绝，并称10天前通知银行止付，止付通知及止付理由也同时通知了乙。在此情况下丙再向乙追索，乙以汇票系甲开立为由推诿不理。丙遂向法院起诉，被告为甲、乙与银行三方。你认为法院将如何依法判决？理由何在？

【案例评析】

法院应判甲向丙清偿被拒付的汇票票款、自到期日或提示日起至清偿日止的利息，以及丙进行追索所支付的相关费用。甲与乙的纠纷则另案处理。

理由：

（1）由于票据具有流通性、无因性、文义性、要式性，因此只要丙是票据的合法持有人，就有权要求票据债务人支付票款，并且此项权利并不受其前手乙的权利缺陷（向甲交付的货物质次）的影响。

（2）丙在遭到主债务人（承兑银行）退票后，即有权向其前手进行追索，也可以直接向当前主债务人（出票人）追索。同样由于票据特性，甲不能以抗辩乙的理由抗辩丙。

除上述出票、背书、提示、承兑、付款、拒付、追索等票据行为外，汇票在使用和流通过程中，有时还会产生参加承兑、保证等其他票据行为。

---

## （二）本票

本票（Promissory Note）和汇票在许多方面相同或相似。汇票中有关出票、背书、提示、付款、拒付及追索等票据行为的法律规定均适用于本票。

### 1. 本票的定义

英国《票据法》关于本票的定义是："本票是一人向另一人签发的，保证即期或定期或在可以确定的将来时间，对某人或其指定人或持票来人支付一定金额的无条件书面承诺。"

我国《票据法》关于本票的定义是："本票是出票人签发的，承诺自己在见票时无条件支付确定的金额给收款人或者持票人的票据。"

简言之，本票是出票人对持票人承诺无条件支付一定金额的票据。

**2. 本票的必要项目**

一般来说，本票必须具备以下项目。

（1）写明其为"本票"字样。

（2）无条件支付承诺。

（3）收款人或其指定人。

（4）出票人签字。

（5）出票日期和地点。

（6）付款期限（未载明付款期限者，视为见票即付）。

（7）一定货币金额。

（8）付款地点（未载明付款地点者，出票地视为付款地）。

**3. 本票的种类**

本票可按出票人的不同分为商业本票和银行本票两种。

（1）商业本票（Commercial Promissory Note）。商业本票又称一般本票（General Promissory Note），出票人一般是公司、商号或个人。

商业本票根据付款时间的不同，又可分为即期本票和远期本票。即期本票就是见票即付的本票，而远期本票则是承诺于未来可以规定的或可以确定的日期支付票款的本票。由于本票是无条件的付款承诺，出票人就是付款人，所以这种远期本票不需要办理承兑手续，这点与远期汇票不同。但是，对于见票后确定付款日期的本票，持票人需要事先向出票人提示"签见"以确定付款日期。

（2）银行本票。由银行签发的本票为银行本票（Banker's Promissory Note，Cashier's Order）。银行本票只有即期的。银行本票如果开成不记载收款人的本票，或来人抬头本票，即可代替现钞流通。为了限制银行本票的签发，控制通货膨胀，有的国家对本票的发行规定最低限额，只许开出一定金额以上的大额本票，以免当作纸币在市场上流通；有的国家则禁止发行来人抬头的银行本票，从而稳定金融市场。在国际贸易结算中使用的本票，大都是银行本票。

我国《票据法》规定，"本法所称本票，是指银行本票"，所以在我国不承认银行以外的企事业、其他组织和个人签发的本票。此外，我国《票据法》还规定"本票出票人的资格由中国人民银行审定"，说明在我国不是所有的银行都可签发本票。

**【例 2-1】银行本票范例**

---

**ASIA INTERNATIONAL BANK，LTD.**

18 Queen's Road，Hongkong

**CASHIER'S ORDER**

Hongkong，Aug. 8，2017

Pay to the order of Dockfield & Co. ·················································

the sum of Hongkong Dollars Eighty Thousand and Eight Hundred Only. ·············

·············································································

For Asia International Bank，Ltd.

HK $ 80,800.00

Manager

---

## （三）支票

在国际贸易中，支票（cheque，check）常代替现钞作为一种结算工具而加以使用。

**1. 支票的定义**

英国《票据法》关于支票的定义是："支票是以银行为付款人的即期汇票。它是银行存款人（出票人）对银行（付款人）签发的授权银行对某人或其指定人或持票来人即期支付一定金额的无条件书面背书命令。"

我国《票据法》关于支票的定义是："支票是出票人签发，委托办理支票存款业务的银行或其他金融机构在见票时无条件支付确定的金额给收款人或者持票人的票据。"

**2. 支票的必要项目**

支票必须具备以下几项项目。

（1）写明其为"支票"字样。

（2）无条件支付命令。

（3）付款银行名称和地点。

（4）出票人签字。

（5）出票日期和地点（未写明出票地点者，出票人名字旁的地点为出票地）。

（6）付款地点（未写明付款地点者，以付款银行所在地为付款地点）。

（7）写明"即期"字样，如未写明即期者，仍视为见票即付。

（8）一定金额。

（9）收款人或其指定人名称。

**3. 支票的种类**

（1）按抬头的不同性质，可分为记名支票、不记名支票。记名支票（Check to Order）。记名支票是在支票的收款人一栏内写明具体收款人姓名。如"限付××人"，取款时须由收款人签章。不记名支票（Check to Bearer），又称空白支票。这种支票上不记载收款人姓名，只写"付持票人"（Pay Bearer），持票人无须在支票上签章即可支取票款。

（2）按支票本身的基本特征，可分为划线支票、保付支票、空头支票等。

划线支票（Crossed Check）。为防止支票的遗失、被窃及冒领等意外情况的发生，出票人或持票人可在支票正面左上角划出两道平行线，即成为划线支票。未划线支票则为一般支票。划线支票与一般支票不同，一般支票可以委托银行收款，也可由持票人自己提取现款；而划线支票只能委托银行收款。由于划线支票只能用于银行间收付，不易被冒领票款，即使支票被遗失或被窃，失票者还可以通过银行代收的线索查出冒领者，追回票款，从而保障了持票人和出票人的利益安全。

保付支票（Certified Check）。为了避免出票人开出空头支票，保证在支票提示时付款，支票的收款人或持票人可以要求银行对支票"保付"（To Certify）。保付是由付款银行在支票上加盖"保付"戳记，以表明在支票提示时一定付款。支票一经保付，付款责任即由银行承担，付款银行就成为主债务人，而出票人、背书人都可免于追索。付款银行对支票保付后即将票款从出票人账户转入另一账户，以备付款，所以保付支票提示时，不会退票。

空头支票。它是指出票人在超过其银行存款额或透支限额时而签发的不能从银行提取款项的支票。签发空头支票是被各国法律所禁止的。

在我国出口贸易中采用票汇方式付款时，偶尔会收到国外进口商寄来的支票作为付款凭证。

**【例2-2】一般支票范例**

---

**Cheque** for £ 10,000. 00 London，30th，May，2017

Pay to the order of United Trading Co.

The sum of TEN THOUSAND POUNDS

To：Midland Bank

London

For ABC Corporation

London

---

## （四）汇票、本票、支票的异同比较

汇票、本票、支票的异同点详见表2-1。

表 2-1　汇票、本票、支票的异同点

| 种类 | 汇票 | 本票 | 支票 |
|---|---|---|---|
| 作用 | 支付、信用两种作用 | 支付、信用两种作用 | 仅有支付作用 |
| 性质 | 委托支付证券。出票人给予付款人无条件支付命令，二者之间不必先有资金关系 | 自付证券。出票人约定自己付款，是一种无条件付款承诺 | 委托支付证券。出票人与付款人之间先有资金关系，支票只是一种提款的证券 |
| 当事人 | 出票人、收款人、付款人 | 出票人、收款人 | 出票人、收款人、付款人 |
| 主债务人 | 承兑前是出票人，承兑后是承兑人 | 出票人 | 出票人 |
| 付款人 | 承兑人、保证人、参加付款人 | 出票人 | 具有一定资格的银行或者其他金融机构 |
| 出票人责任 | 担保承兑和付款 | 自负付款责任 | 担保付款 |
| 种类 | （1）即期汇票和远期汇票。远期汇票需提示承兑和办理承兑手续<br>（2）商业汇票和银行汇票 | 商业本票和银行本票。商业本票有即期和远期之分，远期本票不需要承兑。 | 只有即期支票<br>无须承兑 |
| 份数 | 一套（一式两份或数份），有副本 | 一份正本，无副本 | 一份正本，无副本 |
| 相同要求 | 出票、背书、付款、追索权、拒付证书 | | |

# 第二部分　国际贸易票据实训习题

## 实训习题 1　根据信用证填写汇票

40A：/FORM OF DOCUMENTARY CREDIT

IRREVOCABLE

：20：/DOCUMENTARY CREDIT NUMBER

LCZF600201700941

：31C：/DATE OF ISSUE

170913

：40E：/APPLICABLE RULES

UCP LATEST VERSION

：31D：/DATE AND PLACE OF EXPIRY

171105IN VIETNAM

：50：/APPLICANT

NINGBO LONGHUA IMPORT AND EXPORT

CO., LTD. B09, NO. 341, JIANGDONG SOUTH ROAD, NINGBO CITY CHINA

：59：/BENEFICIARY

BINH PHUOC GENERAL IMPORT EXPORT JOINT STOCK COMPANY DONG XOAI TOWN-BINH PHUOC PROVINCE-VIETNAM

: 32B: /CURRENCY CODE, AMOUNT

USD63765,

: 41D: /AVAILABLE WITH...BY...

ANY BANK

BY NEGOTIATION

: 42C: /DRAFTS AT...

AT SIGHT FOR 100PCT INVOICE VALUE

: 42A: /DRAWEE

COMMCNSHNBO

: 43P: /PARTIAL SHIPMENTS

NOT ALLOWED

: 43T: /TRANSHIPMENT

ALLOWED

: 44E: /PORT OF LOADING/AIRPORT OF DEPARTURE

HOCHIMINH PORT, VIETNAM

: 44F: /PORT OF DISCHARGE/AIRPORT OF DESTINATION

SHANGHAI PORT, CHINA

: 44C: /LATEST DATE OF SHIPMENT

171015

: 45A: /DESCRIPTION OF GOODS AND/OR SERVICES

PRODUCT NAME: NATIVE TAPIOCA STARCH

HS: 1108 1400

QUANTITY: 195MT

UNIT PRICE: USD327.00/MT

CNF SHANGHAI PORT, CHINA

TOTAL AMOUNT: USD63,765.00

: 46A: /DOCUMENTS REQUIRED

(1) SIGNED COMMERCIAL INVOICE IN 3 COPIES INDICATING L/C NO. AND CONTRACT NO..

(2) FULL SET OF CLEAN ON BOARD MARINE/OCEAN BILL OF LADING IN 3 ORIGINALS MADE OUT TO ORDER AND BLANK ENDORSED, MARKED "FREIGHT PREPAID" AND NOTIFYING APPLICANT.

(3) PACKING LIST/WEIGHT MEMO IN 3 COPIES INDICATING QUANTITY/GROSS AND NET WEIGHT OF EACH PACKAGE AND PACKING CONDITIONS.

(4) FULL SET OF CERTIFICATE OF ORIGIN OF FORM E.

(5) PHYTOSANITARY CERTIFICATE IN 3 COPIES ISSUED BY MINISTRY OF AGRICULTURE AND RURAL DEVELOPMENT.

(6) CERTIFICATE OF QUALITY IN 3 COPIES ISSUED BY BENEFICIARY.

: 47A：／ADDITIONAL CONDITIONS

+DISCREPANCY FEE USD55.00 OR EQUIVALENT WILL BE DEDUCTED FROM THE PROCEEDS OF EACH PRESENTATION OF DOCUMENTS WITH DISCREPANCY（IES）FOR PAYMENT/ REIMBURSEMENT.

+ALL DOCUMENTS TO BE DISPATCHED TO ISSUING BANK IN ONE LOT BY DHL COURIER.

ISSUING BANK ADDRESS：BANK OF COMMUNICATIONS NINGBO BRANCH

B707，NO.55 ZHONGSHAN ROAD EAST，NINGBO，CHINA

POSTCODE：315000

TEL：86-574-87363801 FAX：86-574-87363960

SWIFT CODE：COMMCNSHNBO

: 71B：／CHARGES

ALL BANKING CHARGES AND INTEREST IF ANY OUTSIDE THE ISSUING BANK INCLUDING REIMBURSEMENT CHARGE ARE FOR ACCOUNT OF BENEFICIARY

: 48：／PERIOD FOR PRESENTATION

DOCUMENTS TO BE PRESENTED WITHIN 08 DAYS AFTER THE DATE OF SHIPMENT BUT WITHIN THE VALIDITY OF THE CREDIT

: 49：／CONFIRMATION INSTRUCTIONS

WITHOUT

补充信息：发票编号：SK001，出票时间：2017 年 10 月 18 日，越南的通知行：BANK OF NATIONAL OF VIETNAM，开证行：交通银行宁波支行

根据以上信用证制作汇票

| 凭<br>Drawn under | 1 | | | 信用证<br>L/C NO | 2. |
|---|---|---|---|---|---|
| 日期<br>Dated | 3 | 支取 Payable with interest ＠____%____按____息____付款 | | | |
| 号码<br>NO | 4 | 汇票金额<br>Exchange for | 5 | 6 | 7 |
| 见票_____日后（本汇票之副本未付）付交 | | | | | |
| AT 8　sight of this **FIRST** of Exchange（Second of Exchange being unpaid） | | | | | |
| Pay to the order of | 9 | | | | |
| the sum of | 10 | | | | |
| 款已收讫<br>Value received | | | | | |
| 此致<br>TO： | 11. | | | | |
| 12 | | | | | |

## 实训习题2 根据合同制作商业汇票

SALES CONFIRMATION

S/C NO. ：HT2006002                              DATE：JAN 26<sup>TH</sup> 2016

THE SELLSES：TIANTIAN IMPORT &EXPORT TRADING COMPANY

ADDRESS：NO. 118 XUEYUAN ROAD, HANGZHOU, CHINA

THE BUYERS：HAPPINESS TRADING COMPANY

ADDRESS：NO. 12 KING ROAD BARCELONA SPAIN

THE SEIZERS AGREE TO SELLERS AGREE TO BUY THE UNDERMENTIONED GOODS ACCORDING TO THE TERRS AND CONDITIONS AS STIPULATED BELOW

| NAME OF COMMODITY&SPECIFICATION | QUANTITY | UNIT PRICE | TOTAL VALUE |
|---|---|---|---|
| 100% COTTON OVERALLS<br>100% COTTON SHIRTS<br>100% COTTON SINGLET | 600 DOZS<br>600 DOZS<br>100 DOZS | CFR BARCELONA<br>USD 45. 00/DOZ<br>USD 16. 50/DOZ<br>USD 9. 50/DOZ | USD 27000. 00<br>USD 9900. 00<br>USD 950. 00 |
| TOTAL | 1300 DOZS | | USD 37850. 00 |
| TOTAL CONTRACT VALUE：SAY US DOLARS THIRTY SEVEN THOUSAND EIGHT HUNDRED AND FIFTY ONLY 10% MORE OR LESS IN QUANTITY AND AMOUNT ARE ALLOWED | | | |

PACKING：TO BE PACKED IN CANTONS, TOTAL 304 CARTONS（100% COTTON OVERALLS：30PCS/CTN；100% COTTON SHIRTS：120PCS/CTN；100% COTTON SINGLETS：300PCS/CTN）

PORT OF SHIPMENT：SHANGHAI, CHINA

PORT OF DESTINATION：BARCELONA, SPAIN

TIME OF SHIPMENT：IN APRIL 2016

PAYMENT：D/P AT SIGHT

INSURANCE：TO BE COVERED BY BUYER

INSPECTION：THE CERTIFICATE OF QUANTITY/WEIGHT ISSUED BY THE CHINA ENTRY-EXIT INSPECTION AND QUARANTINE BUREAU , THE SELLER SHALL BE TAKEN AS BASIS OF DELIVERY.

FORCE MAJEURE：THE SELLER SHALL NOT HELD RESPONSIBLE IF THEY, OWING TO FORCE MAJEURE CAUSE OR CAUSES , FAIL TO MAKE DELIVERY WITHIN THE TIME STIPULATED IN THE CONTRACT OR CAN NOT DELIVER THE GOODS. HOWEVER, IN SUCH A CASE, THE SELLER SHALL INFORM THE BUYER IMMEDIATELY BY CABLE AND IF IT IS REQUESTED BY THE BUYER, THE SELLER SHALL ALSO DELIVERY TO BUYER BY REGISTERED LETTER, A CERTIFICATE AT TESTING THE EXISTENCE OF SUCH A CAUSE OR CAUSES.

DISCREPANCY AND CLAIM：IN CASE DISCREPANCY ON THE QUALITY OR QUANTI-

TY OF THE GOODS IS FOUND BY THE BUYER，AFTER ARRIVAL OF THE GOODS AT THE PORT OF DESTINATION，TH BUYER MAY，WITHIN 30 DAYS AND 15 DAYS RESPECTIVELY AFTER ARRIVAL OF THE GOODS AT THE PORT OF DESTINATION. LODGE WITH THE SELLER A CLAIM WHICH SHOULD BE SUPPORTED BY AN INSPECTION CERTIFICATE ISSUED BY A PUBLIC SURVEROR APPROVED BY THE SELLER. THE SELLER SHALL ON THE MERITS OF THE CLAIM，EITHER MAKE GOOD THE LOSS SUSTAINED BY THE BUYER OR REJECT THE CLAIM. IT BEING AGREED THAT THE SELLER SHALL NOT BE HELD RESPONSIBLE FOR ANY LOSS OR LOSSES DUE TO NATURAL CAUSE FAILING WITHIN THE RESPONSIBILITY OF SHIPOWNERS OF THE UNDERWRITERS. THE SELLER SHALL REPLY TO THE BUYER WITHIN 30 DAYS AFTER RECEIPT OF THE CLAIM.

ARBITRATION：ALL DISPUTES IN CONNECTION WITH THIS CONTRACT OR THE EXECUTION THEREOF SHALL BE SETTLED AMICABLY BY THE NEGOTIATION. IN CASE NO SETTLEMENT CAN BE REACHED，THE CASE SHALL THEN BE SUBMITTED TO THE CHINA INTERNATIONAL ECONOMIC TRADE ARBITRATION COMMISSION FOR SETTLEMENT BY ARBITRATION IN ACCCORDANCE WITH THE COMMISSION'S ARBITRATION RULES. THE AWARD RENDERED BY THE COMMISSION SHALL BE FINAL AND BINDING ON THE BOTH PARTIES. THE FEES FOR ARBITRATION SHALL BE BORNE BY THE LOSING PARTY UNLESS OTHERWISE AWARDED.

| Seller | buyer |
|---|---|
| TIANTIAN IMPORT &EXPORT TRADING COMPANY | HAPPINESS TRADING COMPANY |

补充信息

发票编号 SK001

托收行：BANK OF CHINA SHANGHAI BRANCH

代收行：BANK OF CHINA BARCELONA BRANCH

装船时间：2016-4-15

托收单据的时间：2016-4-20

根据以上合同制作汇票

| 凭<br>Drawn under | 1 | | | 信用证<br>L/C NO | |
|---|---|---|---|---|---|
| 日期<br>Dated | ......................... | 支取 Payable with interest @ .......% 按 ......息 付款 | | | |
| 号码<br>NO | 2 | 汇票金额<br>Exchange for | 3 | 4 | 5 |

见票......................日后（本汇票之副本未付）付交

AT6　　sight of this **FIRST** of Exchange（Second of Exchange being unpaid）

| Pay to the order of | 7 |
|---|---|
| the sum of | 8 |
| 款已收讫<br>Value received | |
| | |
| 此致<br>TO： | 9. |
| 10 | |

实训习题 3　根据以下两张汇票，请列出跟单汇票在信用证和托收项下填写的异同

| 凭<br>Drawn under | S/C NO. T0303 | | | 信用证<br>L/C NO | |
|---|---|---|---|---|---|
| 日期<br>Dated | ......................... | 支取 Payable with interest @ .......% 按 ......息 付款 | | | |
| 号码<br>NO | B00901 | 汇票金额<br>Exchange for | USD 80705.50 | SHANGHAI…APRIL 20TH 2019 | |

见票......................日后（本汇票之副本未付）付交

D/P AT＊＊＊＊＊＊＊＊ sight of this **FIRST** of Exchange（Second of Exchange being unpaid）

| Pay to the order of | **BANK OF CHINA MORTREAL BRANCH** | the sum of |
|---|---|---|

SAY U. S. DOLLARS EIGHTY THOUSAND SEVEN HUNDRED AND FIVE PIONT FIVE ONLY

| 款已收讫<br>Value received | |
|---|---|
| 此致<br>TO： | RIMAS BROWN $ SONS<br>#304 JALAN STREET MONTREAL CANADA. |

SHANGHAI QIQI IMPORT&EXPORT CO., LTD.

张三丰

| 凭<br>Drawn under | BANQUE NATIONALEDE PARIS（CANADA）MOT-REAL | | 信用证<br>L/C NO | T20031<br>............... |
|---|---|---|---|---|
| 日期<br>Dated | MARCH 5<sup>TH</sup> 2009<br>............... | 支取 Payable with interest @ ......% ...... 按 ...... 息 ...... 付款 | | |
| 号码<br>NO | B00901 | 汇票金额<br>Exchange for | USD 80705.50 | SHANGHAI⋯APRIL 20<sup>TH</sup> 2019 |

见票...............日后（本汇票之副本未付）付交

AT ******** sight of this**FIRST** of Exchange（Second of Exchange being unpaid）

| Pay to the order of | BANK OF CHINA MORTREAL BRANCH | the sum of |
|---|---|---|

SAY U. S. DOLLARS EIGHTY THOUSAND SEVEN HUNDRED AND FIVE PIONT FIVE ONLY

| 款已收讫<br>Value received | ............... |
|---|---|
| 此致<br>TO: | BANQUE NATIONALEDE PARIS（CANADA）MOTREAL |

SHANGHAI QIQI IMPORT&EXPORT CO., LTD.

张三丰

## 实训习题 4　根据汇票回答问题

（1）商业汇票的性质和作用是什么？

（2）汇票上有哪几个当事人？

（3）该份汇票的种类有哪些？依据是什么？

（4）这份汇票是否需要背书？需要经过哪些当事人的背书？

（5）有几份正本？这份是第几份正本？

（6）出票依据是什么？

（7）该份汇票上有两个时间，分别表示什么意思？

（8）汇票时间、发票时间、提单时间、信用证开证时间和合同订立时间先后顺序如何？

## BILL OF EXCHANGE

| 凭 | | | 信用证 第 号 | | |
|---|---|---|---|---|---|
| **Drawn under** | CYPRUS POPULAR BANK LTD, LARNAKA | | **L/C No.** | 186/13/10014 | |
| 日期 | | | | | |
| **Dated** | 05 JAN., 2019 | 支取Payable with interest @ %per annum 按年息付款 | | | |
| 号码 | | 汇票金额 | 中国上海 | 年 月 日 | |
| **No.** 13SHGD3029 | | **Exchange for** (5)USD8265.00 | **Shanghai China** | 16 FEB., 2019 | |
| 见票 | | 日后（本汇票之副本未付）付交 | | | |
| **At** | ****** | sight of this**FIRST**of Exchange ( Second of exchange | | | 金额 |
| being unpaid) **Pay to the order of** | | BANK OF CHINA,SHANGHAI BRANCH | | | **The sum of** |
| SAY U. S. DOLLARS EIGHT THOUSAND TWO HUNDRED AND SIXTY FIVE ONLY | | | | | |
| 款已收讫 | | | | | |
| Value received | | | | | |
| 此致 | | | | | |
| **To:** | | | 上海园林用品进出口有限公司(章) | | |
| LIKICY2NXXX | | | SHANGHAI GARDEN PRODUCTS I / E CO.LTD | | |
| CYPRUS POPULAR BANK LTD | | | 李峰 | | |
| LARNAKA | | | | | |

## 实训习题5 列举银行承兑汇票和商业汇票的背书差异

**BILL OF EXCHANGE**

| Drawn under | BANK OF CHINA NINGBO BRANCH | | L/C NO | 13156 |
|---|---|---|---|---|
| Dated | APRIL 02ND2019 | Payable with interest @ _____%_____ | | |
| NO | 13156 | Exchange for | USD 16000.00 | HO CHI MING⋯APR 09TH 2019 |

见票_____日后（本汇票之副本未付）付交

AT ＊＊＊＊＊＊＊＊ sight of this FIRST of Exchange (Second of Exchange being unpaid)

| Pay to the order of | AGRIBANK-BRANCH 4 HOCHIMINH CITY | the sum of |
|---|---|---|

SAY U. S. DOLLARSSIXTEEN THOUSAND ONLY

| Value received | |
|---|---|
| TO： BKCHCNBJ92A | |

BINH PHUOC GENERAL IMPORT AND EXPORT STOCK

ANN

背面的背书

PAY TO THE ORDER OF

**AGRIBANK-BRANCH 4 HOCHIMINH CITY**

BINH PHUOC GENERAL IMPORT AND EXPORT STOCK

AKN

## 实训习题 6　列举大陆法、英美法和我国的票据法的主要差异

## 实训习题 7   计算汇票到期日

```
        算尾不算头              月为日历月
            ↑                      ↑
        XX days              XX month(s)
            ↑                      ↑
    ┌───────┴──────────────────────┴───────┐
  ( 起算日 )──── 过渡时间 ────→( 到期日 )
    ┌───┬──────┐              ┌───────┬────────┐
    ↓   ↓                     ↓                ↓
after sight  after date  after the date of B/L  after presentation
                                                 of documents
    ↓        ↓                ↓                  ↓
  承兑日    出票日           装船日             交单日
```

（1）某汇票出票日期是 5 月 18 日，付款期限是出票后 45 天，则汇票到期时间是何时？

（2）远期信用证提单日后 30 天付，装船时间为 2019 年 1 月 15 日，何时是付款时间？

# 第三章　国际汇款业务

　知识要求

通过本章的学习，学生应掌握以下知识点：汇款的分类、汇款的基本业务流程、汇款的性质、各种汇款方式的异同介绍等。知识要求主要体现在第一部分汇款常识部分。

　技能要求

通过本章的学习，学生应当掌握的操作技能包括：掌握汇款申请书的填写；读懂汇款申请书；熟悉国际汇款的基本操作流程；读懂国际汇款的电文；分析各种汇款方式的利弊。学生通过完成第二部分的实训习题来掌握以上技能和操作方法。

　关键术语

电汇　票汇　电汇申请书　汇款的性质

# 第一部分　汇款常识

汇付（Remittance）即汇款，是债务人或付款人通过银行，将款项汇交债权人或收款人的结算方式。在对外贸易中采用汇付方式结算货款时，卖方将货物发运给买方后，有关货运单据由卖方自行寄送买方；而买方则径直通过银行将货款汇交给卖方；银行只涉及款项划拨，不处理单据。

## 一、跨境汇款的场景

根据宁波银行 2018 年底的数据，该银行全年国际结算中，跨境汇款电汇占 88%，信用证占 6%，剩余（托收和保函）占 6%，可见汇款业务在国际结算中的地位，这种情况的原因是宁波以出口为主,而出口的产品主要是工业制成品,工业制成品竞争空前激烈,付款方式自然更有利于买方,主要是后 T/T,其次信用证结算主要分布在国内的五大国有银行。那么国际汇款的使用场景主要是什么呢?可以从个人用户和企业用户区别开来,个人用户的跨境汇款需要求,对于个人用户,跨境汇款使用范围很广,比如国际代购的支付、留学的学费的支付,国外不动产的购买、旅游、移民支付,侨汇和佣金等;企业用户汇款主要用于货款支付,预付款支付、广告费、劳务费、云服务费、佣金等。总之,跨境汇款是非常重要国际结算方式。

## 二、国际汇款的途径

### (一)传统的国际汇款途径

(1)电汇(Telegraphic Transfer,T/T)指汇出行应汇款人的委托和申请,拍发加密电报或电传给其在国外的分行或代理行(汇入行),指示其解付一定金额给收款人的一种汇款方式。汇出行在发电后,为防止传递电文有误,通常还应立即以航空信件向汇入行寄发"电汇证实书(T/T Confirmation)",供汇入行查对。电汇方式具有收款快捷、资金安全的优点,但汇款人要承担较高的国际电信费。

电汇和信汇的收付程序如图 3-1 所示。

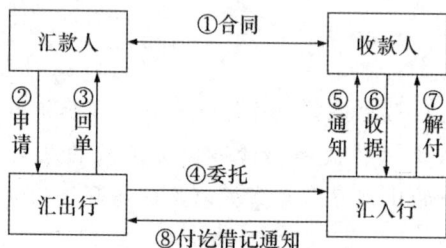

图 3-1　电汇的流程图

**说明:**①买卖双方订立合同,并规定采用电汇/信汇方式付款。②汇款人填写电汇/信汇申请书,委托汇出行使用电汇/信汇方式汇款;同时,向汇出行交付金额款项,并支付相关费用。③汇出行交汇款人回单。④汇出行根据电汇/信汇申请书的指示,向汇入行电发电汇通知单/航邮信汇委托书,委托汇入行向指定收款人解付汇款。电汇方式下,汇出行在使用电报电传时要注意加注与汇入行事先约定的密押(Test Key);信汇方式下,委托书须有有权签字人员的签名或印鉴。⑤汇入行在收到电报电传/信汇委托书并核对密押/签名或印鉴无误后,向收款人发出汇款通知。⑥收款人出示收据和适当证明文件向汇入行取款。⑦汇入行付款。⑧汇入行向汇出行收回垫款或邮寄付讫借记通知进行转账,并将收据交汇出行或转交汇款人,作为款项已付的凭证。

(2)信汇(Mail Transfer,M/T)是汇出行应汇款人的委托和申请,用邮寄信汇委托书或支付委托书的方式,授权汇入行解付一定金额给收款人的一种汇款方式。

相对于电汇,信汇方式费用较低廉,但邮寄速度慢,收款人收款较迟。

(3)票汇(Remittance by Banker's Demand Draft,D/D)是指汇出行应汇款人的申请,

开立以汇出行的海外分行或代理行为付款人的银行即期汇票，列明收款人名称、金额等，由汇款人自行寄交给收款人，再由收款人凭票向付款行取款的一种汇付方式。

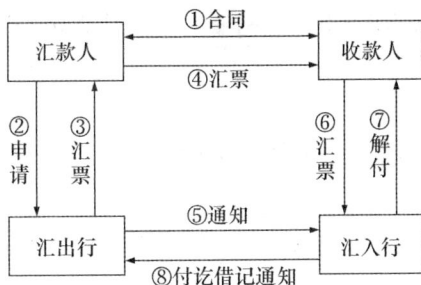

图 3-2　票汇的业务流程

说明：

①买卖双方订立合同，并规定采用票汇方式付款。②汇款人填写票汇申请书后，向汇出行交付金额款项及支付一定费用。③汇出行向汇款人开出以其分行或代理行为付款人的银行即期汇票，列明收款人名称、汇款金额等。④汇款人自行将银行即期汇票寄给收款人。⑤汇出行在开出汇票的同时，要向付款行邮寄一份票汇通知书（通常称票根），以供付款行核对。⑥收款人收到汇票后，须先在汇票上背书，然后向汇入行提示汇票，要求付款。⑦付款行核验收款人身份后，对其付款。⑨付款行向汇出行邮寄付讫借记通知并进行转账。

表 3-1　电汇、信汇和票汇的区别

| | 电汇 | 信汇 | 票汇 |
|---|---|---|---|
| 汇出行通知汇入行的方式 | Swift 或电传 | 挂号信 | Swift 和票根 |
| 汇入行是否需要通知收款人 | 是 | 是 | 等持票人上门提示 |
| 汇款速度 | 快 | 慢 | 最慢 |
| 汇款成本 | 高 | 次 | 最低 |

## （二）西联汇款和速汇金

西联汇款和速汇金都是世界上领先的特快汇款公司，都是美国的金融公司，西联汇款的特点：速度快，15 分钟全球到账；以银行作为代理点，网点密，几乎在任何一条大街，只要有银行就能办理该业务，都可以找到他们的网店；手续简单，汇款人只需要填一张简单的汇款申请书，取款人凭汇款监控号码（MTCN）到任何一个网点都可以兑付；汇款货币是美元；每次每人每天汇款限额是 10000 美元以下，所以不是很适合对公汇款；汇款费用低廉，一般低于 50 美元。速汇金和联汇款业务特点相似，比较适合于个人紧急汇款、小额采购。

## （三）信用卡

优点：兼容性强，携带方便，使用终端多，使用者安全感强，有子母卡，便于限额管理，兼容性强。

缺点：费用高，适合对私，不太适合对公业务。

产品：中行长城卡、工行牡丹卡、农行金税卡、建设银行龙卡等。

### （四）旅行支票

优点：兼有现金和汇票的特点，有固定的面值，没有确定的使用地点和使用期限，使用场景丰富，接受度高。

缺点：国际旅行支票手续费较高，通常为千分之八至千分之十，办理慢，手续繁，和移动支付的时代相背。

主要品牌：美国运通（AMERICAN EXPRESS）、VISA 以及通济隆、MASTERCARD、花旗等品牌。

### （五）PayPal

PayPal 是国际跨境电商巨头 ebay 全资子公司，相当于我国的支付宝。

特点：免费注册，全中文界面，单笔收费，即时支付即时到账。

最受跨境电商企业欢迎的汇款工具。

### （六）支付宝

阿里巴巴旗下的全资子公司，我国最强的在线支付平台。

特点：和上海银行合作开展跨境汇款业务，单向汇款，只能国内汇款到国外，不能从国外汇到国内；收费相对银行低；功能强大，符合国人消费习惯。

表 3-2　汇款方式使用的情况

| 适用情况 | 汇款方式 |
|---|---|
| 对公汇款 | 电汇、信汇和票汇 |
| 跨境电商付款 | 电汇、paypal，支付宝和信用卡 |
| 留学学费支付 | 信用卡、旅行支票、支付宝和电汇 |
| 国外购不动产 | 信用卡 |
| 小额采购 | 西联汇款、速汇金、电汇 |

## 三、汇付方式的当事人

汇款方式涉及四个基本当事人，即汇款人、汇出行、汇入行和收款人。

汇款人（Remitter）即汇出款项的人。在进出口贸易中，汇款人通常是进口商。

收款人（Payee or Beneficiary）即收取款项的人。在进出口贸易中，收款人通常是出口商。

汇出行（Remitting Bank）即受汇款人的委托汇出款项的银行。在进出口贸易中，汇出行通常是进口地的银行。

汇入行（Receiving Bank）即受汇出行委托解付汇款的银行，又称解付行（Paying Bank）。在进出口贸易中，汇入行通常是出口地银行。

汇款人在委托汇出行办理汇款时，要出具汇款申请书。此项申请书是汇款人与汇出行之间的契约。汇出行有义务按照汇款申请书的指示，用信汇、电汇或票汇方式通知汇入行。汇出行与汇入行之间，事先订有代理合同，在代理合同规定的范围内，汇入行对汇出行承担解付汇款的义务。

## 四、汇付方式的性质及其在国际贸易中的使用

在国际贸易支付中，无论是电汇、信汇还是票汇，银行都不经手货运单据，而由出口人自行寄交进口人，所以这种结算方式又称为单纯支付。由于银行只提供服务而不提供信用，使用汇付方式完全取决于买卖双方中的一方对另一方的信任，并在此基础上进行资金流通。因此，汇付属商业信用性质，风险较大。

在国际贸易中，以汇付方式结算买卖双方债权债务时，根据货款汇付和货物运送时间顺序的不同，汇付可分为先付款后交货和先交货后付款两种。

### （一）先付款后交货方式

**1. 预付货款和随订单付款**

预付货款（Payment in Advance）是指卖方（出口商）要求买方（进口商）先将货款的全部或一部分通过银行采用电汇、信汇或票汇的方法汇交卖方。卖方收到货款后，根据买卖双方事先签订的合同，在一定时间内或立即将货物发运至买方的结算方式。

预付货款方式对出口商来说，是预收货款，风险小并可以利用对方资金，所以对出口商最为有利。但对进口商来说，预付货款不但积压了资金，而且要承担出口企业可能不按合同规定交货的风险。进口商为了保障自己的权益，减少预付货款的风险，一般要通过银行与出口商达成解付款项的条件协议，常称为"解付条件"。其内容是：收款人取款时，要出具银行保函，担保在收款后如期履行交货义务，否则退还已收到货款并加付利息。还有一种做法，是进口商要求出口商给予折扣或取得优惠价，以抵补预付货款造成的资金损失。

预付货款往往用于以下情况。

（1）买卖的商品是进口商市场上急需的抢手货，进口商为取得高额利润，不惜预付货款。

（2）进出口双方关系十分密切，有时进口商是出口商在国外的联号。

（3）卖方货物紧俏，但卖方对买方资信不了解，为了收汇安全，卖方提出预付货款作为发货的前提条件。

**2. 随订单付款**

随订单付款（Cash with Order），是指买方把现金或银行汇票随订单一起寄给卖方。此方式多应用于客户提出特殊加工要求的特殊商品，如手工艺品等，或是小额贸易。买方对

于那些市场畅销而又稀缺的商品，也乐意采用这种方法以优先取得供应。

## （二）货到付款方式

采用货到付款方式，对买方极为有利；而对卖方来说，不仅要占压资金，还要承担货物已发出而货款不能收回或不能按时收回的风险。此种付款方式对卖方风险较大。采用货到付款时，出口商为了减少自己收汇的风险，有时在合同条款中规定买方须向卖方缴纳一定数额的押金，或者在卖方指定的银行存有一定额度的存款作为担保金。但这种做法不利于买方资金周转，故难为买方接受。较多的做法是在合同条款中写明："如买方不履行付款或不按时付款，应负责赔偿卖方由此而造成的一切损失。"

货到付款常用于记账交易（Open Account，O/A）、寄售（Consignment）等贸易方式中，采用货到付款方式的主要原因有：新产品销售、拓展新市场；大公司内部交易。

### 1. 记账贸易

记账交易（Open Account，O/A）通常是指交易双方达成协议，由卖方先行向买方发运货物，货款一季、半年或一年结算。以记账方式结算货款时，通常货物的价格以及付款时间均是确定的。

### 2. 寄售

寄售（Consignment）则是出口商先将货物运致国外，委托国外商人在当地市场按照事先规定的条件代为出售，买方要等到货物售出后才将货款汇给卖方。

## （三）预付款+货到付款相结合

操作模式：双方签署进出口合同；买方先预付部分货款给卖方；卖方设计，打样，生产，发货，将货交给货物公司后，取得提单，再缮制相关报关单据，发货后将单据的复印件发给进口人，进口人见提单复印件再将余款支付给卖方，卖方最后将正本单据全套邮寄给进口人去报关提货。

这种操作模式之所以广泛使用，原因之一是现在大多进出口业务采用 OEM 或 ODM 操作，需要预付款才能操作；其次是这种方式对双方公平互利，当然还要建立在双方相互信任的基础上。

# 第二部分 国际汇款的实训

## 实训习题 1 审核汇款申请书回答问题

---

汇出汇款申请书（代支款凭证）
APPLICANTION FOR OUTWARD REMITTANCE
致：中国银行上海分行
TO：BANK OF CHINA SHANGHAI BRANCH

银行编号：REF NO. TT96785
日期 DTTE：2016 年 5 月 18 日

兹委托贵行办理下列汇款。I/WE HEREBY REQUEST YOU TO EFFECT THE FOLLOWING REMITTANCE

---

[X] 电汇 □信汇 □票汇 　　　　付款地点
T/T 　 M/T 　 D/D 　　　　　　DRAWN ON

---

收款人 BENEFICIARY'S NAME：CRASTAL KOBE LTD. U. S.
地址 ADD：NO 141 BBP STREET, NEW YORK 100018 U. S.
账户 A/C　07844998555-8

---

币别及金额：CURRENCY AND AMOUNT USD24520. 00

---

汇款人 BY ORDER OF：SHANGHAI TEXITLE IMPORT AND EXPORT CORPERATION

---

手续费 COMMSION 　　　　　　邮电费 POSTAGE AND CABLE

---

附言 DETAIL OF PAYMENT：COMM UNDER NO. CT0011-01

---

国外银行的一切费用由我方负担 ALL FOREIGN BANK'S CHARGES ARE TO BE BY US/~~PAYEE~~

---

[√] 现金支付 I/WE PAY CASH HEREWITH
　　　　　张三丰

---

审核结果：

| | |
|---|---|
| （1）汇款方式 | |
| （2）汇款人公司名称 | |
| （3）收款人公司名称、地址 | |
| （4）汇款金额 | |
| （5）款项用途 | |
| （6）银行费用由哪方支付？ | |
| （7）汇款当日美元现钞价为 7.8450/60，美元现汇价为 7.8480/90，汇款人应支付多少人民币给银行？ | |
| （8）在我国现行外汇管理规定下，汇款人办理汇款业务时应注意哪些事项？ | |

## 实训习题二 解释电汇业务电文

以下是一笔汇款业务的 SWIFT 电文，请解释电文。

MT100               CUSTOMER TRANSFER

Date：170505

Sent to：CHAS US 33 REM

     Chase Manhattan n. a. New York n. y.

: 20/transaction reference number 256TT0628

: 32A/value date，currency code，amount 180505 USD10000.00

: 50/ordering customer

     PHOTOGRAPH CO. TIANJIN

: 57/account with bank BANQUE NATIONAL DE TUNISIE TUNIS

: 59/beneficiary customer

    /006-250-10129-002

    PRECISION PHOTO EQUIPMENT LTD. HONGKONG

: 70/details of payment

    BEING PROCEEDS UNDER CONTRACT NO. PllS08

: 71A/details of charges

    NO ANY CHARGES FOR US

: 72/bank to bank information

    IN COVER DEBIT OUR A/C WITH YOU

根据以上信息回答问题：

（1）金额是多少？

（2）进口人是谁？

（3）出口人是谁？

（4）合同号是多少？

（5）汇款日期是？

（6）汇入行是？

（7）CHAS 表示什么？

（8）IN COVER DEBIT OUR A/C WITH YOU 表示什么意思？

## 实训习题三 填写电汇电传

请根据以下给出的条件，填写一份电传。

汇出行名称：Bank of China，Shenyang branch

汇人行名称：Midland Bank Ltd.，London

发电日期：29July 2016

起息日：29July 2016

密押：23××

汇款编号：208TT××××

付款金额：GBP3，800.00

收款人：R. H. L college，London，account N0. 230642×× with Midland Bank Ltd.

附言：Contract No. 20160011

汇款人：Hope Training School，Shenyang

头寸调拨：Debit our H. O. account

以下是一份需填写的电传：

FM：——

TO：——

DATE：——

TEST. ——

OUR REF N0. ——

N0 ANY CHARGES FOR US

PAY VALUE——

TO——

FOR CREDIT OF ACCOUNT NO. ——

MESSAGE——

ORDER——

COVER——

## 实训习题四 填写信汇委托书

请根据下列内容制作信汇委托书

Date of payment order：9 June，2016

Paying bank：Bank of China，New York

In cover please debit our account with you.

Ref. No. 208M T0212

Payee：Wou International Co. account No. 132 2189

with Texas Commerce Bank, Houston Texas

Amount：USD 24124.00

Message：purchasing IBM computer

Remitter：Crystal Palace Hotel

Remitting bank：Bank of China, Tianjin.

Please fill in a form of payment order to make remittance by M/T.

**中国银行天津分行**
**BANK OF CHINA, TIANJIN**

下列汇款，请即照解，如有费用请内扣。我已贷记　　　日期

你行账户：

PLEASE ADVISE AND EFFECT THE FOLLOWING

PAYMENT LESS YOUR CHARGES IF ANY , IN COVER

WE HAVE CREDITED YOUR A/C WITH Ref.

　　　　　　TO：

NO OF MAIL TRANSFER

TO BE PAID TO

AMOUNT：

AMOUNT IN WORDS：

BY ORDER OF：Crystal Palace Hotel

BANK OF CHINA, TIANJIN

## 实训习题五　根据材料制作票汇的汇票

Draft No. 20160613

Amount：HKD32，150.00

Place and date of draft：Tianjin, 8 May, 2016

Paying bank：Bank of China, Hongkong

Payee：the order of United Trading Company, Hongkong

Pay against this draft to the debit of our account.

Remitting bank：Bank of China, Tianjin

Remitter：China National Light Industrial Products Imp. &

Exp. Corp. , Tianjin Branch, Tianjin

Please draw a demand draft to make remittance by D/D.

**BANK OF CHINA**

NO：

AMOUNT：

THIS DRAFT IS VALID FOR A YEAR FROM DATE OF ISSUE

TO：

PAY TO：

THE SUM OF：

DRAMN ON

PAY AGAINST THIS DRAFT TO THE DIBET OF OUR ACOUNT BANK OF CHINA，TIANJIN

_____

## 实训习题六　请解释下列电文

We return herewith your Draft No. C000/111 for USD200,000.00 for credit to our account 123-456789-123 lizhi International Co. and regret to advise that we are unable to deposit the proceeds to the captioned account because the name of the payee differs from our records. It should read as lizi International Co. Ltd

（1）该电文为了解决什么问题？

（2）原因是什么？

（3）该结算方式是什么？

（4）对于进口人教训是什么？

## 实训习题七　编制电汇报文

2018 年 7 月 4 日李刚需要向李世民开在汇丰银行（SWIFT NO. MIDLGB21212）的账号 123456 汇款 10000 英镑。如果你是汇款行（假设是交易银行，SWIFT NO COMMCNSNZJ）的经办人员，如何编制报文？

假设汇丰行是交行英镑账户航，汇款人负担银行费用，银行业务编号：GG7899

李刚的地址：宁波大学文萃新村 23 幢 1 号

MT103

-------------------------- message header --------------------------

Swift output：fin 103 single customer credt transfer \

Sender：

Receiver：

-------------------------- message text --------------------------

20 sender's reference

23B bank operation code CRED

32a VALDATE/CURR/INTERBNK SETTLD AMT

DATE

CURRENCY

AMOUNT

50K ORDERING CUSTOMER-NAME AND ADD

NAME AND ADDRESS

53A SENDER'S CORRESPONDENT-BIC


57A ACCOUNT WITH INST-NAME AND ADD


59 BENEFCIARY CUSTOMER-NAME AND ADD

ACCOUNT

NAME AND ADDRESS

74A DETAILS OF CHARGES

## 实训习题八　汇款案例分析 1

**案情：** 甲国的 A 公司出口农产品给乙国的 B 公司。双方商定用信用证方式结算。由于商品的数量不易控制，B 公司在申请开证时，难以确定金额。

**问题：** 请分析在这种情况下，可以怎样结合不同的结算方式，既可以保证收汇，又有数量和金额变化的灵活性？

# 第四章　国际跟单托收业务

## 知识要求

通过本章的学习，学生应掌握以下知识点：托收的含义、托收业务的当事人的权责、托收的分类、托收对进出口人的利弊分析、托收的性质，内容和业务流程等。知识要求主要体现在第一部分托收业务常识部分。

## 技能要求

通过本章的学习，学生应当掌握的操作技能包括：掌握托收委托书的填写和审核的技能，读懂托收行和代收行之间的来往电文，熟悉 URC522，读懂到单通知并掌握到单通知的填写方法，掌握托收融资业务操作技能。学生通过完成第二部分的实训习题来掌握以上技能和操作方法。

## 关键术语

D/P　D/A　托收委托书　到单通知

# 第一部分　托收业务常识

## 一、托收的定义

托收（Collection）是指债权人（一般为出口商）开具汇票，委托本地银行通过它在进口地的分行或代理行向债务人（一般为进口商）收取货款的一种结算方式。由于使用的结算工具（托收指示书和汇票）的传送方向与资金的流动方向相反，所以托收方式属于逆汇。

## 二、托收方式的当事人

托收方式的基本当事人有四个，即委托人、托收行、代收行和付款人。

委托人（Principals）是委托银行办理托收业务的人，是债权人。由于委托人通常开具汇票委托银行向国外债务人收款，所以也是汇票出票人。

托收行（Remitting Bank）是受委托人委托办理托收的银行，通常是出口地银行。按照一般国家的银行做法，委托人在委托银行办理托收时，须附具一份托收委托书，在托收委托书中明确各种提示。银行接受委托后，则按照委托书的提示内容办理托收。

代收行（Collecting Bank）是指接受托收行的委托向付款人收取票款的银行，通常是进口地银行，并且多数是委托行在进口地的分行或代理行。

付款人（Payer）是指汇票中指定的付款人，也就是代收银行向之提示汇票和单据的债务人，通常是进口商。

除了上述基本当事人外，采用托收方式还可能有提示银行和需要时的代理两个当事人。

提示银行（Presenting Bank），是指向付款人提示汇票和单据请求其付款的银行。通常，代收行就兼有提示的责任，但有时代收行可以委托与付款人有往来账户关系的银行作为提示行。

需要时的代理（Principal's Representative in Case of Need）是委托人为了防止因为付款人拒付而发生无人照料货物情形而在付款地事先指定的代理人。这种代理人通常只被授权当发生拒付时代为料理货物存仓、转售或运回等事宜。按《托收统一规则》规定，委托人如需制定需要时的代理人，应对授予该代理人的具体权限在托收申请书和托收委托书，统称托收指示书（Collection Order）中做出明确和充分的指示。否则，银行对需要时的代理人的任何指示可以不予受理。

上述委托人与托收银行的关系以及托收银行与代收银行的关系都是委托代理关系。不同之处在于，前者委托的内容以及双方承担的责任范围，都需在托收委托书中列明；而后者双方之间通常订有代理合同。付款人和代收行之间不存在任何契约关系，付款人也不受代收行的任何约束。付款人之所以向代收行付款，是根据代收行或提示行所提示的汇票及其他托收单据或凭证而履行付款的责任。如果付款人拒付，代收行除将拒付情况通知托收行并由托收行通知委托人外，不负付款责任。

## 三、托收的种类及其流转程序

在托收业务中，银行处理的单据有两类：一类是资金单据，另一类是商业单据。前者指的是汇票、期票、支票、付款收据或其他取得付款的类似凭证；而后者指的是发票、装船单据、所有权凭证或其他类似的单据。

根据资金单据是否跟随商业单据划分，托收可分为光票托收和跟单托收两种。

## （一）光票托收

光票托收（Clean collection），是指不附有商业单据的资金单据或仅附有发票等不包括运输单据的一般商业单据的托收。在国际贸易中，光票托收主要是用于小额交易付款、部分预付货款、分期支付货款以及贸易从属费用的收取。

## （二）跟单托收

跟单托收（Documentary Collection），是指附有包括货运单据在内的商业单据的托收。跟单托收可以是带有资金单据（汇票）的跟单托收，也可以是不带有资金单据的跟单托收，即以发票代替汇票连同有关的货运单据交给银行托收，以避免印花税的负担。

在国际贸易支付中采用托收方式时，通常都是跟单托收。其中的货运单据代表了货物的所有权，交单即等于交货，因而对于交单的规定非常重要。

根据代收行向进口商交付货运单据的条件的不同，跟单托收的交单方式可分为付款交单和承兑交单两种。

### 1. 付款交单

付款交单（Documents against Payment，D/P），指出口商的交单是以进口商的付款为条件，即出口商在托收委托书中指示银行，只有在进口商付清货款后，才能向进口商交出货运单据。按付款时间不同，付款交单又可分为即期付款交单和远期付款交单两种。

（1）即期付款交单（Documents against Payment at Sight，D/P at Sight），指出口商按照买卖合同发运货物后开具即期汇票，连同货运单据，通过银行向进口商提示；进口商见票审核无误后，立即付款；进口商付清货款后向银行领取货运单据。这种票款和单据两讫的手续，就进口人来说，也称付款赎单。即期付款交单的一般业务程序见图4-1。

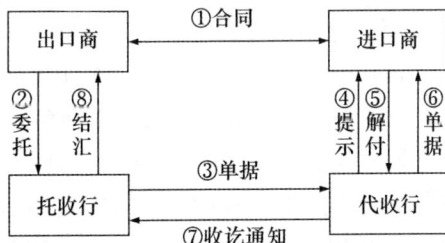

**图4-1　即期付款交单一般业务程序图**

说明：

①进出口商在贸易合同中，规定采用即期付款交单方式支付。②出口商按照合同规定装货并取得货运单据后，填写托收申请书，开具即期汇票，连同全套货运单据交托收银行，委托代收货款。③托收行按照托收指示书中的规定，核实所收到的单据；确定单据表面与托收指示书所列一致时，寄送进口地代收行。④代收行收到全套单据后，按托收委托书指示立即向进口商提示付款。⑤进口商审单无误后立即付清全部货款。⑥代收行将全套货运单据交进口商。⑦代收行电告或邮告托收行款项已收妥转账。⑧托收行收到全部货款，通知出口商结汇。

（2）远期付款交单（Documents against Payment after sight，D/P after Sight），指出口商发货后开具远期汇票，连同货运单据通过银行向进口商提示。进口商审核无误后先在汇票上承兑，于汇票到期日付清货款后再领取货运单据。远期付款交单的一般业务程序见图4-2。

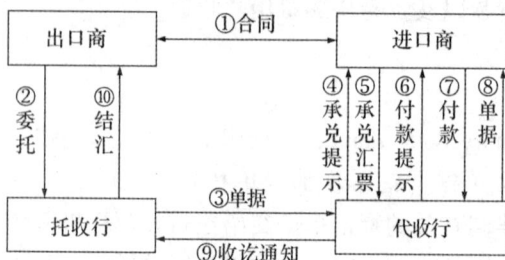

图4-2 远期付款交单一般业务程序图

说明：

①进出口商在贸易合同中，规定用远期付款交单方式支付。②出口商按照合同规定装运并取得货运单据后，填写托收委托书，声明"付款交单"，并开出远期汇票，连同全套货运单据送交托收行代收货款。③托收行将远期汇票连同货运单据，根据委托书的指示，寄交代收行。④代收行收到汇票和货运单据后，向进口商做出承兑提示。⑤进口商验单无误后承兑汇票，代收行保留汇票及全套货运单据。⑥在汇票到期日，代收行做出付款提示。⑦进口商付清货款。⑧代收行将全套货运单据交进口商。⑨代收行通知（电告或函告）托收行，款已收妥转账。⑩托收行将货款交给出口商。

不论是即期付款交单还是远期付款交单，进口商必须在付清货款之后，才能取得单据，提取或转售货物。在远期付款交单的情况下，如果付款日期与实际到货日期基本一致，则不失为一种对进口商融通资金的方法。但如果到货日期早于付款日期，进口商想提前取得货运单据以便及时转售或使用，进口商可采取以下两种做法：一是在付款到期日之前提前付款赎单，扣除提前付款日至原付款到期日之间的利息；二是进口商开立信托收据交给代收银行，凭已借出单据，先行提货。所谓信托收据（Trust Receipt，T/R），就是进口商借单时提供的一种书面信用担保文件，用来表示愿意以代收行的受托人身份代为提货、报关、存仓、保险、出售，并承认货物所有权仍属银行，保证取得的货款应于汇票到期日交银行。这种做法是代收行自己给予进口商的一种资金融通方式，与出口商无关。因此，如果代收行借出单据后，汇票到期不能收到货款，则代收行应对委托人负全部责任。在实际操作中，也有出口商在委托时主动授权银行凭信托收据借单给进口商，即付款交单凭信托收据借单（D/P，T/R）。如果进口商在汇票到期时拒付，则与银行无关，由出口商自己承担风险。这种方式只有在出口商对进口商的资信、偿款能力等情况十分了解并确信能如期付款时才采用。

**2. 承兑交单**

承兑交单（Documents against Acceptance，D/A），是指出口商的交单以进口商在汇票上的承兑为条件。即出口商在按照买卖合同发运货物后开具汇票，连同货运单据，通过银行向进口商提示；进口商在审核无误后，应立即在汇票上承兑。进口商在承兑汇票后即可向银行领取货运单据，于汇票到期日再行付款。承兑交单的一般业务程序见图4-3。

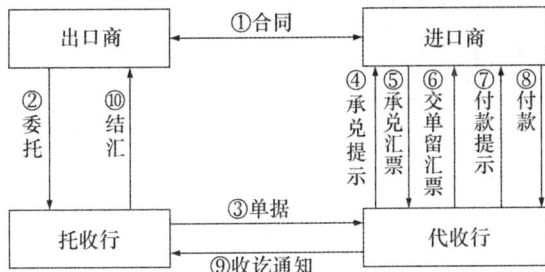

图4-3 承兑交单一般业务程序

说明：

①进出口商在贸易合同中，规定用承兑交单的方式支付。②出口商按合同规定装货并取得货运单据后，填写托收委托书，声明"承兑交单"，并开出远期汇票连同全套货运单据，送交托收行代收货款。③托收行将汇票及货运单据，根据委托书的指示寄交代收行。④代收行收到汇票及货运单据后，即向进口商提出承兑提示。⑤进口商承兑汇票。⑥代收行交单，并保留汇票。⑦在汇票到期日代收行再进行付款提示。⑧进口商付清货款。⑨代收行电告或邮告托收行，款已收妥并转账。⑩托收行将货款交给出口商。

因为只有远期汇票才需办承兑手续，所以承兑交单仅限于远期汇票的托收。这种方式对进口商极为有利。进口商只要承兑汇票，即可取得货运单据凭以提取货物。进口商往往不必自备资金，而以出售货物所得的货款，到期履行付款。但这种方式对出口商来说风险很大，一旦付款人汇票到期时拒付，出口商的货、款可能全部落空。即使出口商凭付款人承兑的汇票依法起诉，但如遇付款人确实无实际偿付能力，货款仍无法追回。因此，出口商对这种结算方式一般都采取慎重的态度，除非进口商资信很好。

## 四、托收的性质及其在国际贸易中的应用

托收按其性质讲，是一种商业信用。在跟单托收中，不论是付款交单，还是承兑交单都是由出口商先行发货，然后才委托银行收取货款。但银行办理托收业务时，只承担其代理人的责任，按委托人的指示办事，并无承担付款人必定付款的责任。而且，按照国际惯例，货到目的地，如买方拒不付款赎单，在未经银行事先同意的情况下，银行对货物也无提货、存仓及保险等义务。此外，对于单据，根据国际商会《托收统一规则》的解释，银行只需核实所收到的单据在表面上与托收委托书所列内容一致；除此之外，银行没有进一步检查单据的义务。所以说，在托收方式下，银行只是作为委托人按照委托书的内容行事，对于出口商所交单据的真伪、货款能否收回等问题，概不负责。出口商能否安全及时地收回货款，完全取决于进口商的信用。

在托收方式中，出口商在出运货物以后，依赖进口商的信用才能收到货款，所以在一

定程度上失去了货物和资金两方面的主动权，因此托收方式对出口商风险较大。这些风险主要有：在货物出运后，进口商倒闭或无力付款，出口商可能收不回或晚收到货款，如进口商拒不付款赎单。除非事先约定，银行没有义务代为保管货物。在货物抵达目的地时，还会产生在目的地存仓、转售或不得已运回出口地的费用和损失。在承兑交单下，出口商的风险更大，因为进口商只要办理了承兑。即可取得单据，提取货物，一旦到期不付款，出口商就会货款两空。对于进口商来说，进口商付款后能否取得合格的货物取决于出口商的商业信用，因此也存在一定的风险。但是，由于托收方式费用低廉，进口商可免去开立信用证的手续，不必付银行押金，因此减少了资金支出。如果采用远期托收，还可以不必占用自有资金，有利于资金周转。所以，总的说来，托收方式对进口商比较有利。因此，在出口业务中采用托收，实质上是出口商对进口商融通资金用作竞争的一种手段，有利于调动进口商采购货物的积极性，从而有利于促进成交和扩大出口。

在出口贸易中，为了防范和避免风险或者尽量减少风险，确保安全收汇，充分发挥托收方式促进出口规模扩大的作用，应特别注意以下几个问题。

(1) 事先充分调查，详细了解进口商的资信状况和经营作风。针对客户的具体情况，掌握授信额度和交单条件，对信誉不好或不太了解的客户，尽量不使用托收方式。

(2) 熟悉进口国的有关规定，如许可证制度、外汇管理的规章制度、海关商业惯例等。对于进口管制和外汇管制较严的国家的出口交易，原则上不使用托收方式。

(3) 选择合适的代收行。信誉良好的代收行会有利于安全收款。在实际业务中，通常选择出口地银行的海外联行或资信良好、实力雄厚的外国大银行为代收行，以便进口商可以有融资便利，尽快付款。国外代收行最好不由进口人指定，若确有必要，应事先征得托收行同意。

(4) 采用 D/P after sight 方式要慎重。因 D/P 有 D/P at sight 和 D/P after sight 之分。《URC522》第 7 条中特别指出："托收不应含有凭付款交付商业单据的远期汇票。" 其用意是劝阻出口人采用远期付款交单方式，因有的国家把远期 D/P 当作 D/A 处理。

(5) 争取以 CIF 价格条件成交，由出口方办理保险，以保障出口方权益。万一进口商拒付或在运输途中遭到意外损失时，出口商可向保险公司索赔。若以 FOB 或 CFR 条件成交，出口方应考虑另加保 "卖方利益险"，以求得买方拒付、货又受损时的保险保障。

(6) 每批托收的金额不宜太大，期限不宜太长，争取以付款交单方式成交。对于承兑交单方式，除非确有把握，一般不予接受。

(7) 对托收业务应建立健全管理和检查制度，注意定期检查、及时催收清理。托收单据如果遭到客户拒付，出口人通常应首先了解拒付原因、货物的状况，尽快联系客户或新的买家。如果在付款交单条件下货物被提走，应当追究代收行的责任；如果货物到港客户拒不赎单，出口人应及时处理货物或组织回运也可减少损失。

(8) 可采用国际保理或出口信用保险两种事前控制风险的措施以及委托追账公司追收账款的事后补偿措施。

在我国的进口业务中，也有采用跟单托收方式支付货款的，这可以节省费用，有利于资金周转；但进口方应特别注意付款交单时，对方使用假单据或货物不合格的诈骗行为，最好能采用 FOB 术语，可通过选择承运人来降低风险。

## 五、《托收统一规则》

在托收业务中，银行与委托人之间，托收行与代理行之间，往往由于各方当事人对各自的权利、义务及责任解释不同，各个银行间的做法也不统一，从而容易导致误会、纠纷和争议。国际商会为调和各有关当事人之间的矛盾，以利于商业和金融活动的开展，曾于 1958 年草拟了一套《商业单据托收统一规则》，建议各国银行使用，并于 1967 年公布、1978 年修改，定名为《托收统一规则》第 322 号出版物（Uniform Rules for Collections, ICC Publication, No. 322）。1996 年 1 月 1 日再次修订实施最新《托收统一规则》第 522 号出版物（简称为 URC522），它是现在各个银行和委托人在办理托收时应遵循和参考的国际惯例。

URC522 共分 7 个部分 26 条，主要内容简述如下。

（1）委托人应受国外法律和惯例规定的义务和责任约束，并对银行承担该项义务和责任，承担赔偿责任。

（2）银行必须核实所收到的单据在表面上与托收指示书所列一致，发现不一致应立即通知其委托人。除此之外，银行对单据没有其他义务。银行对单据的形式、完整性、准确性、真实性或法律效力及单据上规定的或附加的一般和/或特殊条件概不负责。

（3）除非事先征得银行同意，货物不能直接发给银行或以银行为收货人。如果未经同意就将货物发给银行或以银行为收货人，银行无义务提取货物，货物的风险和责任仍由发货人承担。

（4）跟单托收使用远期汇票时，在托收委托书中必须指明单据是凭承兑还是凭付款交付。如无此项指明，银行按付款交单处理。

（5）当汇票遭到拒付时，代收行应及时通知托收行转告委托人，而托收应在合理的时间内做出进一步处理单据的指示。如代理行发出拒付通知 60 天内未接到任何指示，可将单据退回托收行。

（6）托收不应包含有凭付款交付商业单据指示的远期汇票。如果托收含有远期付款的汇票，该托收指示书中应注明商业单据是凭承兑交单（D/A）还是凭付款交单（D/P）。如果无注明，商业单据仅能凭付款交付，代收行对因迟交单据而产生的任何后果不负责任。

（7）托收委托书应明确且完整地注明，在付款人拒付时，委托人在进口地的代理权限；没注明的，银行将不接受该代理人的任何指示。

《托收统一规则》自公布实施以来，被各国银行采纳和使用。但应当指出的是，作为国际惯例，《托收统一规则》并不是国际上公认的法律，只有在有关当事人事先约定的条件下，才受该惯例的约束。我国银行在进出口业务中使用托收方式时，也参照这个规则的解释办事。

# 第二部分　托收业务的实训

## 实训习题1　出口商根据合同、单据和相关信息填写托收指示并审核单据

### SALES CONFIRMATION

S/C NO.：HT2016002　　　　　　　　　　　DATE：JAN 26<sup>TH</sup> 2016

THE SELLSES：TIANTIAN IMPORT &EXPORT TRADING COMPANY

ADDRESS：NO. 118 XUEYUAN ROAD, HANGZHOU, CHINA

THE BUYERS：HAPPINESS TRADING COMPANY

ADDRESS：NO. 12 KING ROAD BARCELONA SPAIN

THE SEIZERS AGREE TO SELLERS AGREE TO BUY THE UNDERMENTIONED GOODS ACCORDING TO THE TERRS AND CONDITIONS AS STIPULATED BELOW

| NAME OF COMMODITY&SPECIFICATION | QUANTITY | UNIT PRICE | TOTAL VALUE |
|---|---|---|---|
| | | CFR BARCELONA | |
| 100% COTTON OVERALLS | 600 DOZS | USD 45. 00/DOZ | USD 27000. 00 |
| 1100% COTTON SHIRTS | 600 DOZS | USD 16. 50/DOZ | USD 9900. 00 |
| 1000% COTTON SINGLET | 100 DOZS | USD 9. 50/DOZ | USD 950. 00 |
| TOTAL | 1300DOZS | | USD37850. 00 |
| TOTAL CONTRACT VALUE：SAY US DOLARS THIRTY SEVEN THOUSAND EIGHT HUNDRED AND FIFTY ONLY 10% MORE OR LESS IN QUANTITY AND AMOUNT ARE ALLOWED | | | |

PACKING：TO BE PACKED IN CANTONS, TOTAL 304CARTONS（100% COTTON OVERALLS：30PCS/CTN; 100% COTTON SHIRTS：120PCS/CTN; 100% COTTON SIN-GLETS：300PCS/CTN）

PORT OF SHIPMENT：SHANGHAI, CHINA

PORT OF DESTINATION：BARCELONA SPAIN

TIME. OF SHIPMENT：NOT LATER THAN APRIL 18 2016

PAYMENT：D/P AT SIGHT

INSURANCE：BE COVERED BY BUYER

THE SELLER　　　　　　　　　　　　　　　　　THE BUYER

商业发票（1 份正本+2 份副本）

| ISSUER：TIANTIAN IMPORT &EXPORT TRADING COMPANY ADDRESS：NO.118 XUE YUAN ROAD, HANGZHOU，CHINA | COMMERCIAL INVOICE | | |
|---|---|---|---|
| TO：THE BUYERS：HAPPINESS TRADING COMPANY ADDRESS：NO. 12 KING ROAD, BARCELONA SPAIN | NO：TT0621 | DATE：MARCH 10TH 2016 | |
| TRANSPORT DETAILS： SHIPPING TERMS：CFR BARCELONA LOADING ON BOARD：SHANGHAI PORT，CHINA FOR TRANSPORTATION TO：BARCELONA SPAIN | S/C NO：HT20106002 | S/C DATE：JAN 26TH 2016 | |
| | TERMS OF PAYMENT： D/P AT SIGHT | | |
| MARKS AND NUMBERS | NUMBER&KIND OF PACKAGES； DESCRIPTION OF GOODS | QUANTITY | UNIT PRICE | AMOUNT |
| C. T. H BARCELONA NO. 1~314 | 100% COTTON OVERALLS IN 25CTNS 100% COTTON SHIRTS IN 60 CTNS 100% COTTON SINGLETS IN 4 CTNS PACKED IN THREE HUNDRED AND FOURTEENCARTONS（314） SHIPPED IN 1x20'S FCL | 600DOZS 600DOZS 100DOZS | CFR BARCELONA USD 45.00/DOZ USD 16.50/DOZ USD 9.50/DOZ | USD 27000.00 USD 9900.00 USD 950.00 |
| TOTAL | | 1325DOZS | | USD 38975.00 |

SAY U. S. DOLARS THIRTY SEVEN THOUSAND EIGHT HUNDRED AND FIFTY ONLY

TIANTIAN IMPORT &EXPORT TRADING COMPANY

小李

装箱单（3 份）

TIANTIAN IMPORT &EXPORT TRADING COMPANY

ADDRESS：NO. 118 XUE YUAN ROAD，HANGZHOU，CHINA

PACKING LIST

TO：HAPPINESS TRADING COMPANY        INV. NO. TT0621

ADDRESS：NO. 12 KING ROAD BARCELONA SPAIN

INVOICE DATE：MARCH 10$^{TH}$ 2016

S/C NO：HT2006002

S/C DATE：JAN 26$^{TH}$ 2016

SHIPMENT FROM SHANGHAI PORT，CHINA TO BARCELONA SPAIN

| MARKS AND NUMBERS | NUMBER&KIND OF PACKAGES；DESCRIPTION OF GOODS | QUANTITY | PACKAGE | G. W. (kg) | N. W. (kg) | MEAS. (CBM) |
|---|---|---|---|---|---|---|
| C. T. H | 100% COTTON OVERALLS | 600DOZS | 250CTNS | 5750 | 5250 | 22 |
| | 100% COTTON SHIRTS | 600DOZS | 60CTNS | 1980 | 1860 | 4 |
| BARCELONA | 100% COTTON SINGLETS | 100DOZS | 4CTNS | 248 | 240 | 1 |
| NO. 1-314 | PACKED IN 314 CARTONS SHIPPED IN 1x20'S FCL | | | | | |
| TOTAL | | 1325DOZS | 314CTNS | 7978 | 7350 | 27 |

SAY THREE HUNDRED AND FOURTEEN CARTONS ONLY

TIANTIAN IMPORT &EXPORT TRADING COMPANY

小李

海运提单（3/3+2N/N）

| TIANTIAN IMPORT &EXPORT TRADING COMPANY ADDRESS：NO.118 XUE YUAN ROAD，HANGZHOU，CHINA | | BOOKING NO： EXPORT REFERENCES： | | |
|---|---|---|---|---|
| CONSIGNEE：TO THE ORDER OF BANK OF CHINA BARCELONA BRANCH | | FORWARDING AGENT-REFERENCES | | |
| NOTIFY PARTY：HAPPINESS TRADING COMPANY ADDRESS：NO.12 KING ROAD BARCELONA SPAIN | | DOMESTIC ROUTING /EXPORT INSTRUCTION | | |
| VESSEL&VOY. NO. TIAN SHUN V. 138N | PORT OF LOADING： SHANGHAI | DELIVERY AGENT： MULTIMODAL EXPRESS LINE LTD. | | |
| PORT OF DISCHARGE BARCELONA BRANCH | FOR TRANSSHIPMENT TO：BARCELONA BRANCH | | | |
| MARKS AND NUMBERS | NO. OF PKGS | DESCRIPTION OF PACKAGES AND GOODS | G. W | MEASURE-MENT |
| C. T. H BARCELONA NO. 1-314 | 314CTNS | 100% COTTON OVERALLS 100% COTTON SHIRTS 100% COTTON SINGLETS 1x20GP FCL FEIGHT COLLECT ONE CANTON HAS BEEN BROKEN | 7978. 00KGS | 27. 000CBM |

TOTAL NUMBER OF CONTAINER OR PACKAGE（IN WORDS）：SAY THREE HUNDRED AND FOURTEEN CARTONS ONLY

| BILL OF LADING NO. 555555 | PLACE AND DATE OF ISSUE：SHANGHAI , MARCH 31$^{ST}$ 2016 | |
|---|---|---|
| PAYBLE AT：BARCELONA | NO. OF ORGINAL BS/L： THREE （3） | SIGNED FOR THE CARRIER MULTIMODAL EXPRESS LINE LTD. xx |

汇票

## BILL OF EXCHANGE

NO. TT0621                                   HANGZHOU APRIL 5<sup>TH</sup> 2016

EXCHANGE FOR USD389750. 00

AT SIGHT OF THIS FIRST OF EXCHANGE (SECOND OF THE SAME TENOR AND DATE UNPAID) PAY TO THE ORDER OF AGRICLTURAL BANK OF CHINA ZHEJIANG BRANCH

THE SUM OF U. S. DOLLARS THIRTY EIGHT THOUSAND NINE HUNDRED AND SEVENTEEN ONLY.

DRAWN UNDER D/P


TO：HAPPINESS TRADING COMPANY

ADDRESS：NO. 12 KING ROAD BARCELONA SPAIN

                  TIANTIAN IMPORT &EXPORT TRADING COMPANY

                          小李


其他信息：

代收行：BANK OF CHINA，BARCELONA BRANCH. 业务编号：32145

出口商在 2016 年 4 月 5 日向中国农业银行浙江省分行提交托收委托书和随附单据。

（1）审核托收项下单据。

（2）根据材料填写托收指示。

审核结果：




托收行根据上述材料和单据制作托收指示。

## Collection Instruction

Our Ref No.

TO：                              Date

Dear Sirs，

We send you herewith the under-mentioned item（s）/documents for collection.

| Drawer： | | | | | | | Draft No.<br>Date： | | Due Date/Tenor |
|---|---|---|---|---|---|---|---|---|---|
| Drawee（s）： | | | | | | | Amount： | | |
| Goods： | | From | | | To | | | | |
| By Par | | On | | | | | | | |
| Documents | Draft | Invoice | B/L | Ins.<br>Policy/<br>Cert. | Packing list | C/O | CER OF<br>QULITY | CER OF<br>QUATITY | |
| 1st | | | | | | | | | |
| 2nd | | | | | | | | | |

Please follow instruction marked "×"：

☐ Deliver documents against payment/acceptance

☐ Remit the proceeds by airmail/cable .

☐ Airmail/cable advice of payment/acceptance .

☐ Collect charges outside from drawee .

☐ Collect interest for delay in payment days after sight at % P. A.

☐ Airmail/cable advice of non-payment.

☐ Protest for non-payment/non-acceptance.

☐ Protest waived.

☐ When accepted，please advise us giving due date.

☐ When collected，please credit our account with .

☐ Please collect and remit proceeds to Bank for credit our account with them under their advice to us.

☐ Please collect proceeds and authorize us by airmail/cable to debit your account with us.

Special Instructions

This collection is subject to

Uniform Rules for Collections

（1995 Revision）ICC Publication No. 522

For

_____

Authorized Signature（s）

## 实训习题 2　代收行根据所收到的托收指示和相关单据制作进口单到通知书

### COLLECT INSTRUCTION

REF.：3944D0093030602

OFFICE：TRADE FINANCE DEPARTMENT, DANSKE BANK

ADDRESS：2-12 HOLMENS KANAL DK-1092 COPENHAGEN K, DENMANK

TEL：+45-39-185873　　　　TELEX：27000 DABA DK

SWIFT：DABADKKK　　　　EMAIL：3918@ DANSKEBBANK. DK

DATE：3JUNE 2016

COLLECTING BANK：AGRICUTURAL BANK OF CHINA ZHEJIANG BRANCH

NO 30 QINGCHUN ROAD, HAGZHOU 310013 CHINA

DRAWEE：ZHEJIANG ABC CO., LTD. NO.15 CAIHE ROAD, HANGZHOU 310016 CHINA

DRAWER：DLH NORDISK A/S SKAGENSGADE 66 DK-2630 TAASTRUP, DENMMARK.

MATURITY：AT SIGHT

CURRENCY AND AMOUNT：USD8521. 83

WE ENCLOSE THE WITHIN LISTED DRAFTS AND/OR DOCUMENTS FOR COLLECTION AND REMITTANCE OF PROCEEDS AS INSTRUCTED. THIS COLLECTION IS SUBJECT TO RULES FOR COLLECTION (1995 VERSION) ICC PUBLICATION NO. 522

| DOCUMENTS TO BE DELIVERED AGAINST PAYMENT. | | | | | | | |
|---|---|---|---|---|---|---|---|
| DOCUMENTS | DRAFT | INVOICE | ORGINAL B/L | COPY B/L | PACKING LIST | INSURANCE | OTHERS |
| ENCLOSED | | 1 | 3/3 | | 3 | | |

PLEASE HANDLE THE COLLECTION IN ACCORDANCE WITH THE FOLLOWING IN-STRUCTIONS：

AFTER ACTURAL PAYMENT, PLEASE REMIT PROCEEDS BY S. W. I. F. T. /TELEX TO US UNDER ADVICE

THROUGH DANSKE BANK, NEW YORK, S. W. I. F. T DABAUS33

WITHOUT PROTEST FOR ACCOUNT OF NON-PAYMENT.

SWIFT/TELEX ADVICE OF NON-PAYMENT.

ALL YOUR CHARGES FOR ACCOUNT OF DRAWEE

YOUR COLLECTION CHARGES MUST NOT BE WAIVED.

CHARGES FOR TELEGRAPHIC TRANSFER MUST BE WAIVED.

SPECIAL INSTRUCTION：

WE UNDERLINE THAT ALL BANKING CHARGE OUTSIDE DENMARK ARE FOR DRAWEE'S ACCOUNT AND CANNOT BE WAIVED. PLEASE ADVISE US IN CASE THE SET OF DOCUMENTS ARE NOT TAKEN UP BY JUNE, 2016.

　　　　　　　　　　　　　　　　　　　　DANSKE BANK, COPENHAGEN

　　　　　　　　　　　　　　　　　　　　　　　　XXXX

| ISSUER: DLH NORDISK A/S ADDRESS: SKAGENSGADE 66 DK – 2630 TAAS-TRUP, DENMMARK. | COMMERCIAL INVOICE | | | |
|---|---|---|---|---|
| TO: ZHEJIANG ABC CO., LTD. NO. 15 CAIHE ROAD, HANGZHOU 310016 CHINA | NO: SO6350D | DATE: APRIL $1^{ST}$ 2016 | | |
| TRANSPORT DETAILS: SHIPPING TERMS: CFR BARCELONA LOADING ON BOARD: COPENHAGEN DENMARK FOR TRANSPORTATION TO: NINGBO, CHINA | S/C. NO. DLH06HH | S/C DATE: FEB $13^{TH}$ 2016 | | |
| | TERMS OF PAYMENT: D/P AT SIGHT | | | |
| MARKS AND NUMBERS | NUMBER&KIND OF PACKAGES; DESCRIPTION OF GOODS | QUANTITY | UNIT PRICE | AMOUNT |
| N/M | IPE S4S KILN DRIED TO 10%~20% 18×90mm  S205350D 18×120mm   S205325D | 8.337$M^3$ 7.035$M^3$ | CFR SHANGHAI USD 539.50/ $M^3$ USD 539.50/ $M^3$ | USD 4497.81 USD 4024.02 |
| | TOTAL | 15.372 $M^3$ | | USD 8521.83 |

SAY U.S. DOLLARS EIGHT THOUSAND FIVE HUNDRED AND TWENTY ONE AND EIGHTY THREE CENTS ONLY

DLH NORDISK A/S

JUNH

**PACKING LIST**

TO: ZHEJIANG ABC CO., LTD.

NO. 15 CAIHE ROAD, HANGZHOU 310016 CHINA     INV. NO. SO6350D

INVOICE DATE: APRIL $1^{ST}$ 2016

S/C NO: DLH06HH DATE: FEB $13^{TH}$ 2016

SHIPMENT FROM COPENHAGEN DENMARK TO NINGBO, CHINA

| MARKS AND NUMBERS | NUMBER&KIND OF PACKAGES; DESCRIPTION OF GOODS | QUANTITY (CBM) | PACKAGE (BUNDLE) | G.W. (kg) | N.W. (kg) | MEAS. (CBM) |
|---|---|---|---|---|---|---|
| N/M | IPE S4S KILN DRIED TO 10%~20% 18×90mm S205350D 18×120mm S205325D | 8.337 7.035 | 10 8 | 10360 8280 | 10260 8360 | 8.337 7.035 |
| | TOTAL | 15.372 | 18 | 18540 | 18760 | 15.372 |

SAY EIGHTEEN BUNDLES ONLY

DLH NORDISK A/S

JUNH

海运提单（3/3）

| DLH NORDISK A/S<br>ADDRESS：SKAGENSGADE 66 DK-2630 TAASTRUP，DENMMARK. | B/L NO：LKJ123 |
|---|---|
| | EXPORT REFERENCES： |
| CONSIGNEE：TO ORDER | FORWARDING AGENT-REFERENCES |
| NOTIFY PARTY：ZHEJIANG ABC CO.，LTD.<br>NO. 15 CAIHE ROAD，HANGZHOU 310016 CHINA | DOMESTIC ROUTING<br>/EXPORT INSTRUCTION |

| VESSEL&VOY. NO.<br>PARAGUAY V. 126 | PORT OF LOADING：<br>COPENHAGEN DENMARK | DELIVERY AGENT：<br>MULTIMODAL EXPRESS LINE LTD. |
|---|---|---|
| PORT OF DISCHARGE<br>NINGBO PORT，CHINA | FOR TRANSSHIPMENT TO：<br>NINGBO PORT，CHINA | |

| MARKS AND<br>NUMBERS | NO. OF<br>PKGS | DESCRIPTION OF PACKAGES<br>AND GOODS | G. W | MEASUREMENT |
|---|---|---|---|---|
| N/M | 18 BUNDLES | IPE S4S<br>KILN DRIED TO 10%~20%<br>1×20'S FCL<br>FEIGHT PREPAID | 18760. 000KGS | 15. 372CBM |

TOTAL NUMBER OF CONTAINER OR PACKAGE（IN WORDS）：SAY EIGHTEEN BUNDLES ONLY
CLEAN ON BOARDTHE VESSEL MOL PARAGUAY V 126
DATE APRIL 11<sup>TH</sup>，2016 BY MITUSI O. S. K LINES LTD.

| | PLACE AND DATE OF ISSUE：COPENHAGEN，PRIL 11<sup>ST</sup> 2016 | |
|---|---|---|
| PAYBLE AT：COPENHAGEN | NO. OF ORGINAL BS/L：<br>THREE（3） | SIGNED FOR THE CARRIER<br>MITUSI O. S. K LINES LTD. xx |

请根据托收单据和托收指示填写下列进口代收单据通知书。

## INWARD DOCUMENTS FOR COLLECTION

TO：                                          DATE：

REF：

DOC RECEIVED AS FOWLLOWING, PLEASE EXAMINE.

| DRAWEE： | REMITTING BANK： |
|---|---|
| DRAWER： | AMOUNT： |
| S/C NO.： | INVOICE NO.： |
| TENOR： | DUE ON： |

| 单据 | 汇票 | 重量单 | 产地证 | 发票 | 海运提单 | 品质证书 | 装船通知 | 保险单 | 装箱单 |
|---|---|---|---|---|---|---|---|---|---|
| | | | | | | | | | |

(　　) documentary against payment

(　　) document against acceptance

(　　) document against free of payment.

(　　) please process payment within working days

(　　) our banking charge are for your account

(　　) banking charges outside our bank are for your account.

## 实训习题3　代收行核对单据电文

ATTN：EXPORT COLLECTION DEPT

BE：YOUR COLIN NO ABCD FOR USD 50000.00

UNDER D/P AT SIGHT

DRAWER：A　CO

DRAWEE：B　CO

PLEASE BE ADVISED THAT WE HAVE NOT RECEIVED TE BENE CERT AS MNETIONED IN YOUR COLLECTION INSTR. WE HAVE PRESENTED THAT DOCUMENTS TO DEAWEE FOR PAYMENT AND PENDING THEIR INSTRUCTION. UPON PAYMT, WE SHALL DEDUCT USD 30.00 FROM PROCEEDS BEING COST OF THIS CABLE.

BEGARDS

问题：

（1）该付款方式是什么？

（2）从电文看是谁向谁发电文？

（3）受益人是谁？

（4）BENE CERT 是什么？

（5）COLLECTION INSTR. 是什么？

（6）电文主要为了解决什么问题？

（7）电报费需要扣除多少美元？

## 实训习题4　承兑后及时催款电文

ATTN：IMPORT DEPT

BE OUR EXPORT DOC UNDER COLLECTION ORDER

REF ABCD FOR USD 50000.00DD XX

DRAWER：ACO

DRAWEE：B CO

WE HAVE RECEIVED YR ACCEPTANCE ADVICE TO MATURE ON DD YY. UP TO DATE WE DO NOT APPEAR TO HAVE RECEIVED THE FOUDS THEREUNDER. PLEASE INVESTIGATE AND DISPOSE OF PROCEEDS TO OUR ACC NO<12345 HELP WITH OUR NEW YORK BRANCH UDER ADVICE TO US QUOTING OUR BER NO

BEGARDS

问题：

（1）估计该付款方式是什么？

（2）该电文的发函人和受函人分别是谁？

（3）受益人是谁？

（4）YY 是什么时间？XX 又是什么时间？

（5）电文主要为了解决什么问题？

（6）ACCEPTANCE ADVICE 是什么？

### 实训习题 5　托收中的外汇风险案

我某公司向日本出口一批土特产品。合同价值 300 万日元，采用 D/P 6 个月远期付款。签约后，日本政府公布的统计数据显示，日本前一季度的财政赤字规模大幅度上升，国际收支逆差明显加大，通货膨胀也显著加剧。

假如其他条件不考虑，日元预计会怎么变化？某公司面临着哪些风险？该公司可以有哪些防范措施？

### 实训习题 6　托收中检查不严案

我某进出口公司向拉丁美洲地区出口批货物 160 包，合同规定 5 月份装运，结算方式为 30 天付款交单。5 月 14 日卖方备齐全部单据向托收行办理 30 天远期付款交单手续。7 月 4 日代收行称，6 月 20 日汇票到期时买方拒绝付款，据称因货物水分超过标准，甚至有部分霉粒，所以不肯接受。我进出口公司甚感奇怪，最后证实，买方早已提货，后因经营不善，资金周转出现困难，借故不付款，且并非向代收行借单提货。该国对远期付款交单托收一律按承兑交单方式处理，这是事实。最后我进出口公司与买方几次磋商，折价 15% 收回货款而结案。问：我方应从此事件中吸取什么教训？

### 实训习题 7　单据邮错案例

A 公司出口一批大麻籽货物，其总价值共 985,000.00 美元。合同规定付款条件为："The buyers shall duly accept the documentary draft drawn by the seller at 20 days sight upon fist presentation and make payment on its maturity. The shipping documents are to be delivered against acceptance." 该公司依合同规定按时将货物装运完毕，有关人员将单据备齐，于 3 月 15 日向托收行办理 D/A 20 天到期的托收手续。4 月 25 日，买方来电称，至今未收到有关该货的托收单据。A 公司经调查得知，是因单据及托收指示书上的付款人地址不详。5 月 15 日接到代收行的拒付通知书。由于单据的延误致使进口商未能按时提取货物，货物因雨淋受潮，付款人故拒绝承兑付款。该农产品公司损失惨重。

从该案例你得到什么教训？

## 实训习题8 托收委托书的审核

### 托收委托书

Date：MAY 18TH 2018                    TO：BANK OF CHINA GUANGZHOU BRANCH 中行广州分行

兹送上下列文件请按照下述指示办理，本公司同意遵照背面之条款。

[×] COLLECTION 代收                    [ ] NEGOTIATION UNDER DOCUMENTARY CREDIT

[×] PLEASE ADVANCE AGAINST THE BILL/DOCUMENTS 请予垫款

[ ] PLEASE DO NOT MADE ANY ADVANCE 无须垫款

请填下列单据份数                                        我司账号：87364-752-9251

PLEASE MARK NO. OF DOCUMENTS ATTACHED                   OUR A. C NO

| Draft | Invoice | B/L | Ins. Policy/Cert. | PACKINGLIST | C/O | CER OF QULITY | CER OF QUATITY |
|-------|---------|-----|-------------------|-------------|-----|---------------|----------------|
| 2/2 | 2/2 | 4/4 | | 2/2 | | 1/1 | |

DRAWEE：GOOD LUCK COMPANY, HONGKONG

ISSUING BANK：                              L/C NO：

TENOR：AT SIGHT    DRAFT DATE：MAY 18TH 2018 DRAFT AMOUNT：HK $ 652450.00

Please follow instruction marked "×"：

Deliver documents against payment/ACCEPTANCE 付款/承兑交单

[ ] ACCEPTANCE/PAYMENT MAY BE DEFERED PENDING ARRIVAL OF CARRYING VESSEL 货到后方付款/交款

COLLECTION CHARGES OUTSIDE GUANGZHOU FOR A/C OF DRAWEE 外埠代收手续费付款人负担

PLEASE COLLECT INTEREST AT 5% p. a FROM DRAWEE 请向付款人按年息55计收利息

[×] PLEASE WAIVED INTEREST/CHARGES    [ ] DO NOT WAIVED INTEREST/CHARGES 如拒收利息/手续费免受/不可免受

IF REFUSE IN THE EVENT OF DISHONOUR 如付款人拒绝承兑或付款

PLEASE WAREHOUSE AND INSURANCE GOODS FOR OUR A/C 请将货物入仓库投足保险，各项费用由我公司负责。

[×] PLEASE DO NOT PROTEST    [ ] PROTEST 请不须/请做拒绝承兑/付款证书

[×] ADVISE DISHONOUR BY    [ ] AIRMAIL    [ ] CABLE 若未兑付请以航邮/电报通知

[×] IN CASE OF NEED REFER TO A TRADING CO. HONGKONG    WHO WILL ASSIST YOU TO ABTAIN ACCEPTANCE/PAYMENT BUT WHO HAS NO AUTHORITY TO AMEND THE TERMS OF THE BILL 该司会协助贵行取得承兑/付款但无权更改任何条款。

[×] DESIGNATED COLLECTING BANK 指定托收银行 STANDARD CHARTERED BANK LTD. H. K.

[×] PLEASE CREDIT PROCCEDS TO OUR A/C NO 9005-2727985473

GUANGDONG ARTS&GRAFT IMP&EXP COMPANY

XX

2018 年 5 月 18 日 Guangdong Arts & Craft Imp. & Exp. Company 向中国银行广州分行提交下面这张跟单托收委托书，托收行按所给问题审核跟单托收委托书。

根据以上托收委托书，审核、填写以下各栏：

| | |
|---|---|
| （1）委托人公司名称 | |
| （2）付款人公司名称 | |
| （3）指定代收行 | |
| （4）托收金额、付款期限 | |
| （5）托收单据种类、份数 | |
| （6）银行费用由哪方支付 | |
| （7）交单条件 | |
| （8）利息支付情况 | |
| （9）拒付时是否需发出退票通知 | |
| （10）拒付时是否需出具拒绝证书 | |
| （11）托收行邮寄单据遗失时，是否需承担责任 | |

## 实训习题 9 制作托收面函

2020 年 4 月 5 日，YUFAN TRADING LTD. 向澳大利亚的 EBB CO.，LTD. 出口商品 STARCH，金额为 USD23000.00，制定 NATIONAL BANK OF AUSTRIAL, SYDNEY 为代收行，地址为 P. O. BOX 314 ，NO 234, AAS ROAD, SYDNEY，期限为 D/A 60 DAYS AFTER B/L DATE，AA 提单日为 2020-4-2，YUFAN TRADING LTD 单证员携汇票 2 份，发票（编号 T166）3 份，装箱单 3 份，提单三正三副，来交通银行宁波分行办理业务。

假如交通银行选择 WELLS FARGO BANK N. A，USA 作为账户行。YUFAN TRADING LTD. 在交行的账号 8987788。

（1）如果你是银行经办人员，审核之后如何做托收面函呢？

交通银行宁波分行地址：宁波市中山路 288 号

SWIFT：COMMCNSHZJNB

Remittance collection

MAIL TO：

DATE：

PLEASE ALWAYS QUOTE OUR NO.：OC2010000

DRAWER：

DRAWEE：

WE ENCLOSE FOLLOWING DRAFT（S）/DOCUMENTS FOR COLLECTION：

IST 2^ND DOCUMENTS INVOICE NO.：

BILL AMOUNT：

TENOR：
DOCS：


TOTAL AMOUNT CLAIMED：
GENERAL INSTRUCTIONS：
（1）THIS COLLECTION IS SUBJECT TO URC522.
（2）PLEASE DELIVER THE DOCUMENTS AGAINST ACCEPTANCE.
（3）IN CASE OF A TIME BILL, PLEASE ADVISE US OF THE DATE OF MATURITY AFTER ACCEPTANCE.
（4）ALL YOUR CHARGES ARE TO BE BY THE DRWAEE, WHICH CAN NOT BE WAIVED
（5）IF DISHONOR, PLEASE DO NOT PROTEST, BUT ADVISE US OF NON-PAYMENT/NON-ACCEPTANCE GIVING DEFINITE REASONS.

AS TO THE PROCEEDS, PLEASE FOLLOW INSTRUCTIONS AS BELOW：
PLEASE COLLECT AND REMIT VIA CHIPS THE PROCEEDS_____TO _____AT_____
WITH THEM UNDER YOUR/THEIR SWIFT/TELEX ADVISE TO US QUOTING OUR REFERENCE. OC2020000
THIS A COMPUTER GENERATED COVERING LETTER, MATUAL SIGNTURE NOT RE-QUIRED.
（2）如果该案例交单方式为 D/A 远期，若邮寄单据后，经查快邮记录知对方已收到单据，但未及时承兑，托收行需要发送催收电文，催代收行承兑，此时应如何填制电文？
------------------------------ MESAAGE HEADER ------------------------------
SWIFT OUTPUT：FIN 499 FORMAT MESSAGE
SENDER：COMMCNSHZJNB
RECEIVER：NATAU33XXXH
------------------------------ MESSAGE TEXT ------------------------------
20 TRANSACTON REFERENCE NUMBER

21 RELATED REFERENCE

79 NARRATIVE
ATTN：
RE：

DRAWER：
DRAWEE：
TENOR：


B RGDS


（3）如果寄出不久，出口商要求降价至金额 USD 20000.00，并授权托收行发降价电文，又如何填制电文呢?
------------------------------ MESAAGE HEADER ------------------------------
SWIFT OUTPUT：FIN 499 FORMAT MESSAGE
SENDER：
RECEIVER：
------------------------------ MESSAGE TEXT ------------------------------
20 TRANSACTON REFERENCE NUMBER


21 RELATED REFERENCE


79 NARRATIVE
ATTN：
RE OUR REF NO.
DRAWER：
DRAWEE：
TENOR


B RGDS


（4）假如经过上面的催承兑后，代收行来电做了承兑，且在联系进口商的同时，在承兑电文对新金额做了确认，但是承兑付款到期日到期，货款没有收到。此时，托收行应该主动提醒出口商和进口商沟通，同时发电催收付款。
------------------------------ MESAAGE HEADER ------------------------------
SWIFT OUTPUT：FIN 499 FORMAT MESSAGE
SENDER：
RECEIVER：

---------------------------- MESSAGE TEXT ----------------------------------------

20 TRANSACTON REFERENCE NUMBER


21 RELATED REFERENCE


79 NARRATIVE


ATTN：
RE OUR REF NO.
DRAWER：
DRAWEE
TENOR


B RGDS

# 第五章　跟单信用证业务

**知识要求**

通过本章的学习，学生应掌握以下知识点：信用证的含义，信用证的当事人的权责，信用证对当事人的利弊，信用证的性质、内容和业务流程等。知识要求主要体现在第一部分信用证常识部分。

**技能要求**

通过本章的学习，学生应当掌握的操作技能包括：读懂信用证；熟悉填写开证申请书；掌握审证的基本方法和操作技能；掌握改证的业务流程和操作技能；掌握信用证融资业务的基本方法和操作技能。学生通过完成第二部分的实训习题来掌握以上技能和操作方法。

**关键术语**

信用证的含义　信用证性质和作用　信用证融资

# 第一部分　信用证常识

信用证结算方式是随着国际贸易的发展，在银行参与国际结算的过程中逐步形成的。信用证自19世纪初出现以来，在实践中日益被广泛应用，至今已成为国际贸易中最主要的一种结算方式。

## 一、信用证的含义

信用证（Letter of credit，L/C），是开证银行根据开证申请人的请求和指示，或开证行以自身的名义，向受益人开立的，具有一定金额，在一定期限内凭规定的单据实现支付的书面保证文件。简言之，信用证是一种银行开立的有条件的保证付款的文件。

这里所说的银行，是指开立信用证的银行。该银行实际上是替买方做付款担保，所以开证行本身需要得到出口人的认可，否则信用证可能不被接受，导致重新开证或保兑，因此在贸易实践中最好找国际知名的、资信良好的大银行开证。

开证的方式，一般分为信开和电开。信开也就是通过挂号信的方式开立，速度慢，而且容易遗失，所以今天很少使用。现在主要使用 SWIFT 开证，SWIFT 开证速度快、标准化和收费低，成为主流开证模式，所以 LETTER 在这里早就名不副实，不过是习惯称呼而已。

信用证的实质是承诺，承诺方是开证行，承诺的对象是受益人，承诺的内容是付款，之所以说是承诺，因为进口人是实际最终付款人，银行在这里不过做担保而已，并非实际付款。

开证行在这里的付款承诺是有条件的，这个条件是对于出口人而言，出口人主要做到及时发货、单证合法、单单一致、单证一致，大多教材或文件只提单单一致、单证一致。实际上，及时发货和单据合法，是隐含条件，也是必需条件，不过为了让信用证变得更加纯粹的单据化，没有提出而已。这个条件对出口人而言，实际上只要是一个诚实的、合格的出口人都能办到，因此信用证的出现大大降低了出口人的信用风险。

信用证的形式是一份书面担保文件，而且往往格式也是约定俗成的。

## 二、信用证的当事人

信用证业务中基本当事人有三方，即开证申请人、开证行和受益人。在运转过程中，根据不同情况，又产生了通知行、议付行、付款行、偿付行和保兑行等其他当事人。

开证申请人（Applicant），又称开证人（Opener），是指向银行申请开立信用证的人，通常是进口商，也即买卖合同的买方。

开证行（Opening Bank，Issuing Bank），是指接受开证人的委托以其自身名义开立信用证并承担付款责任的银行，一般是进口地的银行。开证人与开证行的权利和义务以开证申请书为据。开证申请书属委托契约性质，开证人通过申请书委托开证行向受益人提供信用，同时代为行使根据买卖合同应由开证人享有的请求受益人交付单据的权利。

受益人（Beneficiary），是指信用证上所指定的有权开具汇票向开证银行或其指定的付款银行索取货款的人，通常是出口商，也即买卖合同的卖方。

通知行（Advising Bank，Notifying Bank），是指受开证行的委托将信用证转交或通知出口商的银行，一般是出口人所在地的银行，而且通常是开证行的代理行（Correspondent Bank）。它只负有证明信用证表面真实性的责任，并不承担其他义务。

议付行（Negotiating Bank），是指根据开证行的授权买入或贴现受益人开立和提交的符合信用证规定的跟单汇票的银行。议付行可以是信用证上指定的银行，也可以是非指定的银行。议付行若遭受开证行的拒付，有权向受益人追索。

付款行（Paying Bank，Drawee Bank），如果开证行在信用证中指定另一家银行为信用证项下汇票上的付款人或是付款信用证下执行付款的银行，这个银行就是付款行。付款行一般就是通知行。付款行一经付款，不得对受益人进行追索，风险较议付行要大，因此一般银行的付款手续费要比议付手续费高些。由于付款行是开证行在信用证中指定的，付款行本身未做付款承诺，所以付款行有权不付款。但这种情况不多见，只有在开证行资金情况极差，付款行没有可能获得偿付时才会发生。

偿付行（Reimbursing Bank），是指信用证指定的代开证行向议付行或付款行清偿垫款的银行。偿付行的出现往往是由于开证行的资金调度集中在第三国银行。由于偿付行不负责审核单据并且不受追索，开证行收到单据发现与信用证条款不符而拒付时，则自行向有关银行追回已付款项。

保兑行（Confirming Bank），是指根据开证行的请求在信用证上加具保兑的银行。保兑行对信用证独立负责，承担必须付款或议付的责任。在付款或议付后，不论开证行倒闭或无理拒付，都不能向受益人追索。在实际业务中，保兑行通常由通知行兼任，但也可由其他银行加具保兑。被邀请的银行有权不加保，但根据 UCP600 第 8 条 d 款规定："如果开证行授权或要求一银行对信用证加具保兑，而该银行并不准备照办，则其必须毫不延误地通知开证行，并仍可通知此份未加具保兑的信用证。"

承兑行（Accepting Bank），指对承兑信用证项下的票据，经审单确认与信用证规定相符时，在汇票正面签字承诺到期付款的银行，承兑行可以是开证行本身，也可以是通知行或其他指定的银行。倘若承兑行在承兑汇票后倒闭或丧失付款能力，则由开证行承担最后付款责任。

转让行（Transferring Bank），是应受益人（在转让信用证时又称第一受益人）的委托，将可转让信用证转让给信用证的受让人（第二受益人）的银行。转让行一般为通知行，也可以是议付行、付款行或保兑行。

第二受益人（Second Beneficiary），是接受转让的可转让信用证的受益人，又称信用证的受让人或被转让人（Transferee）。一般为提供货物的生产者或供应商。而可转让信用证的转让人（Transferor）即第一受益人（First Beneficiary）则通常是中间商或买方驻卖方所在地的代理人。第二受益人受让信用证后，不能再将可转让信用证转让给其他人使用，但允许转让给信用证的第一受益人，即信用证的原受益人。

此外，信用证还可能出现一些其他的当事人，如转开行、局外议付行等。

在上述信用证的当事人中，付款行、承兑行、议付行、偿付行和转让行均为开证银行的指定银行（Nominated Bank）。

## 三、信用证的内容

信用证的内容，随不同交易的需要而定，各开证行习惯使用的格式也各不相同。因此，形式纷杂，处理费事，而且容易引起误解，影响业务的顺利进行。鉴于此，国际商会曾先后设计并介绍过几种不同的标准格式，其中包括议付信用证、承兑信用证、即期付款信用证和延期付款信用证。但是，目前除已广泛使用 SWIFT 格式外，采用国际商会标准格式的银行不是很多，在实际业务中，有些银行采用的是在本身原用格式基础上参照标准格式略加修改的格式。

信用证虽然至今尚无统一格式，但其基本内容大致相同。总的说来，就是国际货物买卖合同的有关条款与要求受益人提交的单据，再加上银行保证。通常主要包括以下内容。

（1）信用证本身方面的说明：如信用证的编号、开证日期、到期日和到期地点、交单期限等。

（2）兑付方式：是即期付款、延期付款、承兑还是议付。

（3）信用证的种类：是否经另一银行保兑、可否转让等。

（4）信用证的当事人：开证申请人、开证行、受益人、通知行等。此外，有的信用证还有指定的付款行、偿付行、承兑行、指定议付行等。

（5）汇票条款：包括汇票的种类、出票人、受票人、付款期限、出票条款及出票日期等。凡不需汇票的信用证无此内容。

（6）货物条款：包括货物的名称、规格、数量、包装、价格等。

（7）支付货币和信用证金额：包括币别和总额，币别通常应包括货币的缩写与大写，总额一般分别用大写文字与阿拉伯数字书写。信用证金额是开证行付款责任的最高限额，有的信用证还规定有一定比率的上下浮动幅度。

（8）装运与保险条款：如装运港或启运地、卸货港或口的地、装运期限、可否分批装运、可否转运以及如何分批装运、转运的规定。以 CIF 或 CIP 贸易术语达成的交易项下的保险要求，所需投保的金额和险别等。

（9）单据条款：包括①对汇票的要求，信用证上如规定出口商提交汇票，则应列明汇票的必要项目。②对货运单据的要求，涉及商业发票、海关发票、提单或运输单据、保险单证等。③对官方单据的要求，主要有普惠制产地证、一般原产地证、海关发票、领事发票等。对单据的要求不仅要明示种类，而且还要规定正副本份数及缮制的特殊要求。

（10）特殊条款：视具体交易的需要而异。常见的有要求通知行加保兑，限制由某银行议付，限装某船或不许装某船，不准在某港停靠或不准选取某条航线，俟具备规定条件信用证方始生效，等等。

除此以外，信用证通常还有开证银行的责任条款，根据《跟单信用证统一惯例》开立的文句，以及信用证编号、到期地点和日期、开证行签字和密押等。

## 四、信用证结算方式的一般支付程序

进出口交易双方签订买卖合同，合同中规定以信用证方式支付货款，这是开展信用证业务的前提条件。

使用信用证方式支付货款，从开证申请人向银行申请开立信用证到开证行付清货款，需要经过很多业务环节，并需办理各种手续。由于信用证种类不同，信用证条款有着不同的规定，其业务环节和手续也不尽相同，但是从信用证方式支付的一般程序来看，大体要经过申请、开证、通知、议付（付款）、索偿、偿付和赎单等环节。现以最常见的即期跟单议付信用证为例，简要说明信用证的业务程序，如图 5-1 所示。

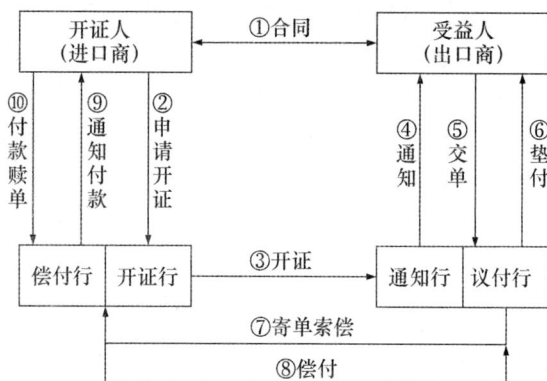

图 5-1　即期跟单议付信用证业务程序

各环节的具体内容分述如下。

## （一）订立买卖合同

进出口人双方先就国际货物买卖的交易条件进行磋商，达成交易后订立国际货物买卖合同，明确规定进口人以信用证方式支付货款。其中一般还应规定开证银行的资信地位、信用证的类型、金额、到期日、信用证开立并送达卖方的日期。

## （二）申请开证

开证人在合同规定的期限内，按照合同内容填写开证申请书向开证行申请开立以出口商为受益人的信用证。开证申请书是体现开证人与开证行权利与义务关系的契约性文件，它包括两个部分内容：第一部分是要求开证行在信用证上列明的条款，是开证行凭以向受益人或议付行付款的依据。第二部分是开证人对开证行的声明，用以明确双方的责任，其基本内容是承认在其付清货款前，开证行对单据及其所代表的货物拥有所有权；若到期不付款，开证行有权没收一切抵押物，作为应付款项的一部分。

开证人申请开证时，开证行根据开证人的资信状况，要求开证人支付一定比例的押金及手续费。

## （三）开证

开证行审核开证申请书及开证人资信情况并认可后，按要求开出信用证，交出口地的通知行，请其通知受益人。

开证行开立信用证的方法有信开、全电开和简电开三种。信开是指开证行将信函形式的信用证航邮寄交通知行。全电开是指开证行通过 SWIFT 系统（Society for Worldwide Interbank Financial Telecommunication，中文译为环球同业银行金融电信协会）或电报电传等电信方式将信用证内容传至通知行。信开和全电开信用证都是完整的信用证，可用作交单议付的依据。简电开是指开证行通知已经开证，并将主要内容简要通知通知行，并附有

"详情后告"等词语，详细条款另外航寄通知行。简电开在法律上不足以作为交单议付的依据，仅仅是一个通知，一切以航寄信用证为准。

### （四）通知

通知行收到信用证后，应立即核对信用证的密押（全电开）或签字印鉴（信开），确认其真实性后，须迅速将信用证通知受益人。

银行将信用证通知受益人后，如果受益人认为开证行的资信不可靠，接受信用证有风险，可以要求开证行另找一家受益人认可的银行对该信用证加具保兑；也可以是开证行在开立信用证时，主动要求另一家银行加具保兑。保兑行通常由通知行兼任。

### （五）审证、交单

受益人收到信用证后，应立即审核信用证。如发现其内容有与合同条款不符之处，应及时要求开证人通过开证行对信用证进行修改。如开证人提出修改，经开证行同意后，修改通知书由开证行通过通知行传达到受益人。受益人同意接受后，修改通知书方为有效。

受益人对信用证认可后，即按信用证规定的条件装运发货；同时，缮制并取得信用证所规定的全部单据，开立汇票，连同信用证正本和修改通知书，在信用证的有效期内，交至当地的议付行要求议付。

### （六）审单、议付

议付行对出口商提交的单据与信用证核对，确认单证相符、单单相符后，同意议付，购进汇票和所附单据。议付行将汇票金额扣除议付日到估计收到票款日的利息和手续费后，把垫款给受益人。议付行议付并购入汇票单据后，即成为票据意义上的正当持票人，有权向汇票的付款人提示付款；若遭拒付，议付行可向出口商追索议付垫款。

### （七）寄单索偿

议付行议付票款后，按信用证规定的寄单和索汇方式，将汇票和单据寄交指定的偿付行索偿。偿付行可以是开证行指定的银行，也可以是开证行本身。

### （八）索偿

开证行（或其指定的付款行）收到议付行寄来的汇票和单据后，根据信用证审核单据。如单证或单单不符，开证行有权拒付，但须迅速将拒付事实通知当事银行。如单证及单单相符，应无条件付款给议付行。如被指定的偿付行拒绝开证行的指示时，由开证行保证付款。

### （九）通知付款

开证行对外付款后，通知开证人付款赎单。

### （十）付款赎单

开证人核验单据，确认无误后，将全部票款及有关费用，一并向开证行付清并赎回单据。开证人如发现单据有误，有权拒绝付款赎单。但此时的开证行对议付行或付款行没有追索权。开证行可转让单据或出售货物以弥补损失。

开证人赎取单据后，即享有单据的权利，可凭此向运输部门提取货物。如发现任何有关货物的问题，进口商不得向开证行提出索赔，应分具体情况向出口商、保险公司或运输部门索赔。索赔不成，可提交仲裁或诉讼，但均与信用证业务中各方银行无任何关系。

## 五、信用证结算的特点

根据 UCP600 规定，信用证结算方式具有以下三个主要特点。

### （一）开证银行负首要付款责任（Primary Liabilities for Payment）

信用证是由开证银行以自己的信用做出付款的保证。在信用证付款条件下，开证行对出口商交来的符合信用证条款规定的跟单汇票承担首要的即第一性的付款责任。出口商可凭信用证及合格单据向开证行要求支付，而无须先向进口商进行付款提示。开证行的付款责任是首要的、独立的、终局的，即使进口商在开证后失去偿付能力，只要出口商提交的单据符合信用证条款，开证行也要负责付款，开证行付了款如发现有误，也不能向受益人和索偿行进行追索。信用证的这一特征突出体现了银行信用的可靠性。

### （二）信用证是一项独立自主的文件（Self-sufficient Document）

在国际货物买卖下，信用证通常都是以买卖合同为基础开立的。作为受益人，也有权要求信用证内容与买卖合同规定相符。但是信用证一经开出，就成为独立于买卖合同之外的另一种契约，不受买卖合同的约束。在信用证业务处理过程中，银行只对信用证负责，至于合同是否存在、合同条款是否与信用证条款一致，一概与银行无关。所以，信用证是一项独立自主的文件，开证银行和参与信用证业务的其他银行只按信用证规定履行自己的义务。

### （三）信用证是一种纯单据交易（Pure Documentary Transaction）

UCP600 第 5 条规定："银行处理的是单据，而不是单据所涉及的货物、服务或其他行为。"所以，信用证业务是一种纯粹的单据业务。在信用证付款条件下，银行凭单付款，只要受益人提交了与信用证规定表面相符的单据，做到了"单证相符"，银行就要履行付款责任。至于单据的真伪、法律效力以及单据所代表的货物状况等，银行概不负责。

## 六、信用证结算的性质和作用

### （一）信用证结算的性质

在国际贸易结算中，使用建立在商业信用基础上的汇付和托收方式存在不少风险。在采用汇付方式预付货款情况下，进口人担心出口人不交货或所交货物不符合合同规定；如先发货后付款，出口人又担心对方不付款或不如期付款。如通过银行托收，也可能遭到拒付；即使采用 D/P 方式，在对方付款前还掌握着代表物权的单据，但此时货已发运，不仅处理费事，而且风险较大，难免造成损失。

随着国际贸易的发展，在 19 世纪后期开始出现了由银行保证付款的信用证。采用信用证方式，只要出口人按信用证的要求提交单据，银行即保证付款，所以，信用证的性质属银行信用，是建立在银行信用基础上的。由于银行信用一般优于商业信用，故较易被出口人接受，有利于交易的达成和国际贸易的发展。但是，进口人办理了开立信用证手续，并不等于已经付了款，如果开证行倒闭，失去偿付能力，进口人仍须重新开证或用其他方式付款。因而，实际上，出口人获得的是商业信用保证之外又增加了银行信用保证。

## （二）信用证结算方式的作用

采用信用证方式结算，有关当事人可分别得到以下好处。

**1. 对出口人的好处**

（1）收取货款有保障。出口人只要按信用证规定发运货物，向指定银行提交单据，收取货款就有了保障。

（2）有利于资金周转。出口人在货物装运前有时还可凭信用证向银行申请打包贷款（packing credit），在货物装运后将汇票和单据交议付行议付，通过押汇可及时收取货款，有利于加速资金周转。

**2. 对进口人的好处**

（1）减少资金占用。进口人申请开证时只需缴纳少量押金或凭开证行授予的授信额度开证，有些国家的银行对信誉良好的开证人还可免收押金。大部分或全部货款，俟单据到达后再行支付，这就减少了资金的占用。如开证行在履行付款义务后，进口人筹措资金有困难，还可开立信托收据要求开证行准予借单先行提货出售或使用，以后再向开证行付款。

（2）可促使卖方履行合同。通过信用证上所列条款，进口人可以控制出口人的交货时间，以及所交货物装运前的质量和数量等检验要求，并按规定的方式交付货物和所需的单据和证件，以保证收到的货物符合买卖合同的规定。

**3. 对银行的好处**

（1）增加结算受益。开证行只承担保证付款责任，它贷出的只是信用而不是资金，在对出口人或议付行交来的跟单汇票偿付前，已经掌握了代表货物的单据，加上开证人缴纳的押金，故并无多大风险；即使尚有不足，仍可向进口人追偿。至于出口地的议付行，议付出口人提交的汇票及/或单据有开证行担保，只要出口人交来的汇票、单据符合信用证条款规定，就可以对出口人进行垫款、叙做出口押汇，还可从中获得利息和手续费等收入。

（2）增加其他业务。通过信用证业务，可带动其他开户往来、保险、仓储等业务，为银行增加收益。

综合而言，信用证方式在国际贸易结算中可以起到以下两个主要作用。

一是安全保证作用。由于银行信用一般优于商业信用，通过信用证方式就可缓解买卖双方互不信任的矛盾，而且可以使本来彼此不熟悉或并不很了解的买卖双方，以及资历和声誉一般的中小企业，只要采用信用证方式结算货款，也能顺利地进行交易。

二是资金融通作用。在信用证业务中，银行不仅提供信用和服务，而且还可以通过打包贷款、叙做出口押汇（议付）向出口人融通资金，可以通过凭信托收据借单、叙做进口押汇向进口人进行资金融通。

但是，应当指出，信用证方式在国际贸易结算中也并不是完美无缺的。例如：买方不按时开证、不按合同规定条件开证或故意设下陷阱使卖方无法履行合同，或履行交货、交单后因不符信用证规定被拒付而使出口人遭受损失。再如，受益人如果变造单据使之与信用证条款相符，甚至制作假单据，也可从银行取得款项，从而使进口人成为欺诈行为的受害者。此外，使用信用证方式在具体业务操作上一般手续较之汇付和托收烦琐，费用也较多，业务成本高。而且无论是申请开证，还是审证、审单，技术性均较强，稍有不慎，容易产生疏漏、差错，以致造成损失。

在我国对外贸易中，信用证是应用最多的一种结算方式。在出口中使用这种方式要加强对国外进口商和开证银行的资信及偿付能力的调查，以保障安全和及时收汇；在进口业务中，要警惕国外不法商人以假单据进行诈骗，以次充好。

## 七、信用证的种类

在国际贸易买卖中所使用的信用证种类很多，而且从不同的角度可做不同的划分，在业务中使用较多的信用证有如下几个。

### （一）跟单信用证和光票信用证

按信用证项下的汇票是否附有货运单据，可以将信用证划分为跟单信用证和光票信用证。

**1. 跟单信用证（Documentary L/C）**

指凭跟单汇票或仅凭货运单据付款的信用证。这里的货运单据，是指代表货物所有权的单据，如海运提单、多式联运单据，或证明货物已经发运的单据，如铁路运单、航空运单、邮包收据等。在贸易结算中，大都使用跟单信用证。

**2. 光票信用证（Clean L/C）**

指不凭货运单据，仅凭汇票付款的信用证。光票信用证通常仅被用于总分公司间货款清偿和非贸易的费用结算等。

### （二）付款信用证、承兑信用证和议付信用证

按付款方式不同，信用证可分为付款信用证、承兑信用证和议付信用证。

**1. 付款信用证（Payment L/C）**

凡是在信用证上明确指定某一家银行付款的信用证就称为付款信用证。当受益人凭这

种信用证向指定的付款银行提交规定的单据时，付款行即行付款。付款信用证一般不要求受益人开具汇票，而仅凭受益人提交的单据付款。付款信用证根据付款时间的不同又有即期付款信用证和延期付款信用证之分。

**2. 承兑信用证（Acceptance L/C）**

凡是在信用证上明确指定某一银行承兑的信用证就称为承兑信用证。当受益人向指定银行开具远期汇票并提示时，指定银行即行承兑，并于汇票到期日履行付款义务。

**3. 议付信用证（Negotiation L/C）**

凡在信用证中明确指示受益人可以在某一指定的银行或任何银行议付的信用证就叫议付信用证。所谓议付是指在单据相符的情况下，银行买下跟单汇票。扣除利息和手续费后，将货款付给受益人。议付信用证又可按是否限定议付行分为两种：凡限定由某一银行议付的，称为限制议付信用证（Restricted Negotiation L/C）；凡任何银行有权议付的，称为公开议付信用证（Open Negotiation L/C）或自由议付信用证。

"议付"和"付款"的主要区别在于议付行如由于开证行无力偿付等原因而未能收回款项时，可向受益人追索，而开证行或付款行一经付款就无权向受款人及其前手进行追索。

### （三）即期信用证和远期信用证

信用证按照付款时间的不同，可分为即期信用证和远期信用证。

**1. 即期信用证（Sight L/C）**

指开证行或付款行在收到符合信用证规定的跟单汇票或单据时，立即履行付款义务的信用证。这种信用证的特点是出口商收汇迅速安全，有利于资金周转。

在即期信用证中，有时加列电汇索偿条款（T/T Reimbursement Clause），这是指开证行允许议付行用电报或电传通知开证行或指定付款行，说明各种单据与信用证要求相符，开证行或指定付款行接到电报或电传通知后，有义务立即用电汇将货款拨交议付行。

**2. 远期信用证（Usance L/C）**

指开证行或付款行收到远期汇票和单据后，在规定的期限内保证付款的信用证。

远期信用证主要有以下几种。

（1）银行承兑远期信用证（Banker's Acceptance L/C），是指以开证行作为远期汇票付款人的信用证。开证行或付款行对受益人按规定提交的远期跟单汇票先行承兑，待汇票到期日再行付款。如出口商要求贴现汇票，则议付行或其代理人将汇票在提示承兑后送交贴现公司办理贴现。贴现公司扣除贴息后，将净款交给议付行转交出口商。汇票到期时，由贴现公司向开证行提示汇票，要求付款。

（2）商业承兑远期信用证（Commercial Acceptance L/C），是以开证人为远期汇票的付款人的信用证，汇票由开证人承兑。

（3）延期付款信用证（Deferred Payment L/c），指在信用证上规定货物装运后若干天付款，或收到符合信用证的单据后若干天付款的信用证。这种信用证与一般远期信用证最大的区别在于不要求受益人开立远期汇票，没有远期汇票承兑的票据行为，也不准贴现，所以出口商不能利用贴现资金，只能自行垫款或向银行借款。也正因为如此，采用这种信用证的货价应比银行承兑远期信用证略高。

（4）远期议付信用证，指开立远期汇票的议付信用证。出口商发货后，将全套单据提交给议付行，议付行审单无误后，立即向受益人议付。开证行见票、审单无误后则先向议付行承兑，在汇票到期日才进行偿付。开证申请人在承兑后即可取得单据。以往，远期议付信用证存在争议。UCP500 第 10 条 b 款 ii 项对议付定义为："议付是指被授权议付的银行对汇票及/或单据付出对价的行为。只审核单据而不付出对价并不构成议付。"而 UCP600 第 2 条关于议付的定义修改为："指指定银行在相符交单下，在其应获偿付的银行工作日当天或之前向受益人预付或者同意预付款项，从而购买汇票（其付款人为该指定银行以外的其他某个银行）及/或单据的行为。"在新的定义中，明确了议付是对票据及单据的一种买入行为，并且明确是对受益人的融资——预付或承诺预付。定义上的改变承认了有一定争议的远期议付信用证的存在，同时也将议付行对受益人的融资纳入受惯例保护的范围。

（5）假远期信用证是指信用证规定受益人开立远期汇票，由开证行或其他指定银行负责贴现，并规定贴现息和贴现费用由开证人负担。这种信用证从开立的汇票看属于远期信用证，但出口商可以获得即期收益，所以一般称为"假远期信用证"或"远期汇票即期付款信用证"（Usance L/C Payable at Sight）。由于这种信用证的贴现费用由买方负担，所以又称为"买方远期信用证"（Buyer's Usance L/C）。一般的远期信用证，贴现费用由卖方负担。使用假远期信用证，受益人能够即期十足收款，但要承担汇票遭拒绝后被追索的风险。

## （四）保兑信用证和不保兑信用证

信用证按照是否有另一家银行对此信用证加具保兑，可以分为保兑信用证和不保兑信用证。

### 1. 保兑信用证（Confirmed L/C）

指开证行开出的信用证，由另一家银行保证对符合信用证条款规定的单据履行付款义务。对信用证承担保证兑付义务的银行叫保兑行（Confirming Bank）。信用证一经保兑，保兑行与开证行一样均负第一性的付款责任。对受益人来说，就同时取得了两家银行的付款保证，安全收汇更有保障。保兑行通常是通知行，有时也可以是出口地的其他银行或第三国银行。保兑的手续一般是由保兑银行在信用证上加列保兑文句。

### 2. 不保兑信用证（Unconfirmed L/C）

未经其他银行保证兑付的信用证，仍由开证行独立承担付款责任。一般在信用证上不注明。

## （五）可转让信用证和不可转让信用证

按受益人对信用证的权利可否转让，可将信用证分为可转让信用证和不可转让信用证。

### 1. 可转让信用证（Transferable L/C）

可转让信用证指特别注明"可转让"字样的信用证。可转让信用证可应受益人（第一受益人）的要求转为全部或部分由另一受益人（第二受益人）兑用。这种信用证的受益人，往往是中间商，要求国外进口商开立可转让信用证，以转让给实际供货人（第二受益人），由实际供货人办理装运交货取款。

**2. 不可转让信用证（Non-transferable L/C）**

指受益人不得将信用证的权利转让给第三者的信用证。凡未在信用证上注明"可转让"者，将被视为不可转让信用证。

# 八、SWIFT

"SWIFT"是环球同业银行金融电信协会（Society for worldwide Inter-bank Financial Telecommunication）的简称。该组织是一个国际银行同业间非营利性的国际合作组织。于1973年5月在比利时成立，董事会为最高权力机构，专门从事传递各国之间非公开性的国际间的金融电信业务，其中包括：外汇买卖，证券交易，开立信用证，办理信用证项下的汇票业务和托收等，同时还兼理国际间的账务清算和银行间的资金调拨。该组织的总部设在布鲁塞尔，并在荷兰阿姆斯特丹和美国纽约分别设立交换中心（Swifting Center），及为各参加国开设的集线中心（National Concentration），为国际金融业务提供快捷、准确、优良的服务。目前，已有数千家分设在包括我国在内的不同国家和地区的银行参加该协会并采用该会电信业务的信息网络系统，使用时必须依照SWIFT使用手册规定的标准，否则会被自动拒绝。因此，SWIFT具确安全可靠、高速度、低费用、自动加核密押等特点，能为客户提供快捷、标准化、自动化的通信服务。

凡依据国际商会所制定的电信信用证格式设计，利用SWIFT网络系统设计的特殊格式（format），通过SWIFT网络系统传递的信用证的信息（message），即通过SWIFT开立或通知的信用证称为SWIFT信用证，也称为"环银电协信用证"。

采用SWIFT信用证，必须遵守SWIFT使用手册的规定，使用SWIFT手册规定的代号（tag），而且信用证必须按国际商会制定的《跟单信用证统一惯例》的规定，信用证中可以省去银行的承诺条款（undertaking clause），但不能免去银行所应承担的义务。

过去进行全电开证时，都采用电报或电传开证，各国银行标准不一，条款和格式也各不相同，而且文字烦琐。采用SWIFT开证后，使信用证具有标准化、固定化和统一格式的特性，且传递速度快捷，成本也较低，同样多的内容，SWIFT的费用只有TELEX（电传）的18%左右，只有CABLE（电报）的2.5%左右，因此银行乐于在开立信用证时使用，现已在全球广泛使用。在我国银行的电开信用证或收到的信用证电开本中，SWIFT信用证也已占很大比重。

SWIFT系统报文格式包括MT700/701开立跟单信用证、MT705跟单信用证的预先通知、MT707跟单信用证的修改、MT710/711通知由第三家银行开立的信用证、MT720/721跟单信用证的转让、MT740偿付授权。相关内容表示方式如下。

（1）项目表示方式。SWIFT由项目（FIELD）组成，如：59 BENEFICIARY（受益人），就是一个项目，59是项目的代号，可以用两位数字表示，也可以用两位数字加上字母来表示，如51a APPLICANT（申请人）。不同的代号，表示不同的含义。项目还规定了一定的格式，各种 SWIFT 电文都必须按照这种格式表示。在 SWIFT 电文中，一些项目是必选项目（MANDATORY FIELD），一些项目是可选项目（OPTIONAL FIELD），必选项目（M）是必须具备的，如：31D DATE AND PLACE OF EXPIRY（信用证有效期），可选项目（O）是另外增加的项目，并不一定是每个信用证都有的，如：39B MAXIMUM CREDIT A-MOUNT（信用证最大限制金额）。

（2）日期表示方式。SWIFT 电文的日期表示为：YYMMDD（年月日）如：1999 年 5 月 12 日，表示为：990512；2000 年 3 月 15 日，表示为：000315；2001 年 12 月 9 日，表示为：011209。

（3）数字表示方式。在 SWIFT 电文中，数字不使用分隔号，小数点用逗号","来表示 如：5，152，286.36 表示为：5152286，36；4/5 表示为：0，8；5% 表示为：5 PER-CENT。

（4）货币表示方式。澳大利亚元：AUD；加拿大元：CAD；人民币元：CNY；美元：USD；港元：HKD；日元：JPY；英镑：GBP。

MT700 和 MT707 常见项目表示方式见表 5-1、表 5-1。

表 5-1　MT 700 Issue of a Documentary Credit 跟单信用证的开立

| M/O | Tag 代号 | Field Name 栏位名称 | Content/Options 内容 | |
|---|---|---|---|---|
| M | 20 | DOCUMENTARY CREDIT NUMBER（信用证号码） | 16x | 16 个字 |
| O | 23 | REFERENCE TO PRE-ADVICE（预先通知号码） | 16x | 16 个字 |
| M | 27 | SEQUENCE OF TOTAL（电文页次） | 1n/1n | 1 个数字/1 个数字 |
| O | 31C | DATE OF ISSUE（开证日期） | 6n | 6 个数字 |
| M | 31D | DATE AND PLACE OF EXPIRY（信用证有效期和有效地点） | 6n29x | 6 个数字/29 个字 |
| M | 32B | CURRENCY CODE，AMOUNT（信用证结算的货币和金额） | 3a15n | 3 个字母 15 个数字 |
| O | 39A | PERCENTAGE CREDIT AMOUNT TOLERANCE（信用证金额上下浮动允许的最大范围） | 2n/2n | 2 个数字/2 个数字 |
| O | 39B | MAXIMUM CREDIT AMOUNT（信用证最大限制金额） | 13x | 13 个字 |
| O | 39C | ADDITIONAL AMOUNTS COVERED（额外金额） | 4 * 35x | 4 行×35 个字 |
| M | 40A | FORM OF DOCUMENTARY CREDIT（跟单信用证形式） | 24x | 24 个字 |
| M | 40E | APPLICABLE RULE（适用规则） | 24x | 24 个字 |
| M | 41A | AVAILABLE WITH...BY...（指定的有关银行及信用证兑付的方式） | A or D | A 或 D |
| O | 42A | DRAWEE（汇票付款人） | A or D | A 或 D |
| O | 42C | DRAFTS AT...（汇票付款日期） | 3 * 35x | 3 行×35 个字 |

续表

| M/O | Tag 代号 | Field Name 栏位名称 | Content/Options 内容 |
|---|---|---|---|
| O | 42M | MIXED PAYMENT DETAILS（混合付款条款） | 4 * 35x　4 行×35 个字 |
| O | 42P | DEFERRED PAYMENT DETAILS（延期付款条款） | 4 * 35x　4 行×35 个字 |
| O | 43P | PARTIAL SHIPMENTS（分装条款） | 1 * 35x　1 行×35 个字 |
| O | 43T | TRANSSHIPMENT（转运条款） | 1 * 35x　1 行×35 个字 |
| O | 44A | PLACE OF TAKING IN CHARGE/DISPATCH FROM.../PLACE OF RECEIPT（接受监管地/发运地/收货地） | 1 * 65x　1 行×65 个字 |
| O | 44E | PORT OF LOADING/AIRPORT OF DEPARTURE（装运港/出发机场） | 1 * 65x　1 行×65 个字 |
| O | 44F | PORT OF DISCHARGE/AIRPORT OF DESTINATION（卸货港/目的地机场） | 1 * 65x　1 行×65 个字 |
| O | 44B | PLACE OF FINAL DESTINATION/FOR TRANSPORTATION TO.../PLACE OF DELIVERY（最终目的地/运往.../交货地） | 1 * 65x　1 行×65 个字 |
| O | 44C | LATEST DATE OF SHIPMENT（最后装船期） | 6n　6 个数字 |
| O | 44D | SHIPMENT PERIOD（船期） | 6 * 65x　6 行×65 个字 |
| O | 45A | DESCRIPTION OF GOODS AND/OR SERVICES（货物描述） | 50 * 65x　50 行×65 个字 |
| O | 46A | DOCUMENTS REQUIRED（单据要求） | 50 * 65x　50 行×65 个字 |
| O | 47A | ADDITIONAL CONDITIONS（特别条款） | 50 * 65x　50 行×65 个字 |
| O | 48 | PERIOD FOR PRESENTATION（交单期限） | 4 * 35x　4 行×35 个字 |
| M | 49 | CONFIRMATION INSTRUCTIONS（保兑指示） | 7x　7 个字 |
| M | 50 | APPLICANT（信用证开证申请人） | 4 * 35x　4 行×35 个字 |
| O | 51A | APPLICANT BANK（信用证开证的银行） | A or D　A 或 D |
| O | 53A | REIMBURSEMENT BANK（偿付行） | A or D　A 或 D |
| O | 57A | "ADVISE THROUGH" BANK（通知行） | A, B or D A, B 或 D |
| M | 59 | BENEFICIARY（信用证的受益人） | [/34x] 4 * 35x [/34 个字] 4 行×35 个字 |
| O | 71B | CHARGES（费用情况） | 6 * 35x　6 行×35 个字 |
| O | 72 | SENDER TO RECEIVER INFORMATION（附言） | 6 * 35x　6 行×35 个字 |
| O | 78 | INSTRUCTION TO THE PAYING/ACCEPTING/NEGOTIATING ANK（给付款行、承兑行、议付行的指示） | 12 * 65x　12 行×65 个字 |

注：①31C 场如果没有填，开证日期为电文发送日期。②39A 与 39B 不能同时出现。③42A 必须与 42C 同时出现。④44C 与 44D 不能同时出现。⑤41A 场，如果是自由议付信用证，对该信用证的议付地点不做限制，该项目代号为：41D，内容为：ANY BANK IN...

表 5-3　MT 707 Amendment to a Documentary Credit 跟单信用证的修改

| M/O | Tag 代号 | Field Name 栏位名称 | Content/Options 内容 | |
|---|---|---|---|---|
| M | 20 | SENDER'S REFERENCE（送信行编号） | 16x | 16 个字 |
| M | 21 | RECEIVER'S REFERENCE（收报行编号） | 16x | 16 个字 |
| O | 23 | ISSUING BANK'S REFERENCE（开证行的号码） | 16x | 16 个字 |
| O | 26E | NUMBER OF AMENDMENT（修改序号） | 2n | 2 个数字 |
| O | 30 | DATE OF AMENDMENT（修改日期） | 6n | 6 个数字 |
| O | 31C | DATE OF ISSUE（开证日期） | 6n | 6 个数字 |
| O | 31E | NEW DATE OF EXPIRY（信用证新的有效期） | 6n | 6 个数字 |
| O | 32B | INCREASE OF DOCUMENTARY CREDIT AMOUNT（信用证金额的增加） | 3a15n | 3 个字母 15 个数字 |
| O | 33B | DECREASE OF DOCUMENTARY CREDIT AMOUNT（信用证金额的减少） | 3a15n | 3 个字母 15 个数字 |
| O | 34B | NEW DOCUMENTARY CREDIT AMOUNT AFTER AMENDMENT（信用证修改后的金额） | 3a15n | 3 个字母 15 个数字 |
| O | 39A | PERCENTAGE CREDIT AMOUNT TOLERANCE（信用证金额上下浮动允许的最大范围的修改） | 2n/2n | 2 个数字/2 个数字 |
| O | 39B | MAXIMUM CREDIT AMOUNT（信用证最大限制金额的修改） | 13x | 13 个字 |
| O | 39C | ADDITIONAL AMOUNTS COVERED（额外金额的修改） | 4 * 35x | 4 行×35 个字 |
| O | 44A | PLACE OF TAKING IN CHARGE/DISPATCH FROM.../PLACE OF RECEIPT（接受监管地/发运地/收货地） | 1 * 65x | 1 行×65 个字 |
| O | 44E | PORT OF LOADING/AIRPORT OF DEPARTURE（装运港/出发机场） | 1 * 65x | 1 行×65 个字 |
| O | 44F | PORT OF DISCHARGE/AIRPORT OF DESTINATION（卸货港/目的地机场） | 1 * 65x | 1 行×65 个字 |
| O | 44B | PLACE OF FINAL DESTINATION/FOR TRANSPORTATION TO.../PLACE OF DELIVERY（最终目的地/运往.../交货地） | 1 * 65x | 1 行×65 个字 |
| O | 44C | LATEST DATE OF SHIPMENT（最后装船期的修改） | 6n | 6 个数字 |
| O | 44D | SHIPMENT PERIOD（装船期的修改） | 6 * 65x | 6 行×65 个字 |
| O | 52A | APPLICANT BANK（信用证开证的银行） | A or D | A 或 D |
| M | 59 | BENEFICIARY (BEFORE THIS AMENDMENT)（信用证的受益人） | [/34x] 4 * 35x | [/34 个字] 4 行×35 个字 |
| O | 72 | SENDER TO RECEIVER INFORMATION（附言） | 6 * 65x | 6 行×65 个字 |
| O | 79 | NARRATIVE（修改详述） | 35 * 50x | 35 行×50 个字 |

注：①30 和 31C 场如果没有填，相关日期为电文发送日期。②39B 与 39A 不能同时出现。③44C 与 44D 不能同时出现。④59 场为原信用证的受益人，如果要修改信用证的受益人，则需要在 79 NARRATIVE 修改详述）中写明。

# 第二部分　跟单信用证的实训

## 实训习题 1　根据合同填写开证申请书

### SALE CONTRACT

THE SELLERS：UNIVERSAL TRADING CO．，LTD.　　　　S/C NO. HY98CS004

ADDRESS：　1201~1216，LING PLAZA 131 DONGFANG ROAD，　DATE：MARCH 27 2017
SHANGBAI CHINA.

TEL：　021-58818844；58818766　　FAX：021-58818840

BE BUYERS：　TIVOLI PRODUCTS PLC

ADDRESS：　BERSTOFSOADE 48，ROTTERDAM，THE NETHERLANDS

TEL：　+（31）74 12 37 21 FAX：+（31）74 12 37 37

THE SEIZERS AGREE TO SELLERS AGREE TO BUY THE UNDERMENTIONED GOODS
ACCORDING TO THE TERRS AND CONDITIONS AS STIPULATED BELOW

| NAME OF COMMODITY&SPECIFICATION | QUANTITY | UNIT PRICE | TOTAL VALUE |
|---|---|---|---|
| PLUSH TOYS | | | CIF AMSTERDAM |
| Art. No. KB0677 New Design Brown Bear | 1080sets | USD 13.35 | USD 14,418.00 |
| Art. No. KB7900 Toy Bear in Sweater | 1208pcs. | USD 9.30 | USD 11,234.40 |
| Art. No. KP2273 charming Pig | 4140pcs. | USD 4.70 | USD 19,458.00 |
| Art. No. KC2048 Long Hair Cat | 3150pcs. | USD 6.65 | USD 20,947.50 |
| Art. No. KB0278 P1ush Twin Bear | 1880sets | USD 13.30 | USD 25,004.00 |
| | | | USD 91,061.90 |

PACKING：PACKED IN CARTONS OF 8 SETS（KB0677），8 PCS.（KB7900），60 PCS.
（KP2273）

30 PCS.（KC2048）AND 4 SETS（KB0278）EACH ONLY.

SHIPPING MARKS：WILL BE INDICATED IN THE LETTER OF CREDIT.

PORT OF SHIPMENT：SHANGHAI，CHINA

PORT OF DESTINATION：AMSTERDAM THE NETHERLANDS

TIME. OF SHIPMENT：NOT LATER THAN MAY 31ST, 2017

PAYMENT：IRREVOCABLE L/C SIGHT

INSURANCE：SELLER'S A/C，FOR 110% INVOICE VALUE，COVERING ALL RISKS
AND　WAR RISK OF PICC IN 1981/1/1.

SELLER　　　　　　　　　　　　BUYER

（1）根据以上合同制作以下开证申请书。

（2）填写之前要先回答以下问题：

A. 信用证的含义是什么？

B. 开证申请书是谁向谁申请？

C. 申请的依据是什么？

D. 为什么银行愿意开立信用证？

# 开立信用证额度合同项下额度使用申请书

TO：                    DATE：

| Applicant<br>Address<br>Telephone No. | L/C No.<br>Contract No .<br>Date and Place of Expiry of the Credit： |
|---|---|
| Advising Bank：＿＿＿ （if left in blank, any correspondent at your option）<br>Issue by teletransmission（the operative instruments）<br>Confirmation of the credit：<br>□not requested　□ requested　□authorised if requested by beneficiary | Beneficiary：<br>Address：<br>Telephone No. |
| □Irrevocable documentary credit<br>□Irrevocable transferable documentary credit | Amount in figures and words |
| Description of goods, services or performance： | Credit available with bank<br>□by sight payment　□by negotiation　□by acceptance　□by deferred payment at against the documents detailed herein and □bneficiary's draft（s）for＿＿＿ % /□＿＿＿%of the invoice value at　　drawn on issuing bank |
| | Partial shipments　□allowed　□not allowed |
| | Transshipments　□allowed　□not allowed |
| | Shipment to be made not later than：<br>Place of Taking in charge/Dispatch from …/Place of receipt：<br>…….<br>Port of Loading/AirAirport of departure<br>Port of Discharge/Airport of Destination：<br>Place of Final Destination/for Transportation to<br>Place of Delivery： |
| | Terms of price： |

Documents required（at least in duplicate unless otherwise specified）：（marked with ×）
1. □Signed Commercial Invoice indicating Contract No. and L/C No.
2. Shipment to be effected by Sea from Port to Port：
□Full set original of clean "on board" Bills of Lading made out □ to order and endorsed in blank by the shipper, marked "freight □ to collect □prepaid" notifying：□Applicant.
3. □Insurance Policy/Certificate blank endorsed for of the invoice value showing claims payable in in currency of the Credit covering：
4. □Packing List/Weight List indicating quantity/gross and net weight of each package and packing conditions.
5. □Certificate of Origin OF

Additional instructions：
1. □All banking charges outside the issuing bank are for beneficiary's account .
2. □Documents to be presented within days after the date of shipment but within the validity of the Credit .
3. □Third party as shipper is not acceptable. Short Form/Blank Back B/L is not acceptable. On deck shipment is not allowed.
4. □Both quantity and amount　% more or less are allowed.
5. □All documents to be forwarded in one cover
6. □Other terms, if any：

We request you to issue on our behalf and for our account your Irrevocable Credit in accordance with the above instructions （marked （x）where appropriate）. This Credit will be subject to Current ICC Uniform Customs and Practice for Documentary Credits （as amended, modified or replace from time to time）, insofar as they are applicable transacted by：

注意：开证银行 BANK OF ABC

要求单据：

发票：一式三份，手签，显示合同号和信用证号。

装箱单：一式三份，显示 G.W.，N.W. 包装情况和数量。

提单：海运提单，空白背书，抬头做成 TO ORDER，三份正本和三份副本，显示运费预付，通知人显示进口人。

A. 产地证：全套的 FORM A.

B. 单据必须在装运后 15 天内提交，并在信用证有效期内。

C. 第三方作为发货人不接受，简式提单不接受。

D. 所有单据一次提交。

E. 不加保兑。

## 实训习题 2：根据合同要求填写开证申请书

（1）开证行：BANK OF NEWYORK。

（2）申请开证日期和地点：Sept. 25th，2017 NEW YORK。

（3）开立方式：电开。

（4）信用证有效形式：即期议付信用证，开立汇票，发票金额 100%。

（5）单据要求：

A. 商业发票，一式四份，写上信用证号和合同号。

B. 海运提单，全套清洁已装船提单，作成"to order"的抬头和空白背书，货到通知进口商。

C. 保险单，一式两份，发票金额的 110% 投保，投海洋货物运输的一切险和战争险。

D. 装箱单，一式三份。

（6）其他条款：

A. 所有银行费用，除了开证行以外都由受益人负担。

B. 单据必须在装运后 15 天内提交，并在信用证有效期内。

C. 第三方作为发货人不接受，简式提单不接受。

D. 所有单据一次提交。

E. 不加保兑。

# 开立信用证额度合同项下额度使用申请书

TO：　　　　　　　　　　DATE：

| | |
|---|---|
| Applicant<br>Address<br>Telephone No. | L/C No.<br>Contract No .<br>Date and Place of Expiry of the Credit： |
| Advising Bank：　　（if left in blank，any correspondent at your option）<br>Issue by teletransmission（the operative instruments）<br>Confirmation of the credit：<br>□not requested　□requested　□authorised if requested by beneficiary | Beneficiary：<br>Address：<br>Telephone No. |
| □Irrevocable documentary credit<br>□Irrevocable transferable documentary credit | Amount in figures and words |
| Description of goods，services or performance： | Credit available with bank<br>□by sight payment　□by negotiation　□by acceptance　□by deferred payment at against the documents detailed herein and<br>□bneficiary's draft（s）for＿＿＿％/□＿＿＿＿％of the invoice value at　　　drawn on issuing bank |
| | Partial shipments　□allowed　□not allowed |
| | Transshipments　□allowed　□not allowed |
| | Shipment to be made not later than：<br>Place of Taking in charge/Dispatch from …/Place of receipt：<br>…….<br>Port of Loading/AirAirport of departure<br>Port of Discharge/Airport of Destination：<br>Place of Final Destination/for Transportation to<br>Place of Delivery： |
| | Terms of price： |

Documents required（at least in duplicate unless otherwise specified）：（marked with ×）

1. □Signed Commercial Invoice indicating Contract No. and L/C No.
2. Shipment to be effected by Sea from Port to Port：
□Full set original of clean "on board" Bills of Lading made out □ to order and endorsed in blank by the shipper，marked "freight □ to collect □prepaid" notifying：□Applicant.
3. □Insurance Policy/Certificate blank endorsed for of the invoice value showing claims payable in in currency of the Credit covering：
4. □Packing List/Weight List indicating quantity/gross and net weight of each package and packing conditions.
5. □Certificate of Origin OF

Additional instructions：

1. □All banking charges outside the issuing bank are for beneficiary's account .
2. □Documents to be presented within days after the date of shipment but within the validity of the Credit .
3. □Third party as shipper is not acceptable. Short Form/Blank Back B/L is not acceptable. On deck shipment is not allowed.
4. □Both quantity and amount 　％ more or less are allowed.
5. □All documents to be forwarded in one cover
6. □Other terms，if any：

We request you to issue on our behalf and for our account your Irrevocable Credit in accordance with the above instructions（marked（x）where appropriate）. This Credit will be subject to Current ICC Uniform Customs and Practice for Documentary Credits（as amended，modified or replace from time to time），insofar as they are applicable transacted by：

# SALES CONTRACT

S/C NO.: 21SSG-017                     DATE: AGU 26<sup>TH</sup> 2017

THE SELLERS: SHANGHAI TEXTILES IMPORT AND EXPORT CORPORATION

ADDRESS: 1201-1216, LING PLAZA 131 DONGFANG ROAD, DATE:, MARCH 27, 2017 SHANGBAI CHINA.

TEL:        021-58818844; 58818766        FAX: 021-58818840

THE BUYERS:    CRYSTAL KOBE LTD.

ADDRESS:        BERSTOFSOADE 48, ROTTERDAM, THE NETHERLANDS

TEL:        + (31) 74 12 37 21 FAX: + (31) 74 12 37 37

THE SEIZERS AGREE TO SELLERS AGREE TO BUY THE UNDERMENTIONED GOODS

ACCORDING TO THE TERRS AND CONDITIONS AS STIPULATED BELOW

| NAME OF COMMODITY&SPECIFICATION | QUANTITY | UNIT PRICE | TOTAL VALUE |
|---|---|---|---|
| LADIES'S 55% ACRYLIC 45% COTTON KNITTED BLOUSE ARTICLE NO: H3231SSQ | 500PCS | USD 48.5 /CIF AMSTERDAM | USD 24,250.00 |
| | | TOTAL | USD 24,250.00 |

PORT OF SHIPMENT: SHANGHAI, CHINA

PORT OF DESTINATION: AMSTERDAM THE NETHERLANDS

TIME. OF SHIPMENT: NOT LATER THAN NOV 20<sup>TH</sup> 2017. WITH PARTIAL SHIPPMENT IS NOT ALLOWED AND TRANSSHIPMENT IS ALLOWED

PAYIIENT: IRREVOCABLE L/C SIGHT, THE BUYER SHOULD BE ISSUE THE L/C WITHIN THREE WORKING DAYS AFTER SIGNING THE S/C.

INSURANCE: THE SELLER SHALL COVER INSURANCE AGAINST ALL RISKS AND WAR RISK FOR 100% OF THE TOTAL INVOICE VALE AS PER THE RELEVANT OCEAN MARINE CARGO CLAUSES OF THE PICC DD 1981-1-1.

THE SELLER                                          THE BUYER

SHANGHAI TEXTILES IMPORT AND EXPORT CORPORATION        CRYSTAL KOBE LTD.

## 实训习题 3：开证申请书审核

LIAO NING OCEAN FISHING CO., LTD. 向中国银行辽宁省分行提交下面这张开证申请书申请开证，开证行按所给问题审核开证申请书。

TO： DATE：

| | |
|---|---|
| Applicant LIAONING OCEAN FISHING CO., LTD. Address：NO 31 EAST ROAD, DALIAN CITY CHI-NATelephone No. | L/C No. Contract No . KS97040 Date and Place of Expiry of the Credit： SEP 28TH 1997 KOREA |
| Advising Bank：（if left in blank, any correspondent at your option）KOREA EXANGE BANK | Beneficiary：SANRONG CORPRATION Address：NO 450 SEOL KOREA |
| Issue by teletransmission（the operative instruments） Confirmation of the credit： [×] not requested ☐ requested ☐ authorised if requested by beneficiary | Telephone No. |
| [×] Irrevocable documentary credit ☐ Irrevocable transferable documentary credit | Amount in figures and words（USD 1146725. 04）SAY ONE MILLION ONE HUNDRED AND FORTY SIX THOUSAND SEVEN HUNDRED AND TWENTY FIVE FOUR CENTS ONLY |
| Description of goods, services or performance： FROZEN YELLOWFIN SOLE WHOLE ROUND （WITH WIHTE BELLY） USD770/MT CFR DALIAN QUANTITY；500MTS | Credit available with ANY bank ☐ by sight payment [×] by negotiation ☐ by acceptance ☐ by deferred payment at against the documents detailed herein and [×] beneficiary's draft（s）for 100% of the invoice value at SIGHT drawn on issuing bank |
| | Partial shipments [×] allowed ☐ not allowed |
| | Transshipments ☐ allowed [×] not allowed |
| | Shipment to be made not later than：SEP 13TH 1999 Place of Taking in charge/Dispatch from…/Place of receipt：…… Port of Loading/Airport of Departure：RUSSIAN PORT Port of Discharge/Airport of Destination：DALIAN PORT, CHINA Place of Final Destination/for Transportation to…/Place of Delivery： DALIAN PORT, CHINA |
| | Terms of price：CFR DALIAN |

Documents required（at least in duplicate unless otherwise specified）：（marked with ×）

1. [×] Signed Commercial Invoice indicating Contract No. and L/C No.

2. [×] Full set original of clean "on board" Bills of Lading made out [×] to order ☐ to order of _____ / and endorsed in blank by the shipper, marked "freight ☐ to collect [×] prepaid" notifying：[×] Applicant.

3. Shipment to be effected by Multimodal or Combined transport（covering at least two different modes of transport）：
☐ Full set of original clean "On Board" Multimodal or Combined transport documents made out ☐ to order/☐ to order of _____ and endorsed in blank by the shipper marked "Freight ☐ prepaid/☐ to collect" and notify Applicant.

4. Shipment to be effected by Air ☐ Original Air Waybill showing "freight ☐ to collect ☐ prepaid" ☐ notifying applicant indicating freight amount and consigned to：☐ Applicant ☐_____

5. Shipment to be effected by Rail：
☐ Full set of Rail Waybill showing "freight ☐ to collect ☐ prepaid" ☐ notifying applicant indicating freight amount and consigned to：☐ Applicant ☐_____

6. ☐ Insurance Policy/Certificate blank endorsed for % of the invoice value showing claims payable in China in currency of the Credit covering：

7. [×] Packing List/Weight List indicating quantity/gross and net weight of each package and packing conditions.

8. [×] Certificate of Quantity/Weight issued by BENEFICIARY indicating the actual surveyed quantity/weight of shipped goods as well as the packing condition.

9. [×] Certificate of Quality issued by SGS

10. ☒ Certificate of Origin IN 3 COPIES BY AUTHORITIES INSTITUTES .

11. ☒ CERTIFICAYE OF HEATH IN 3 COPIES BY AUTHORITIES INSTITUTES .

12. ☐ Beneficiary's letter certifying that one set of non-negotiable shipping documentsi

Additional instructions：

1. ☒ All banking charges outside the issuing bank are for beneficiary′s account .

2. ☒ Documents to be presented within 15 days after the date of shipment but within the validity of the Credit .

3. ☐ Third party as shipper is not acceptable. Short Form/Blank Back B/L is not acceptable. On deck shipment is not allowed.

4. ☒ Both quantity and amount 10 % more or less are allowed.

5. ☐ All documents to be forwarded in one cover.

6. ☐ Other terms，if any：

We request you to issue on our behalf and for our account your Irrevocable Credit in accordance with the above instructions (marked (x) where appropriate). This Credit will be subject to Current ICC Uniform Customs and Practice for Documentary Credits (as amended，modified or replace from time to time)，insofar as they are applicable transacted by：

| (1) 申请人公司 | |
|---|---|
| (2) 受益人公司 | |
| (3) 通知行是否已由申请人指定 | |
| (4) 信用证到期地点和时间 | |
| (5) 受益人开立汇票的要求 | |
| (6) 单据种类 | |
| (7) 货物装运港、目的港、最迟装船期 | |
| (8) 能否分运，能否转运 | |
| (9) 银行费用由哪方支付 | |
| (10) 交单期 | |

## 实训习题 4　分析下列信用证，回答问题

：40A：/FORM OF DOCUMENTARY CREDIT

IRREVOCABLE

：20：/DOCUMENTARY CREDIT NUMBER

LCZF600200700941

：31C：/DATE OF ISSUE

170913

：40E：/APPLICABLE RULES

UCP LATEST VERSION

: 31D: /DATE AND PLACE OF EXPIRY

171105IN VIETNAM

: 50: /APPLICANT

NINGBO QQ IMPORT AND EXPORT

CO. , LTD. B09, NO. 341, JIANGDONG

SOUTH ROAD, NINGBO CITY CHINA

: 59: /BENEFICIARY

ABBCD COMPANY DONG XOAI

TOWN-BINH PHUOC PROVINCE-VIETNAM

: 32B: /CURRENCY CODE, AMOUNT

USD63765,

: 41D: /AVAILABLE WITH... BY...

ANY BANK

BY NEGOTIATION

: 42C: /DRAFTS AT...

AT SIGHT FOR 100PCT INVOICE VALUE

: 42A: /DRAWEE

COMMCNSHNBO

: 43P: /PARTIAL SHIPMENTS

NOT ALLOWED

: 43T: /TRANSHIPMENT

ALLOWED

: 44E: /PORT OF LOADING/AIRPORT OF DEPARTURE

HOCHIMINH PORT, VIETNAM

: 44F: /PORT OF DISCHARGE/AIRPORT OF DESTINATION

SHANGHAI PORT, CHINA

: 44C: /LATEST DATE OF SHIPMENT

171015

: 45A: /DESCRIPTION OF GOODS AND/OR SERVICES

PRODUCT NAME: NATIVE CORN STARCH

HS: 1108 1400

QUANTITY: 195MT

UNIT PRICE: USD327. 00/MT

CNF SHANGHAI PORT, CHINA

TOTAL AMOUNT: USD63, 765. 00

: 46A: /DOCUMENTS REQUIRED

(1) SIGNED COMMERCIAL INVOICE IN 3 COPIES INDICATING L/C NO. AND CONTRACT NO..

(2) FULL SET OF CLEAN ON BOARD MARINE/OCEAN BILL OF LADING IN 3 ORIGINALS MADE OUT TO ORDER AND BLANK ENDORSED, MARKED''FREIGHT PREPAID''AND NOTIFYING APPLICANT.

(3) PACKING LIST/WEIGHT MEMO IN 3 COPIES INDICATING QUANTITY/GROSS AND NET WEIGHT OF EACH PACKAGE AND PACKING CONDITIONS.

(4) FULL SET OF CERTIFICATE OF ORIGIN OF FORM E.

(5) PHYTOSANITARY CERTIFICATE IN 3 COPIES ISSUED BY MINISTRY OF AGRICULTURE AND RURAL DEVELOPMENT.

(6) CERTIFICATE OF QUALITY IN 3 COPIES ISSUED BY BENEFICIARY.

: 47A: /ADDITIONAL CONDITIONS

+DISCREPANCY FEE USD55.00 OR EQUIVALENT WILL BE DEDUCTED FROM THE PROCEEDS OF EACH PRESENTATION OF DOCUMENTS WITH DISCREPANCY (IES) FOR PAYMENT/REIMBURSEMENT.

+ALL DOCUMENTS TO BE DISPATCHED TO ISSUING BANK IN ONE LOT BY DHL COURIER.

ISSUING BANK ADDRESS: BANK OF COMMUNICATIONS NINGBO BRANCH

B707, NO.55 ZHONGSHAN ROAD EAST, NINGBO, CHINA

POSTCODE: 315000

TEL: 86-574-87363801 FAX: 86-574-87363960

SWIFT CODE: COMMCNSHNBO

: 71B: /CHARGES

ALL BANKING CHARGES AND INTEREST IF ANY OUTSIDE THE ISSUING BANK IN-CLUDING REIMBURSEMENT CHARGE ARE FOR ACCOUNT OF BENEFICIARY

: 48: /PERIOD FOR PRESENTATION

DOCUMENTS TO BE PRESENTED WITHIN 08 DAYS AFTER THE DATE OF SHIPMENT BUT WITHIN THE VALIDITY OF THE CREDIT

: 49: /CONFIRMATION INSTRUCTIONS

WITHOUT

回答问题:

(1) 本信用证是电开还是函开,如果是电开属于哪一类?

(2) 本信用证是可撤销的,还是不可撤销的?种类有哪些?依据何在?

(3) 说明本信用证的到期日及到期地点。

(4) 说明出口人获得货款的方式。

(5) 本信用证是自由议付,还是限制议付?

(6) 本信用证是否允许转运,是否允许分批装运?

（7）说明本信用证的最迟装运日。

（8）说明本信用证的申请人、受益人。

申请人：

受益人：

（9）本信用证要求提供哪些单据？

（10）本信用证对汇票有何要求？

（11）对保险单据有何要求？

## 实训习题5　分析交单期争议电文

BE OUR REF ABCD FOR USD 50000.00

UNDER YR L/C NO 12345

RYT DD XX VIEWING THE ABOVE. WE ARE NOT AGREEABLE TO ACCEPT YR REJECTING OUR DOCS AS NOT COMPLICANT, ALLEGING THAT PRESENTATION MADE ONE DAY PAST DUE.

IT IS OUR DUTY TO MAKE IT CLEAR THAT SHIPMENT DATE WAS APR 1, PRESENTATION DATE WAS APR 22 ACCORDING TO UCP600 ART47（B）21 DAYS LIMTATION PERIOD FOR PRESENTATION AFTER DATE OF SHIPMENT SHOULD BE COUNTED FM THE FOLLOWING DAY OF SHIPMENT DATE . NOT FM SHIPMENT DATE ITSELF BECAUSE THE WORD AFTER SHOULD BE UNDERSTAND TO EXCLUDE , NOT INCLUDING, REPEAT NOT INCLUDE THE DATE MENTIONED COUNTING IN THIS WAY THE LAST DAY FOR PRESENTATION FELL ON APR 22 . WELL WITHIN THE TIME LIMITS

HENCE PRENTATION IN THIS CASE SHOULD BE ACCEPTED AS CONFORMING DOCUMENTS AND YOU HAVE TO FULLFILL YR OBLIGATION FOR PAYMENT.

KIND REGARDS

**问题：**

（1）这段电文估计是谁发给谁的？

（2）他们主要讨论的是什么？

（3）发函人的观点是什么？合理吗？依据是什么？

（4）受函人的观点是什么？

（5）你从中得到什么教训？

（6）有效期、交单期和装船期之间有何关系？

## 实训习题6 根据合同审核信用证

### SALES CONTRACT

CONTRACT NO：GL0082

DATE：Oct. 5，2019 PLACE：SHANGHAI

THE SELLER：SHANGHAI TEXTILES IMP. & EXP. CORP. SHANGHAI

27 ZHONGSHAN ROAD E，1. SHANGHAI，CHINA

TELEPHONE：$ 6-21-63218467 FAX：86-21-63291267

THE BUYER：SUPERB AIM（HONG KONG）LTD.，

RM. 504 FUNGLEE COMM BLDG. 6-8A PRATT AVE.，TSIMSHATSUI，

KOWLOO，HONG KONG

THE BUYER AND SELLER HAVE AGREE TO CONCLUDE THE FOLLOWING TRANSACTIONS
ACCORDING TO THE TERMS AND CONDITIONS STIPULATED BELOW：

| Commodity&spec | quantity | Unit price | amount |
| --- | --- | --- | --- |
| 80% cotton 20% polyester Ladies knit jacket | PCS | CIF HK | |
| ART NO. 49394 | 600 | USD14. 25 | USD 8550. 00 |
| ART NO. 49393 | 600 | USD14. 25 | USD 8550. 00 |
| ART NO. 49396 | 600 | USD14. 25 | USD 8550. 00 |
| REMARKS：1）EACH IN PLASTIC BAGS TO A CARTON TOTAL 75 CANTONS；2）SHIPPING MARK：SUPER/H. K. /NO. 1-75/MADE IN CHINA | | TOTAL | USD 25650. 00 |

TIME OF SHIPMENT：WITHIN 45 DAYS OF RECEIPT OF CREDIT AND NOT LATER THAN THE
MONTH OF DEC 2000，WITH PARTIAL SHIPMENT AND TRANSHIPMENT ALLOWED.

PORTOF LOADING AND DESTINATION；FROM SHANGHAI TO HONGKONG.

TERMS OF PAYMENT：BY 100% CONFIRMED IRREVOCABLE SIGHT LETTER OF CREDIT ISSUED BY
BUYER TO REACH THE SELLER NOT LATER THAN OCT 31$^{ST}$ 2000，AND TO BE AVAILABLE FOR NEGO-
TIATION IN CHINA UNTIL THE 15$^{TH}$ DAY AFTER THE DATE OF SHIPMENT. IN CASE OF LATE ARRIVAL
OF THE L/C，THE SELLER SHALL NOT BE LIABLE FOR ANY DELAY IN SHIPMENT AND SHALL HAVE
THE RIGHT TO RESCIND THE CONTRACT AND OR CLAIM FOR DAMAGES.

INSURANCE：TO BE EFFECTED BY THE SELLER FOR 110% OF THE CIF INVOICE VALUE
COVERING ALL RISKS AND WAR RISK AS PER CHINA INSRNCE CLAUSES.

SELLER BUYER

国外来证：

TYPE：700

：27：/SEQUENCE OF TOTAL

1/1

：40A：/FORM OF DOCUMENTARY CREDIT

REVOCABLE

: 20：/DOCUMENTARY CREDIT NUMBER

L8959344

: 31C：/DATE OF ISSUE

191020

: 40E：/APPLICABLE RULES

UCP LATEST VERSION

: 31D：/DATE AND PLACE OF EXPIRY

191231AT NEGOTIATING BANK'S COUNTER

: 50：/APPLICANT

SUPERB AIM (HONGKONG) LTD.

HONGKONG

: 59：/BENEFICIARY

SHANGHAI TEXTILES IMP. & EXP. CORP. SHANGHAI

27 ZHONGSHAN ROAD E, 1. SHANGHAI, CHINA

TELEPHONE：$6-21-63218467    FAX：86-21-63291267

32B：/CURRENCY CODE, AMOUNT

USD256500. 00

: 41D：/AVAILABLE WITH. . . BY. . .

NANYANG COMMERCIAL BANK LTD. H. K.

BY NEGOTIATION

: 42C：/DRAFTS AT. . .

AT 30 DAYS'S SIGHT FOR 100PCT INVOICE VALUE

: 42A：/DRAWEE

NANYANG COMMERCIAL BANK LTD.

: 43P：/PARTIAL SHIPMENTS

ALLOWED

: 43T：/TRANSHIPMENT

PROHIBITED

: 44E：/PORT OF LOADING/AIRPORT OF DEPARTURE

SHIPMENTS FROM CHINESE PORTS

: 44F：/PORT OF DISCHARGE/AIRPORT OF DESTINATION

SINGAPORE/HONGKONG

: 44C：/LATEST DATE OF SHIPMENT

191215

: 45A：/DESCRIPTION OF GOODS AND/OR SERVICES

80% cotton 20% polyester Ladies knit jacket AS PER S/C NO：GL0082

| ART NO. | QUANTITY | UNIT PRICE |
| --- | --- | --- |
| 49394 | 600PCS | USD 14. 25 |
| 49393 | 600PCS | USD 14. 25 |
| 49396 | 600PCS | USD 14. 25 |

PRICE TERM：CIF H. K.

: 46A：/DOCUMENTS REQUIRED

(1) SIGNED COMMERCIAL INVOICE IN 5 FOLD INDICATING L/C NO. ANDCONTRACT NO..

(2) FULL SET OF CLEAN ON BOARD MARINE/OCEAN BILL OF LADING IN 3 ORIGINALS MADE OUT TO ORDER AND BLANK ENDORSED, MARKED″FREIGHT COLLECT″AND NOTIFYING APPLICANT.

(3) PACKING LIST/WEIGHT MEMO IN 3 COPIES

(4) CERTIFICATE OF ORIGIN OF FORM A IN ONE ORGINAL AND ONE COPY.

(5) INSURANCE POLICY OR CERTIFICATE IN TWO FOLD ENDORSED IN BLANK, FOR 120 PCT OF THE INVOICE VALUE INCLUDING：THE INSTITUTE CAOGO CLAUSES (A), THE INSTITUTE WAR CLAUSES, INSURANCE CLAIMS TO BE PAYABLE AT DESTINATION IN THE CURRENCY OF THE DRAFTS.

(6) BENEFICIARY'S CERTIFICATE STATING THAT ALL DOCUMENTS HAS BEEN SENT WITHIN 10 DAYS AFTER SHIPMENT.

: 47A：/ADDITIONAL CONDITIONS

+THIRD PARTY AS SHIPPER IS NOT ACCEPTABLE. SHORT FORM/BLANK BACK

B/L IS NOT ACCEPTABLE. ON DECK SHIPMENT IS NOT ALLOWED.

+DISCREPANCY FEE USD55.00 OR EQUIVALENT WILL BE DEDUCTED FROM THE PROCEEDS OF EACH PRESENTATION OF DOCUMENTS WITH DISCREPANCY (IES) FOR PAYMENT/ REIMBURSEMENT.

+T. T REIMBUSEMENT IS PROHIBITED

. +THE GOODS TO BE PACKED IN EXPORT STRONG COLORED CAOTONS.

+INSPECTION IS  TO BE EFFECTED BEFORE SHIPMENT AND RELEVANT CERTIFICATED ARE FROM THE INSPECTING AGENCY OR INSPECTOR DESIGNATED BY THE BUYER.

: 71B：/CHARGES

ALL BANKING CHARGES AND INTEREST

IF ANY OUTSIDE HONGKONG, INCLUDING REIMBURSEMENT CHARGE ARE FOR ACCOUNT OF BENEFICIARY

: 48：/PERIOD FOR PRESENTATION

DOCUMENTS TO BE PRESENTED WITHIN 15 DAYS AFTER THE DATE OF SHIPMENT BUT WITHIN THE VALIDITY OF THE CREDIT

: 49：/CONFIRMATION INSTRUCTIONS

WITHOUT

: 78：/INSTRUCTIONS TO THE PAYING/ACCEPTING/NEGOTIATING BANK  ON RECEIPT OF DOCUMENTS CONFORMING TO THE TERMS OF THE DOCUMENTARY CREDIT, WE SHALL REIMBURSE THE NEGOTIATING BANK INACCORDANCE WITH THEIR INSTRUCTIONS.

THIS IS THE OPERATIVE CREDIT INSTRUCMENT AND NO AIRMAIL CONFIRMATION WILL FOLLOW. EXCEPT AS OTHERWISE EXPRESSLY STATED HEREIN, THIS CREDIT IS

SUBJECT TO UCP FOR DOCUMENTARY CREDITS (2007 REVISION) INTERNATIONAL CHAMBER OF COMMERCE, PUBLICATION NO.600.

注意：通知行是中国银行上海分行

根据审证结果列出信用证的不符点，并代替申请人填写改证申请书。

信用证修改申请书

**APPLICATION FOR AMENDMENT TO**

**DOCUMENTARY CREDIT**

TO:                        DATE:

| CREDIT NO: | NO. OF AMENDMENT 1 |
|---|---|
| APPLICANT: | ADVISING BANK |
| BENEFICIARY （BEFORE THIS AMENDMENT） | AMOUNT: |

THE ABOVE-MENTIONED CREDIT IS AMENDED AS FOLLOWS:

BANKING CHARGES FOR _____ ACCOUNT.

ALL OTHER TERMS AND CONDITIONS REMAIN UNCHAGED.

_____

### 实训习题7　审核信用证真实性

TO：ABC BANK

FM：CDE BANK , FRG BRANCH

ATTN：L/C DEPPT

REFER TO YR LETTER OF CREDIT NO 12345 FOR USD 50000. 00 DD 2010 - 11 - 23 RECE'D FM THE BEN ABC CO CHINA. PLS BE INFORMED THAT THE SIGNATURE AP-PEARING THEREON COULD DOT BE VERIFIED SINCE YR BOOKLET OF SPECIALMEN SIGNATURES NOT IN OUR POSSESSION. PLS CONFIRM THE ISSUANCE OF THE A/M L/C BY RETURN TESTED TLX OR AUTHORIZED SWIFT URGENTLY.

PLS QUOTING OUR REF ABCD IN ALL REPLY

B RGDS

TO：CDE BANK , FRG BRANCH

FM：ABC BANK

ATTN：L/C ADV SEC

OUR RER NO：

BE YR TLX DD 2010-11-23 REGARDING A L/C NO 12345 USD 50000. 00 DD F/O ABC CO PURPORTEDLY ISSED BY ABC BANK

PLS BE INFORMED THAT THE SAID L/C DD 2010-11-23 NOT EMANATE FM ABC BANK. THE BANK HAS NO RECORD/KNOWLEDGE OF THE TRANSCTION. IT IS FAKE AND FRAUDLENT . PLS EXERCISE EXTREME CAUTION TO AVOID BEING DUPED BY FRAUD-STERS.

RGDS

**问题：**

（1）电文1发函人是谁？受函人又是谁？

（2）发函人要求受函人做什么事情？事由是什么？

（3）通知行的义务是什么？

（4）预计出了什么问题？

（5）电文2的主要观点是什么？

（6）电文2的发函人的依据是什么？

（7）通知行是如何判断信用证的真伪的？

（8）你通过本案例得到什么教训？

## 实训习题 8　信用证撤销分析

BE OUR CREDIT NO BX325098 DD XX FOR USD 50000. 00

THE APPLICANT HAS REQUESED TO CANCEL THE ABOVE LETTER OF CRED-IT . PLEASE OBTAIN BENEFICIARY'S CONSENT AND CANCEL THE SAME UNDER ADVISE TO US.

TKS N RGDS

**问题：**

（1）以上电文是谁写给谁的？

（2）内容是什么？

（3）什么条件下受益人会同意？

## 实训习题 9　根据信用证回答问题

（1）找出该信用证的当事人。

（2）信用证的种类有哪些？

（3）信用证的最晚装期？交单期是多少天？效期是什么时候？

（4）效期所在地在哪里？

（5）开证时间是什么时候？以哪里时间为准？

（6）需要哪些单据？都有哪些要求？

（7）SHIPPING MARKS 的规定如何？

（8）装运条件如何？

（9）信用证的特点是什么？

TO：BANK OF CHINA, SHANGHAI, CHINA.

FM：F. VAN LANSCHOT BANKIERS N. V., AMSTERDAM, THE NETHERLANDS.

DD：9THAPRIL 2019

TEST：361085 BETWEEN OUR HEAD-OFFICE SHFPIOGEMBOSCH AND YOUR SHANGHAI (FOR USD. 91, 061. 90 DATED 10TH APRIL 2019).

WE HEREWITH OPEN OUR IRREVOCABLE DOCUMEMTARY CREDIT NO. AM/VAO515ILC

| | |
|---|---|
| BY ORDER OF | : TIVOLI PRODUCTS PLC |
| | BERSTOFSGADE 48, |
| | ROTTERDAM, |
| | THE NETHERLANDS |
| IN FAVOUR OF | : UNIVERSAL TRADING CO. , LTD. |
| | RM. 1201-1216 MAYLING PLAZA, |
| | 131DONGFANG RD. , SHANGHAI CHINA |
| FOR AN AMOUNT OF | : USD91, 061. 90 |
| EXPIRY-DATE | : 15TH JUNE 2019 |
| | FOR NEGOTIATION IN CHINA. |

THIS DOC. CREDIT IS AVAILABLE

BY NEGOTIATION OF BENEFICIARY'S DRAFT (S) AT 45 DAYS AFTER SIGHT DRAWN ON F. VAN LANSCHOT BANKIERS N. V., AMSTERDAM, THENETHERLANDS, ACCOMPANIED BY THE FOLLOWING DOCUMENTS：

(1) SIGNED COMMERCIAL INVOICE IN QUINTUPLICATE INDICATING BENEFICIARY'S CONTRACT NUMBER AND APPLICANT'S ORDER NO. 98-CS004

(2) PACKINGLIST/WEIGHTMEM0 IN TRIPLICATE MENTIONING TOTAL NUMBER OF CARTONS, GROSSWEIGHT AND MEASUREMENTS PER EXPOPT CARTON.

(3) 2/3 OF ORIGINAL CLEAN ON BOARD MARINE BILLS OF LADING, PLUS 3 N. N. - COPIES, MADE OUT：TO ORDER ", AND BLANK ENDORSED MARKED："FREIGHT PREPAID" SHOWING AS NOTIFY THE APPLICANT (GIVINGFULL NAME, ADDRESS AND PHONE NUMBERS).

(4) FULL SET 3/3 OF MARINE INSURANCE POLICY OR CERTIFICATE, ENDORSED IN BLANK FOR ii0 PERCENT OF FULL CIF VALUE, COVERING INSTITUTE CARGO CLAUSES (A) AND WAR CLAUSES OF INSTITUTE CARGO CLAUSES.

(5) G. S. P. CERTIFICATE OF ORIGIN FORM h IN DUPLICATE STATING THAT THE GOODS ARE OF CHINESE ORIGIN.

(6) BENEFICIARY'S CERTIFICATE STATING THAT ONE SET OF NON-NEGOTIABLE SHIPPING DOCUMENTS TOGETHER WITH THE 1/3 ORIGINAL B/L AND ORIGINAL GSP FORM A HAVE BEEN SENT TO THE APPLICANTBY DHL WITH IN 48 HOURS AFTER SHIP-

MENT.

（7）COPY OF BENEFICIARY'S TELEX/FAX SENT TO APPLICANT（TELEX-NO.：13174 + TIV NL OR FAX-NO.：+（31）74 12 37 37）WITHIN TWO WORKING DAYS AFTER SHIPMENT INDICATING DATE OF DEPARTURE, SHIPPING MARKS, NUMBERS OF LC, B/L, CONTRACT AND ORDER AS WELL AS NUMBER OF CAR~0NS TOGETHER WITH THE TOTAL GROSSWEIGHT AND. GOODS VALUE.

COVERING：

5 ITEMS OF TOTAL 2960 SETS AND 8498 PCS. OF PLUSH TOYS AS PER：APPLICANT'S ORDER NUMBER 98-CS004

AND BENEFICIARY'S CONTRACT NUMBER HY98CS004.

LABEL：CE/IMP. 087 FOR ARTICLES KB7900, KP2273 AND KB0278 AND

LABEL：F-TOYS 2280 FOR ARTICLES KE0677 AND KC2048

PACKING IN NEUTRALSEAWORTHY EXPORT CARTONS SUITABLE FOR LONG DISTANCE OCEANTRANSPORTATION

SHIPPING-MARKS TO READAS FOLLOWS：        CE/IMP. 087

                                                          CHRISTIAENS

                                                          VIA AMSTERDAM

                                                          CARTON NO. I ANDUP

FOLLOWED BY：        ARTICLE NUMBERAND

                                                          F-TOYS 2280

                                                          GROBBENDONK

                                                          VIA AMSTERDAM

CARTON NO. 1 AND UP

FOLLOWED BY.    ARTICLE NUMBER

TERMS OF DELIVERY            :    CIF AMSTERDAM（INCOTERMS 1990）.

ALL OF THE ABOVE MUST BE STATED ON THE INVOICE AND PACKING LIST. .

PARTIAL SHIPMENTS            :    PROHIBITED.

TRANSHIPMENT                 :    PROHIBITED.

LATEST DATE OF SHIPMENT      :    31ST MAY 2019.

SHIPMENT FROM                :    SHANGHAI

TO                           :    AMSTERDAM

ALL    BANKING CHARGES OUTSIDE THE NETHERLANDS ARE FOR BENEFICIARY'S ACCOUNT.

DOCUMENTS TO BE PRESENTED ULTIMATELY 15 DAYS AFTER THE DATE OF ISSUANCE OF THE RELATIVE TRANSPORT-DOCUMENT（S）BUT WITHIN THE VALIDITY OF THIS DOC. CREDIT.

DOCUMENTS TO BE SENT AS FOLLOWS（INSTRUCTION MARKED '×'）：

(     ) IN ONE LOT BY REGISTERED AIRMAIL

(     ) IN TWO CONSECUTIVE REGISTERED AIRMAILS

(     ) IN ONE LOT BY INTERNATIONAL COURIER SERVICE

( × ) ISTMAIL BY COURIERSERVICEAND2NDMAIL BY REGISTEREDAIRMAIL

TO：      F. VAN LANSCHOT BANKIERS N. V. ,

          STREET-ADDRESS：    CONCERTGEBOUNPLEIN 20

          1071   LN   AMSTERDAM

POSTAL-ADDRESS：P. O. BOX 75509,

          1070AMAMSTERDAM

          THE NETHERLANDS.

UPON RECEIPT OF CORRECT DOCUMENTS BY US，WE SHALL COVER THE NEGOTI-ATING BANK（AS PER THEIR INSTRUCTIONS. IN THE CURRENCY OF THIS DOC. CREDIT ONLY.

PASEADVISE BENEFICIARY WITHOUTADDING YOUR CONFIRMATION.

THIS DOC. CREDIT IS SUBJECT TO THE UNIFORM CUSTOMS AND . PRACTICE FOR DOCUMENTARY CREDITS（REVISION 2007，I. C. C. PUBLICATION NO. 600）

THIS TELEX IS THE OPERATIVE CREDIT INSTRUMENT AND NO MAII ADVICE WILL FOLLOW.

REGARDS,

F. VAN LANSCHOT BANKI′ERS N. V. , AMSTERDAM

（TLX.：14027 + LASD NL）

## 实训习题 10    分析信用证不符点

TRANSACTION REF NO：20：203987

NARRATIVE：          79：

BE YR CREDIT NO 12345 DD XX

THESE DOCS ARE BEING PRESENTED TO YOU ON AN APPROVAL BASIS DUE TOVA-RIOUS DISCREPANCEIES：

（1）INVOICE NOT MADE OUT IN THE NAME OF THE APPLI

（2）OVER SHIPMENT

（3）BL UNCLEAN-SHOWING "PBASIC AGING BADLY MENTED"

ONCE THE DISCREPANCIES HAVE BEEN WAIVED，PLS REMINT VIA FRDW FUNDS TRANSFER，ABA XX，QUOTING OUR REF 8767

RGDS

EXPORT DEP

阅读电文回答问题

（1）该电文的发函人和受函人分别是谁？

（2）该单据有何问题？

（3）出口人该如何解决这样的问题？

（4）出口商应该得到什么教训？

（5）出口商有什么风险吗？

（6）ONCE THE DISCREPANCIES HAVE BEEN WAIVED 是什么意思？

## 实训习题 11　关于信用证不符点案例分析

某日，我议付行收到国内受益人交来的全套单据，审单员审单后认为全套单据已做到"单单一致、单证一致"，于是毫不犹豫地对客户付了款。但当此单据寄对方开证行索偿时，却遭到了拒付。开证行认为：我方提交的单据中含有一张海运提单，该海运提单上原先与货物描述一起打上的"洁净已装船"批注中的"洁净"字样被删除，这样就不符合信用证提供"已装船洁净提单"的要求。由此推定提单是不洁净的。根据 UCP600 相关规定，银行不能接受此类不洁净提单。

我方收到开证行拒付电后即刻回复道：根据 UCP600 规定：所谓的洁净提单是指对货物包装及外表状况有缺陷的批注的提单，既然我方提供的提单无此描述，就应认为提单是洁净的，故你方的拒付是不成立的。

问题：

上述"洁净"字样的删除是否构成不符点？

## 实训习题 12　信用证拒付案例分析

江苏海外集团全资子公司——江苏省对外经贸股份有限公司长期从事自营、代理进口业务。某年 6 月，该公司金属建材部代理江阴中立机械设备厂进口美国 HAUCK 公司燃烧器及零件，价值 56052 美元。合同签订后，进口商通过南京某国有银行开出不可撤销信用证，规定最迟装船期 7 月 31 日，装运港（PORT OF LOADING）美国纽约，卸货港中国上海……8 月初，美国 HAUCK 公司来电称货物已于 7 月 31 日装上 PHILIPPINES 船，按时交货。与此同时，提交了全套单据，通过议付行要求我方开证行按 UCP500 规定在 8 月 7 日前付款。开证行审核单据无误后通知进口商——江苏省对外经贸股份有限公司付款赎单。因江阴用户要货较急，遂打听船何时能到达上海港。进口商经了解获知，PHILIPPINES 船于 7 月 29 日刚从上海港返程，显然，出口商提交的 7 月 31 日已装船提单系虚假或倒签提单。进口商与用户商量后决定终止履行合同。美国 HAUCK 公司非常傲慢：我单证相符、单单相符，难道怕你不付款？在此关键时刻，公司金属建材部请教有关专家找到了单据的不符点，提单的收货地（PLACE OF RECEIPT）为纽约，不同于信用证规定的装运港为纽约，并坚决要求开证行对外拒付。在此情况下，美国商人先前不可一世的傲慢态度荡然无存，提出降价 10000 美元协商解决，进口商没有同意出口商要求，美国 HAUCK 公司最终将所谓货值 56052 美元的燃烧器及零件拉回美国。

**问题：**

此案中可汲取的经验教训有哪些？

### 实训习题 13　关于信用证软条款案例分析

某年 1 月，国内 A 公司通过以前的客户甲先生了解到中国香港 B 司欲购买 1.2 万件皮装，随后甲以 B 公司代理的身份与 A 公司进行了贸易谈判并签订了合同，价格条件 FOB 天津，合同金额 90 余万美元，合同规定的支付条件为不可撤销即期信用证。不久，A 公司收到新加坡曼谷银行开出的信用证，不过开证申请人并不是 B 公司，而是新加坡的 C 公司。

收到信用证后 A 公司即向甲支付了佣金，并从甲先生指定的工厂购进原料，积极生产备货。按照信用证规定，"受益人应于发货前一周通知开证申请人装船计划，开证申请人将通过开证行确认该计划并通知船只名称，且以上两份电文原件均为信用证要求提供的单据。"由于信用证上并未注明开证申请人的传真号码，A 公司提前将装船计划通知了 B 公司，并请 B 公司通知开证申请人对此予以确认。但 B 公司质检人员一再拖延产品检验时间，并对 A 公司的装船计划避而不谈。在 A 公司的催促下，B 公司函告 A 公司，因交货地点在中国香港，所以请 A 公司将货物发给 B 公司，B 公司会将货物的情况及时通知新加坡开证行。

日子一天天地过去了，B 公司一方面以信用证即将过期为由催促 A 公司向其直接发货；另一方面，其保证只要 A 公司履行了合同，开证申请人一定会去银行付款赎单。

在此过程中，开证申请人方面一直音信杳无，并未按信用证的规定对卖方的装船计划予以确认，A 公司陷入两难的境地：如果按时发货，由于没有得到开证申请人对装船计划的确认，其向银行提交的单据一定存在不符点，虽然 B 公司一再保证收汇不成问题，但是开证申请人未必会接受此不符点；如果不按时发货，信用证一旦作废，A 公司前期的投入可能就会付诸东流……在这关键的时刻，事情出现了新的转机。

一个偶然的机会，A 公司获悉与自己同在一个省的 D 公司不久前也出口过同类的货物，且中间人同为甲先生，原料购于同一家工厂，支付方式也为信用证。不幸的是，D 公司被甲先生和中国香港 B 公司的伎俩所蒙骗，盲目地将货物发给了他们，而由于并未接到开证申请人的装船计划确认，造成银行以不符点为由拒付，落了个钱货两空，损失近百万美元。后 D 公司律师亲赴中国香港，但根本找不到所谓的 B 公司。

至此，一桩商业欺诈案水落石出。A 公司悬崖勒马，停止了货物的发运。

**问题：**

本案中出口商应汲取哪些教训？如何对待信用证中的软条款？

### 实训习题 14  关于信用证的运用案例

宁波中继公司是宁波本地一家综合进出口企业，2013 年初和伊朗的 ABC 公司谈成出口一批家具，价格约为 10 万美元，ABC 公司是中继公司的新客户。

问题：

（1）中继公司应该使用什么付款方式更合理更安全？有哪些备选方案？利弊如何？

（2）假如 ABC 公司要求远期信用证结算，能否接受？采用信用证结算对于中继公司和 ABC 公司有何利弊？

### 实训习题 15  汇款案例分析 2

某年某月某日，上海 A 银行某支行有一笔美元汇款通过其分行汇款部办理汇款，分行经办人员在审查时发现汇款申请书中收款银行一栏只填写了 "Hongkong and Shanghai Banking Corp. Ltd.，（汇丰银行）"，而没有具体的城市名和国家名，由于汇丰在世界各地有众多的分支机构，汇出行的海外账户行收到这个汇款指令时肯定无法执行。为此，经办人员即以电话查询该支行的经办人员，后者答称当然是中国香港汇丰银行，城市名称应该是中国香港。本行经办人员即以汇丰银行中国香港分行作为收款人向海外账户行发出了付款指令。事隔多日，上海汇款人到支行查询称收款人告知迄今尚未收到该笔款项，请查阅于何日汇出。分行汇款部当即再一次电海外账户行告知收款人称尚未收到汇款，请复电告知划付日期。账户行回电称，该笔汇款已由收款银行退回，理由是无法解付。这时，汇出行再次仔细查询汇款申请书，看到收款人的地址是新加坡，那么收款银行理应是新加坡的汇丰银行而不是中国香港的汇丰银行，在征得汇款人的同意后，重新通知其海外账户行将该笔汇款的收款银行更改为 "Hongkong and Shanghai Banking Corp. Ltd.，Singapore"，才最终完成了这笔汇款业务。

问题：

本案给予我们哪些启示？

# 第六章　特种信用证业务

**知识要求**

通过对本章的学习，学生了解特种信用证的概述、熟悉可转让信用证的特点和业务流程、熟悉背对背信用证的特点和业务流程、熟悉循环信用证的特点和业务流程。知识要求主要体现在第一部分特种信用证业务常识部分。

**技能要求**

通过对本章的学习，学生应当掌握的操作技能包括：读懂循环信用证、读懂对背环信用证、读懂可转让信用证、熟悉特种信用证的操作技能和熟悉特种信用证对贸易当事人的风险和作用。学生通过完成第二部分的实训习题来掌握以上技能和操作方法。

**关键术语**

背对背信用证　循环信用证　可转让信用证　假远期信用证

# 第一部分　特种信用证常识

除了一般跟单信用证之外，在实际结算实践中还存在一些特殊的信用证，如循环信用证、对背信用证、可转让信用证等。

# 第一节　循环信用证

## 一、循环信用证的含义

### （一）含义

循环信用证（revolving letter of credit）是指信用证金额被全部或部分使用后，仍然可以恢复原来金额再使用的信用证。在实务中，一般的信用证都属于非循环信用证，可循环的信用证必须在信用证中注明，凡未注明者皆为非循环信用证。

一般信用证都以开证金额作为受益人能使用的最高额度，不论是一次装运或是分批装运，其使用金额累计达到证中规定的额度时，开证行凭单付款，信用证的使用权利与责任宣告结束，受益人不能再据以开立汇票。但循环信用证则可以多次循环使用，直到达到规定的循环次数或规定的总金额为止。

### （二）循环信用证和跟单信用证的异同

循环信用证与一般跟单信用证的不同之处就在于以下几个方面。

（1）一般跟单信用证在使用后即告失效，而循环信用证则可多次循环使用。

（2）形式不同。

（3）贸易适用不同，循环信用证一般使用在同类商品，同周期频繁发货时使用，而一般跟单信用证则运用广泛得多。

（4）循环信用证中出口人一般将单据直接邮寄给开证行，而跟单信用证业务中，出口人一般需要先把单据交给议付行，由议付行将单据邮寄给开证行。

两者相同之处：使用的惯例相同，两者的性质都是银行信用，银行费用的承担相似。

## 二、循环信用证的分类

循环信用证分为两种：按时间循环的信用证和按金额循环的信用证。

第一，按时间循环的信用证是指受益人在信用证规定的一定时间内（每月、季）使用完证上所规定的金额后，在下次一定时间内仍可重复使用。

A. 上次未用完的信用证金额可以移到下一次使用，此为积累循环信用证。

B. 上次余额不能移到下次一起使用的信用证为非积累循环信用证。

第二，按金额循环使用的信用证是指受益人按信用证规定金额办理交单议付后，仍恢复原金额，可再继续使用，直到用完规定的总金额为止。循环信用证按"时间"依次循环可分为：

A. 自动循环指受益人按规定的时间或时间间隔装运货物议付后，信用证可自动恢复到原金额供再度使用。

**109**

B. 通知循环指受益人于每次装货议付后，须等待和收到开证银行致受益人通知后，才能恢复到原金额再度使用，亦称非自动循环。

C. 定期循环指受益人于装货议付后，须经过一定期间方可恢复原金额再度使用。定期循环是依契约的规定，可按月、按季循环使用，亦称半自动循环。

## 三、循环信用证的利弊

### （一）循环信用证业务的优点

表6-1　循环信用证业务对于各方优势

| 参与主体 | 产品优势 |
| --- | --- |
| 对卖方益处 | 1. 可以简化出口方的审证、改证等手续，有利于合同的履行<br>2. 交易安全，银行介入与进口商的贸易中，可以使贸易过程更加规范<br>3. 有利于建立稳定畅通的业务渠道 |
| 对买方益处 | 1. 进口方可以不必多次开证从而节省开证费用、保证金<br>2. 一次开立、多次循环，有利于建立稳定畅通的业务渠道<br>3. 免除信用证多次开立、多次通知的烦琐，在节约人力、物力的同时，极大地降低了企业营运成本 |
| 对商业银行益处 | 1. 开证行可以取得开证费、通知费、修改费等费用<br>2. 银行可与买卖双方建立稳健的合作关系，并可以此为突破口营销其他关联业务，增加银行单客户收益<br>3. 风险可控，开证行可以根据市场和开证申请人资信变化状况，随时要求开证申请人补交押金，直到100%为止 |

### （二）循环信用证业务的弊端

由于不能灵活变动交货时间、价格等因素，所以循环信用证的要求对如石油、铁矿石等价格随市场波动较大的商品，买卖双方会因价格等因素存在较大分歧。由此，循环信用证在此类商品的国际贸易中应用也较少。

## 四、循环信用证适用行业和企业

### （一）循环信用证适用行业

适用行业：有色金属及其矿产品、机械行业是循环信用证的主要目标行业。其他行业如服装、纺织、塑料制品、灯具和照明装置、家具、汽车零件、鞋、标准紧固件等行业也比较适用。

### （二）循环信用证适用企业

适用企业：使用循环信用证的客户必须是有进出口经营权的外贸、工贸公司、企业、三资企业和在境内注册的独资企业、跨国公司，且在当地外汇管理局颁布的《对外付汇进口单位名录》内。

表 6-2　循环信用证业务适用企业

| 目标客户 | 企业特点 |
| --- | --- |
| 工程机械及零部件进口商 | 机械行业进出口贸易市场集中度高，逆差主要来自日本、德国和韩国，零部件进口商是工程机械供应链的上游原材料供应商，主要从国外购进先进工程机械零部件，销售给国内工程机械生产商 |
| 汽车整车及零部件进口商 | 不仅包括整车进口商，还包括汽车零部件进口商，这些进口商在国际贸易中处于较为强势地位 |
| 有色金属矿进口商 | 企业具有进口资质，主要从澳大利亚、巴西、印度等国进口有色金属原矿及精矿 |
| 天然橡胶进口商 | 主要从越南等天然橡胶出口国购进天然橡胶，产品质量、价格等较为稳定 |

## 五、循环信用证对当事人的风险与防范

### （一）循环信用证对当事人的风险

表 6-3　循环信用证业务中各参与方的潜在风险

| 参与主体 | 风险体现 |
| --- | --- |
| 卖方风险 | 1. 单证不符风险。单证不符造成的风险是受益人收到信用证所面临的风险之一。在信用证支付方式下，银行实行严格的"单证一致""单单一致"原则，然而，实务中，诸如提单日期与信用证要求不符，银行付款义务取消，出口商面临拒付风险<br>2. 利用"软条款"欺诈风险。"软条款"欺诈风险是开证申请人为了使受益人处于被动地位而特意设定的陷阱。"软条款"欺诈多种多样，如限制受益人所提交单据必须由开证申请人代表签名，或规定了船公司、船名、船期等，使受益人的货款无法受到保障 |
| 买方风险 | 1. 单证造假风险。如果受益人提供的是假单证，在纯单据业务的情况下，进口商面临受欺诈的风险<br>2. 循环条件条款设立不当风险。循环条件不设立，会造成出口商可能利用信用证的金额自动恢复的性质，将货物在短期内发送给进口商，导致进口商手头积货过多，占据大量的资金，影响偿付能力 |
| 商业银行风险 | 循环条件条款设立不当风险。一旦开证申请人失去偿付能力，在单证相符的条件下，银行必须对每一次循环信用证进行付款，受到损失的将会是开证行 |

资料来源：银联信

### （二）循环信用证当事人应对风险的防范

**1. 出口商的防范措施**

第一，加强客户资信调查，做好审单工作，要根据合同要求，对应信用证，不能接受

的条件及时发现，特别是对"软条款"的要求要仔细研究，不能接受要立即提出，要求改证。

第二，严格按信用证要求，控制好每批商品的装运时间及交单时间。制单要严谨、细心，做到"单单一致"和"单证一致"。

第三，建立企业外贸人员培训机制，提高人员业务水平。一切风险防范离不开人，只有人的素质水平提高了，才能从根本上解决问题。

**2. 进口商的防范措施**

第一，应对受益人进行资信调查，掌握受益人的供货能力情况，避免受骗。

第二，做好循环条件的规定，选择循环信用证种类。根据自身要求，规定好循环使用的先决条件。如规定于每次装货议付后，须待收到开证银行通知，方可恢复到原金额使用。或规定受益人于每次装货议付后，须待收到进口商或开证行发出的通知，方可恢复到原金额使用。

**3. 商业银行的防范措施**

银行应与企业结成战略联盟，加强合作。无论是受益人还是开证申请人，通过银行与企业的合作，实现资源共享，迅速掌握交易方资信情况，有效防范风险。

# 第二节　可转让信用证

## 一、可转让信用证的含义

信用证是指一项不可撤销的安排，该项安排构成开证行对相符交单予以交付的确定承诺。信用证具有独立抽象性、严格相符、欺诈例外和欺诈例外的例外四个特点，信用证在国际贸易结算中主要起到安全保证和资金融通两个作用。信用证可以分为可转让信用证和不可转让信用证两大类，分类依据是受益人有没有权利将全部信用证项下或者部分信用证项下的权利转让给其他人。信用证的转让是需要开证行进行授权的，只有在开证行对通知行进行授权的情况下，通知行才能应受益人的要求将信用证的全部或者其中的一部分转让给第三者即第二受益人。可转让信用证增加了第二受益人与开证行两个主体，其中实务中转让行与通知行往往是同一家银行，因此可转让信用证操作的基本流程会更为复杂。

## 二、可转让信用证的特点

通过援引 UCP600 相关条款并结合贸易实务的实际情况，可转让信用证的特点可以概括为以下几个方面。

### （一）信用证是否可以转让需要有明确意思表示

UCP600 第 38 条 b 款规定，一份信用证如果明确注明了"可转让"的字样，那么这份信用证的受益人可以向通知行申请对该份信用证进行转让，转让给第二受益人即中间商联系到的实际供货商。是否没有注明"可转让"字样的信用证就一定不是可转让信用证呢？笔者认为在没有明确注明该字样的情况下可以借助信用证条款的内容进行判断，如果有条款内容传达了该信用证是可以被转让的明确意思，那么这份信用证应当被视为可转让信用证。在实际的操作过程中，出于便利性原则考虑，注明"可转让"的字样是将一份信用证定义为可转让信用证最为便捷的方式。

### （二）第一受益人的实际需求决定了信用证是否被转让

信用证可以被转让需要得到开证行的明确授权，即以"Transferable"的字样表明该信用证是可转让信用证，但是该份信用证是否最终被转让是由受益人决定的。发运货物的实际需要是受益人决定是否对信用证进行转让的首要因素，即使开证行授权信用证是在可转让的情况下，受益人也没有必须转让该信用证的义务，例如当受益人能够满足该份信用证的供货要求时，受益人便没有必要对它进行转让，也就不会增加第二受益人这一主体。当受益人依靠自身无法满足发货需要时，此时受益人便会找到实际供货商将信用证全部或者部分转让出去，实际供货商就是可转让信用证项下的第二受益人。

### （三）可转让信用证适用于有中间商参与的转手贸易

可转让信用证的使用变得越来越广泛，尤其是对于有中间商参与的外贸活动中，转口贸易的中间商是可转让信用证的最大受益方，因此可转让信用证深受中间商的青睐。之所以中间商倾向于使用可转让信用证作为支付工具，是因为UCP600赋予了中间商赚取货物差价利润的权利。中间商可以选择用自己的票据替换实际供货商提供的票据，票据的替换由转让行按照第一受益人的授意进行操作，转让行通过使用中间商给出的商业发票替换了实际供货商提供的商业发票，两份发票存在一定的差额，这个差额就是中间商所能预见的收益。与此同时，中间商通过向实际供货商缩短供货周期和信用证的有效期可以为其自身替换相关单据争取更多的时间。

## 三、可转让信用证的功能

可转让信用证兼具一般信用证的功能和特点，它作为信用证的一种特殊的形式，同时对于促成各种中间贸易发挥着重大作用。中间商是可转让信用证的最大受益方，在转手贸易中，中间商多充当中介的角色，它在货物进口商和实际供货商之间发挥着纽带的作用，虽然供货商和实际供货商并没有直接取得商业往来，但是货物贸易同样能得以正常进行。

经济全球化是当今世界的趋势，各国都在加快步伐参与到全球经济活动中，放开本国市场与积极拓展国外市场双管齐下，其中国际贸易的发展起到了良好的推动作用。然而，国际贸易大环境总体利好的情况下，不少国家或地区为了保护本国企业的发展会选择利用关税壁垒或者行政配额等非关税壁垒阻碍外国商品的进入或者本国重要商品的流出。一般信用证在面对这样的贸易壁垒时会受到制约无法发挥作用，选择可转让信用证作为支付工具却可以一定程度上避开贸易监管，通过加入中间商的参与推动贸易的正常进行。

转手贸易的中间商是可转让信用证的最大受益方，实际上参与外贸交易的很多中间商自身规模和资金体量并不大，选择可转让信用证作为支付工具有很多好处：一方面中间商不需要占用自己的资金开出信用证；另一方面中间商在用自己的商业票据替换实际供货人的商业票据时可以有效地规避实际供货人与进口商之间的直接商业往来，在赚取货物贸易之间的差价的同时很好地保护供货渠道等商业秘密。

## 四、可转让信用证的主要当事人之间的关系

不可转让的信用证的主要当事人包括开证申请人、开证行、通知行、议付行、承兑行、受益人等主体，对于可转让信用证而言，主要当事人除了包括以上主体外，还有负责办理信用证转证的转让行。同时，可转让信用证项下的受益人分为第一受益人和第二受益人。

### （一）转让行与开证行的关系

UCP600 第 38 条 b 款规定可转让信用证项下转让行意指办理信用证转让业务的被指定银行，"被指定"意味着必须得到开证行的特别授权才能具备办理转证的资格。开证行自身同样可以担任转让行这一角色。根据 UCP600 规定我们可以看出，转让行与开证行的关系是基于授权的基础上，转让行必须是信用证中指定银行或者开证行特别授权的银行，当然开证行也可以自己充当转让行。值得注意的是，当开证行没有授权其他银行作为转让行，而是自己充当转让行的情形，这个时候并没有改变开证行和转让行之间的关系，身兼二职的开证行必须履行两个银行的责任，严格按 UCP600 规定行事。

### （二）转让行与第一受益人的关系

根据 UCP600 规定可以确定银行是否具备转让信用证的资格，在信用证转让过程中转让行与第一受益人必然发生直接的法律关系。即使开证行授权信用证是可转让的情况下，受益人要求被指定银行对信用证进行转让是它的权利，受益人没有必须转让该信用证的义务，是否转让该信用证取决于受益人实际发货的需要。当某银行被指定为转让银行时，是否接受这一指定办理信用证的转让业务也是银行的权利：这样的授权不直接构成对银行的义务。在这一方面受益人和银行的地位是平等的。UCP600 第 38 条 c 款规定在没有其他明文约定的情况下，第一受益人需要支付信用证转让过程中产生的费用，费用包括手续费、佣金、工本费等，费用的收取方为负责转证的银行。一旦指定银行同意接受办理转证，第一受益人可以要求转让行按照其自身的需要确定转让的方式和范围，同时可以向转让行主张用自己的商业票据替换第二受益人提供的商业票据的权利。

### （三）转让行与第二受益人的关系

第二受益人在整个可转让信用证的操作过程中处于较为被动的地位，其作为实际供货商对于信用证内容条款没有过多的发言权，更多的是按要求发货制定相关的单据，第二受益人往往依附于第一受益人，对信用证项下的权利也只是部分享有。转让行负责信息传达，在信用证的转证过程中在原开证行、第一受益人和第二受益人之间充当了一个中介行

的角色。第二受益人无法直接加入原信用证的关系中，在转让行转证过程中亦不能直接获得包括开证行名称在内的各种原证信息。即使是在转让行直接将第二受益人的商业票据交给开证行的特定情况下，转让行与第二受益人为简单的事务代办关系。由此看来，第二受益人与转让行之间并不直接构成法律关系。

## 五、转让行的权责

相比较开证行、议付行、保兑行等所负的付款责任而言，转让行的地位较弱，但这并不代表转让行不重要，转让行在中间贸易中对国内外买卖双方之间起到重要的桥梁作用。

### （一）转让行的权利

#### 1. 可以拒绝接受信用证转让

UCP600 第 38 条 a 款条款表明在银行没有明确表示接受信用证转让业务时，是否办理转让的最终决定权也是在银行。受益人要求被指定银行对信用证进行转让是它的权利而不是义务，是否转让该信用证取决于受益人实际发货的需要。同样，当某银行被指定为转让银行时，是否接受这一指定办理信用证的转让业务也是银行的权利，这样的授权不直接构成对银行的义务。例如：如果中行北京分行认定该信用证为非银行信用证，对开证人的资信不甚了解下，中行北京分行可以不接受转让。正如保兑及承付或议付的指示对被指定银行没有约束力一样，对于转让的指示被指定银行也有权不予执行，在受益人要求开证行转让的情况下，开证行可以不予转让。条款中的"除非转让范围与方式为其明确同意"，是在表示转让行可以由于某种原因不予转让，信用证规定的或受益人要求的转让范围或方式可能就是银行不愿转让的原因。根据"银行无转让信用证的义务"的精神，不予转让时甚至可以不必说明理由。关于转让信用证的专门文件中提道，信用证为可转让信用证的事实并不能对指定的转让行或开证行转让信用证有约束力。即便受益人授权，转让行也没有义务转让，除非转让范围和方式为转让银行明确同意。若被指定银行不欲转让时是否有告知开证行的义务，这一点惯例却没有明确，此是 UCP600 的不足之处，但本着诚信的原则，不予转让信用证的银行应向开证行通知，以使其对转让另行安排。

#### 2. 收取转让费用

转让行有收取费用的权利。信用证结算相对安全，且融资便利，同时它是银行提供的一种有偿服务。进出口双方在确定了信用证结算时，也要考虑这种有偿服务的成本，即银行费用的问题。UCP6000 第 38 条 C 款规定第一受益人需要支付信用证转让过程中产生的费用，另有规定的除外，费用包括手续费、佣金、工本费等，费用的收取方为负责转证的银行。信用证的转让与申请人无关，仅仅有利于受益人，尤其是第一受益人。所以，尽管转让行也是应开证行的指示转让信用证，但直接指示者是为赚取差价的第一受益人。转让费用包括转证费（比如 0.15%）、换单/审单费（比如 0.125%）、电报费等。谓"除非转让时另有约定"，指当第二受益人同意支付转证费用时，第一受益人不必向转让行支付转证费，转让行向第二受益人收取相应费用。比如开证行偿付后，从应支付给第二受益人的款项中扣除。不少转让行便根据第一受益人的要求，在已转让信用证中规定包括转让行费用在内的，一切银行费用均由第二受益人承担，例如在信用证上添加如下内容：Our substitution commission and all banking charges are for account of 2nd beneficiary. Our transferring commission for USD90 and telex fee for USD120 will be deducted from the proceeds at the time of effecting payments。

### 3. 特定情况下将免责

UCP600 第 38 条 a 款规定第一受益人为了赚取货物买卖的差价可以用自己的商业票据替换第二受益人的相关票据，但是如果第一受益人未能在第一次要求时完成票据替换，转让行可以向开证行直接提交第二受益人的单据，在这种情况下转让行可以免去对第一受益人的责任。另一种情况是第一受益人按时提交了替换的单据，但是单据出现了第二受益人单据中所没有的不符点，第一受益人没有及时对不符点进行修正，那么转让行直接提交第二受益人的单据同样可以被免责。转让行可以直接向开证行提交第二受益人单据的规定虽然给转让行对单据的审核及第一受益人对单据的替换增加了责任，但是保护了第二受益人的同时，提升了向其融资的银行的信心，对信用证实务有着重要的意义。

## （二）转让行的责任

### 1. 不越权行使转让事宜

即便一份信用证被开证行明确表示是可转让信用证时，也不是所有的银行都对它拥有转让的权利，实务中不少客户甚至是贸易融资部门的工作人员想当然地认为只要是可转让信用证就可以被任意一家银行进行转让。银行在面对客户提出对信用证进行转让的业务申请时，首先要对自己是否满足转让条件做出判断，那么，成为转让行需要满足哪些条件呢？开证行只有对某家银行进行特别授权时该银行才能具备转让资格，值得一提的是，开证行可以自己担任转让行。因此，开证行、经开证行正式授权的指定银行都具备转让信用证的权利。对于已转让的信用证，第二受益人在交单相符的前提下可以对其进行兑用。通知行是对收到的信用证按照指示进行消息通告的银行，实务中转让行往往与通知行是同一家银行，当通知行不满足上诉条件时它也不能擅自对信用证进行转让。对于不具备转让资格的银行，务必不能进行信用证的转让，否则很有可能会被相关当事人作为起诉对象要求承担法律责任，而一旦被起诉，因为违背 UCP600 的规定在先，该银行毋庸置疑将会败诉。

### 2. 把控好条款转让可变更的内容

UCP600 第 38 条 g 款是关于在转让信用证过程中第一受益人可以要求转让行对于可变更的内容的规定，国际商会一直规定可以改变的主要条款仅仅是时间与金额，可以替换的单据仅仅是发票与汇票。但实务中第一受益人需要改变的条款及替换的单据有时不止这些。所以在 UCP600 修订的过程中，不少国家委员会建议 UCP600 允许转让信用证可以做更多的改变。ICC 做了下列评述，提出了限制改变更多条款的理由：尽管一些国家委员会建议扩大改变的范围，制定小组仍然坚持认为过多的变化会严重地削弱开证行对于第二受益人的责任，转让时改变越多，越会冲淡开证行的责任。这一条款明确了除了投保的比例被允许增加和信用证的金额（包括货物总价和任何的单价）、货物装运日期、信用证到期日、单证交单期等原证的内容可以依第一受益人的实际需求进行减少或者缩短外，其他的信用证内容不能进行修改，只能按照原证内容原封不动地进行转让。第一受益人在与第二受益人交易过程中为了获得更加主动的地位往往会对转让行提出对其他信用证条款的修改，这样的修改很多时候是不被 UCP600 允许的，介于这种情况转让行一定要谨慎办理转让业务，严格遵守国际惯例。

### 3. 及时地通知受益人换单

开证行对开立的转让信用证承担第一付款责任，在第一受益人明确表示要用自己的商业票据对第二受益人的商业票据进行替换时，转让行需要在第二受益人提交了单据后及时将消息告知给第一受益人以便其按时完成替换单据的工作。如果转让行的通知不及时到位，由此造成的第一受益人错失了替换单据而遭受经济损失，转让行难辞其咎。对于已转让信用证的单据替换，UCP600 已有明确要求，并在 UCP600 第 38 条 g 款和第 38 条 h 款中都有相应的规定，即转让行不能允许第一受益人随意对单据进行替换。但事实上，面对第一受益人的这类要求，转让行往往难以拒绝。出于风险控制的目的，转让行对于第一受益人提出的替换 UCP600 规定之外的单据时，应确保第二受益人已明确知晓，并在取得第二受益人的授权后，再替换相关单据。此外，转让行应要求第一受益人书面声明其替换单据的要求并承担由此产生的所有风险，同时在转让条款中应明确声明第一受益人将会替换除发票、汇票以外的相关单据。第二受益人为了掌握安全收汇的主动性，可以选择不接受替换除发票、汇票以外的相关单据。如果开证行对于转让行转交的单据提出了不符点表示拒付，转让行要在第一时间将拒付消息告知第一受益人和第二受益人，这样对于作为第二受益人的实际供货商而言能争取更多的时间对相关单据进行重新制作，能在更短的时间内提交新的单据，保证交易的顺利进行，有效地避免潜在的经济损失。

## 六、可转让信用证的适用

可转让信用证适用的贸易方式：

（1）若进出口商签约成交的订单系商品规格化、包装标准化、检验程序化，而且批量多，金额大，货源来自分散的异地，亦就是一份订单的货源须从不同地方的港口予以出口。这种贸易方式为了使合同货物（Contract products）与计价货币（Price Currency）相兑换，做到简便、易办、顺利装货和安全结汇，可采用可转让信用证（Transferable Credit）。

遵照 UCP 第 44 条规定，出口商可要求进口商开具可转让信用证，可转让信用证的受益人（Beneficiary）作为转让人（Transferer），通过银行称转让银行（Transferable Bank）将信用证金额（Amount）的全部或部分，一次转让给出口商所在地或异地口岸的分支机构，或给异地各货源的供应商，即第二受益人（Second Beneficiary），由第二受益人按规定的产品，在规定的时间内分批装船，制单结汇。第二受益人不得做再次转让，分割转让的金额不得超过信用证的总金额。

（2）若进口商派员到国外采购所需商品，或委托国外代理商采购商品，进口商可开具以货源地的代理商为受益人的可转让信用证。国外代理商可向一地或异地的各供应商为第二受益人予以分割转让其信用证的全部或部分金额。可转让的信用证系由国外的通知银行承担转让银行的职责。

（3）从一个国家生产的商品，运输到另一个国家或地区去销售，经过国际间的多层次的交换。其特点是商品的生产者与销售者之间的地理位置遥远，交易批量大，签约复杂，故须中间人介入，或请经纪人介入，他们以赚取中间费用即佣金为目的。

中间商从国外接到订单并收到由国外进口商开具的可转让信用证，以中间商为受益人。第一受益人将订单交给生产厂，并将信用证金额的全部或部分转让给第二受益人。第一受益人不愿将提供货源的生产厂的地址及交易条件告知给进口商，以保住商业秘密和商业竞争的机会。

这种做法对中间商有两点好处：一是可保商业秘密；二是可赚取中间利润（Commission）。第一受益人所签发的商业发票比第二受益人所出具的发票金额要大，两者的差额即为中间人所得的利润。

## 七、可转让信用证的转让方式

### （一）依信用证金额可分为全金额与部分金额转让

**1. 全金额转让（Total Transfer）**

第一受益人根据货源的分布情况，若货源来自一家厂商，而且货物不准分批装运，只能一次装运时，必然将开具信用证的全金额转让给第二受益人。

**2. 部分金额转让（Partial Transfer）**

若只将可转让信用证所列金额的一部分转让给第二受益人，称部分金额转让。UCP 第44 条规定，若原信用证允许分批装运，则第一受益人可将信用证金额的一部分转让给第二受益人，并由受让人分别装运，分别依信用证规定办理议付、承兑或付款。

### （二）依是否替换商业发票，可分为不替换发票与替换发票转让

**1. 不替换发票转让（Transfer without Substitution of Invoice）**

此种转让方式系信用证的原受益人（第一受益人）将信用证金额的全部或一部分转让给受让人，即由第二受益人装运货物并备妥所须单据，通过第一受益人或以第一受益人的名义直接向议付银行办理议付或付款。此种方式较为简便，在国际贸易的实务中通常予以采用。

**2. 替换发票转让（Transfer with Substitution of Invoice）**

作为中间人的第一受益人，不愿让第二受益人知悉买主的商号名称，第一受益人就可采用替换发票的方式保密。

其具体做法：由第二受益人装运货物后，第二受益人以自己的名义向银行提示单证办理议付或付款。银行将第一受益人提供的商业发票来替换第二受益人提示的发票。第一受益人所提示的发票金额要大，两张发票的差额为中间人赚取的利润。议付银行议付后，将第一受益人所提示的发票及其他单据一并寄往开证银行索偿。

### （三）依是否变更转让信用证所列条件，可分为原条件转让或变更条件转让

**1. 原条件转让**

使用信用证权力的转让，一般来讲，应依照原信用证所列条件予以转让，称原条件转让。这种做法简便易办，风险较小。凡原条件转让应载明如下文句，以示其转让功能。

——本信用证系依原信用证所列的条件转让。

This Credit can be transferred only on the terms and conditions specified in the Original Credit.

**2. 变更条件转让**

是指信用证权力转让后，原信用证所列条件已做变更，例如：

——金额和单价比原金额和单价降低。

——信用证期限，提示单证日期及装运期限，比原信用证条件提前。

——投保金额比原信用证投保的百分比增加。

除变更上述条件外，若有需要变更其他条件就视情况而定。

### （四）依据转让地点，可分为国内转让和国外转让

**1. 国内转让**

第一受益人将信用证的使用权力转让给第二受益人，其地点系同一国境，称国内转让。在信用证中应载明如下文句：

——本信用证转让仅限同一国境转让给第二受益人。

This credit is transferable only to a second Beneficiary in the same country.

**2. 国外转让**

第一受益人将信用证使用的权力转让给另一国境的第二受益人，称国外转让。在信用证中应载明如下文句：

——本信用证转让于××××国家的第二受益人。

This credit is transferable to a second Beneficiary in the ×××.

### （五）依据由谁来转让，可分为银行转让与私人转让

**1. 银行转让**

凡依照信用证所列条款，明文规定由银行转让或通过银行办理转让手续者，由第一受益人向银行提出申请书，经银行审查同意后，则银行应给予第二受益人转让通知书（Advice of Transfer）。

**2. 私人转让**

经协商第一受益人和第二受益人同意做私人转让，第一受益人必须给第二受益人书面的私人转让通知书（Letter of Personal Transfer）。

采用私人转让方式，必须是第一受益人与第二受益人有长期合作的基础，互相信任，而第一受益人须作两件事：一是将收到信用证的原本复制件提供给生产厂，以资证明可转让信用证已收到，使生产厂放心。二是于生产厂交货装船后，第一受益人、第二受益人共

同签署转让申请书，请银行将款项转给生产厂。

## 八、转让费用的承担

根据 UCP600 条第三款 Unless otherwise agreed at the time of transfer，all charges（such as commissions，fees，costs or expenses）incurred in respect of a transfer must be paid by the first beneficiary. 可以知道，转让费用是由中间商承担。

## 九、可以修改的条款

根据 UCP600 条第七款，可转让信用证在运作过程中，中间商可以要求改的内容包括：金额、单价、有效期、交单期、最晚装船期、保险金额比例、受益人等，其他条款理论上是不可以变动的。

g. The transferred credit must accurately reflect the terms and conditions of the credit，including confirmation，if any，with the exception of：

-the amount of the credit.

-any unit price stated therein

-the expiry date.

-the period for presentation，or .

-the latest shipment date or given period for shipment.

any or all of which may be reduced or curtailed.

The percentage for which insurance cover must be effected may be increased to provide the amount of cover stipulated in the credit or these articles.

The name of the first beneficiary may be substituted for that of the applicant in the credit.

# 第二节　假远期信用证

## 一、假远期信用证的含义

### （一）假远期信用证的含义

在实际业务中还有另外一种特殊的远期信用证——假远期信用证。它也是远期信用证的一种，但是又区别于一般的远期信用证。假远期信用证发源于远东地区，后澳大利亚进口商或开证行为了获得伦敦或纽约金融市场的资金融通而较常使用。正是假远期信用证与众不同的多重融资特性，在市场上受到了特别关注。现在，韩国、印度等东亚、南亚国家的进口商或开证行使用较多，其他地区亦不鲜见。它是指买卖双方签订的贸易合同原规定为即期付款，但信用证要求受益人立远期汇票，同时在信用证上又说明该远期汇票可即期议付，由付款行负责贴现，其贴现费用和延迟期付款利息由开证申请人负担的信用证。这种信用证，对受益人来说，仍属于即期足额收款的信用证，但对开证申请人来说，则属于远期付款的信用证，故也称为买方远期信用证。与另外三种远期信用证业务不同，假远期信用证是以即期付款的贸易合同为基础的远期信用证，并且其贴现利息和费用是由进口人承担的。在远期信用证业务中，受益人需要在汇票到期后才能收汇，假远期信用证的受益人却可以即期收汇。凡在信用证载明如下条款者，皆为假远期信用证。

（1）Usance Drafts to be negotiated at sight basis and discounted by us（Issuing Bank），discount charges and acceptance commission are for Importer´s account. 远期汇票按即期议付，由本银行（开证银行）贴现，贴现及承兑费由进口商承担。

（2）Usance draft to be negotiated at sight basis，interest is for Buyer´s account. 远期汇票按即期议付，利息由买方承担。

（3）The Negotiating Bank is authorized to negotiate the usance drafts at sight for the face amount. 授权议付银行议付远期汇票，依票额即期付款。

（4）Usance drafts drawn under this credit are to be negotiated at sight basis. 本信用证项下开立的远期汇票可按即期议付。

### （二）假远期信用证与远期信用证的区别

（1）开证基础不同。假远期信用证是以即期付款的贸易合同为基础，而远期信用证是以远期付款的贸易合同为基础。

（2）信用证的条款不同。假远期信用证中有"假远期"条款，而远期信用证中只有利息由谁负担条款。

（3）利息的负担者不同。假远期信用证的贴现利息由进口商负担，而远期信用证的贴现利息由出口商负担。

（4）收汇时间不同。假远期信用证的受益人能即期收汇，而远期信用证要俟汇票到期才能收汇。

## 二、假远期信用证的特点

### （一）远期汇票即期付款，贴现息由开证申请人承担

假远期信用证下开证行开立远期信用证，允许受益人开立远期汇票，由开证行或其指定银行承兑并即期付款，待汇票到期日后开证申请人再偿还开证行的融资。但是信用证中往往加列这样的条款：all acceptance commission，discount charges and interest are for applicant's account.（所有承兑费、贴现费及利息均由开证申请人承担），所以对受益人来说是远期汇票即期收款，并且无须承担任何费用。而在普通远期信用证下，受益人也可以凭承兑后的远期汇票即期收款，但是汇票的贴现息要由受益人自己承担。另一方面，假远期信用证常常用在即期付款贸易合同项下，相反，普通远期信用证则用在远期付款贸易合同项下。

### （二）以承兑信用证的形式开立

根据 UCP600 的规定，信用证必须明确其种类，是属于即期付款信用证、延期付款信

用证、承兑信用证或是议付信用证，也就是说 UCP600 中并没有假远期信用证的这种叫法。它通常是以承兑信用证的形式开立的，承兑人是开证行或其指定银行。

### （三）银行信贷与企业贸易相结合

在假远期信用证下，买卖双方的远期交易活动由于开证银行所提供的融资而得以尽快完成。出口商的资金能够即期收回；进口商在交付较少资金或者不交资金的前提下能够获取所需的全部货物；而开证银行则可以在商人进行交易的基础上，将其信贷资金的发放与商人的贸易紧密结合，融为一体。也就是说，银行信贷资金的发放有着真实的贸易背景，为降低信贷风险创造了条件。

## 三、利用假远期信用证进行国际贸易融资的优势

假远期信用证除具有一般的银行信用证所具有的特点以外，在国际结算中对出口方和进口方以及居间的开证银行等还有很多优势。因此，采用假远期信用证融资，可以实现多方共赢、互利互惠的效果。

### （一）对出口商来说

**1. 银行信用可保证出口方的收款安全**

信用证支付的原则是单证严格相符的原则，出口商交货后提交的单据，只要做到与信用证规定相符，"单单一致、单证一致"，付款银行就保证付款。假远期信用证是信用证当中的一种，也属于银行信用，同样适用上述原则，因此使用假远期信用证为出口方收取货款提供了较为安全的保障。

**2. 即期十足收款可加速资金的周转**

在使用远期信用证进行结算的情况下，出口方要待汇票到期才能收汇，容易造成资金周转困难和资金的积压，并且还要承担利息的损失，增加销售的成本，这对出口商是不利的。若使用假远期信用证支付方式进行结算，因出口方可以即期十足收款，使用远期信用证容易产生的问题也就迎刃而解了。

**3. 即期收款可进一步降低收汇风险**

运用假远期信用证，出口方开立的远期汇票由付款银行进行贴现，且贴现利息由进口方负担，使出口方可以即期收款，从而可以进一步减少由于付款银行倒闭等原因造成收汇困难的风险。

### （二）对进口商来说

**1. 信用证方式保证收货安全**

在信用证支付方式下，进口商申请开立信用证时可以通过控制信用证条款来约束出口方交货的时间、交货的品质和数量，如在信用证中规定最迟的装运期限以及要求出口商提交由信誉良好的公证机构出具的品质、数量或重量证明书等，保证进口商按时、按质、按量收到货物。这也是一般信用证所具备的功能。

**2. 运用付款银行资金取得资金融通之便**

在假远期信用证业务中开证行或由其授权指定的出口地银行对出口商提交的远期汇票进行即期支付，同时向进口商收取贴现利息，待承兑到期日才向进口商收回本金。这样，这些本应由进口商完成的支付就转变成由开证银行预先垫付资金，这相当于开证行对进口商提供了融资。由于此种信用证下远期汇票的期限通常不超过 270 天，因此，进口商便通过假远期信用证获得了银行的短期贷款融资。此外，进口商还可以凭信托收据（T/R）向银行借单，先行提取并销售货物，到期后再付款，这也可为进口商提供资金融通的便利。

**3. 即期付款条件可获得一定价格优惠**

使用假远期信用证进行结算，因卖方开具的虽然是远期汇票，但可以即期全额收回货款，从而获得资金周转的利益，因此进口方可以此为交换，要求出口方在报价时给予一定数量的折扣。也就是说与采用远期信用证相比，采用假远期信用证时进口商更容易取得贸易的定价权。

## （三）对银行来说

假远期信用证可使银行的信贷活动与商人的贸易活动进行有机融合，因此这种融资方式对银行来说便成为一种有效的避险工具，并为银行贷款资金的安全提供了保障。使银行可以在扩大其业务服务范围的同时，有效确保其信贷资金的安全。

**1. 银行可预先获得进口商的部分开证押金，或者可占压进口商一定比例的信用额度**

由于进口商向银行申请开证时，开证银行为了减少自身面临的风险，通常要求进口商预先交付开证金额一定比例的押金，甚至有时是足额押金。这样，开证行在开出假远期信用证并对出口商即期支付信用证下款项的时候，实际上已经预先获得了进口商一定幅度的资金，从而可以在一定程度上保障银行融资后的资金安全。此外，如果开证行采取占压进口商信用额度的形式而向出口商开出信用证，这说明银行已经对进口商有了充分的了解，已经完全掌握了进口商的资信及有关信息，为银行进一步融通资金的安全创造了前提。

**2. 银行可以获得信用证下相关货物的权利**

开证行为了避免对外付款后，进口商以种种借口拒付或者延付，常常在信用证中加列一些有利于掌握货物权利的条款，规定出口商提交的海洋货物运输提单的抬头应做成"空白抬头"或者"指示性抬头"，这样，开证行在对出口商付款，但尚未从进口商获得相应的付款时，可通过控制上述流通的海运提单，来掌握此项信用证项业务中所运送的货物。当进口商不能或者不能及时付款赎单时，开证行可通过转卖或者拍卖手中的货物，尽量减少或降低融资后可能出现的各种风险，以确保信贷资金的安全。即便银行将单据凭信托收据借给进口商之后，货物的所有权依然掌握银行手中，银行仍可以通过声明或者主张其权利，来控制该项货物的运转及出售，进而保障银行资金的安全。

总的来说，和其他贸易融资方式相比，假远远期信用证业务中的有关各方一方面降低或减少了业务合作中可能出现的不必要纠纷，缓解了企业面临的资金短缺的压力；另一方面又扩大了银行的服务范围，增加了营业收益，保障了业务的顺利进行，因而是一项集灵活性与安全性于一身的业务，为国际贸易的快速发展创造了条件。

## 四、假远期信用证在国际贸易融资中应注意的问题

利用假远期信用证进行国际贸易融资，尽管各方当事人都各得其所，但在实际操作时还应注意以下问题：

### （一）进口商应明确责任做到诚信在先

进口商作为开证申请人在决定使用假远期信用证进行结算后，除按照一般开立信用证的规定提供相应保证金或担保之外，还应在与开证行签订的协议书中，明确承诺自身应承担的两项责任：到期偿付开证行垫付的货款、承担贴现利息及费用，其保证金或银行授信扣减额应包含货款与利息及费用，以确保偿付开证行的融资本息。

### （二）银行应加强自身的风险防范

开证银行应加强对进口商的资信调查，只有充分了解了进口商的资信状况，才能凭信用额度或者一部分押金对外开证，才可以凭信托收据预先放单。而对于那些经营状况不好、资信较差的进口商，则不应采用此种方式对其进行融资，从而避免产生不必要纠纷和风险。

### （三）受益人应认真判断远期信用证的性质

一份信用证是不是"真正的"假远期信用证直接关系到受益人、申请人以及开证行的费用承担、责任和利益问题，因此当遇到一份远期信用证时认真甄别、准确判断它的性质，采取相应的规程进行操作就成为各方当事人，特别是受益人减少失误和麻烦保障自身利益的重要前提。因为在国际贸易结算中，还有一类远期信用证规定"贴现息和费用由开证申请人负担"，但开证行或其指定银行仍按照信用证规定期限付款，即按汇票金额加远期利息付款，只是付款金额超过信用证金额。根据假远期信用证的内涵，这种信用证显然不是假远期信用证，因此不能按照假远期信用证的做法处理。

# 第四节　背对背信用证

## 一、背对背信用证的定义

背对背信用证是指一个信用证的受益人以这个信用证为保证要求一家银行开立以该银行为开证行，以这个受益人为申请人的一份新的信用证，也称转开信用证。

其中的原始信用证又称为主要信用证，而背对背信用证是第二信用证。

用途：主要用于中间商的贸易活动。

## 二、背对信用证的特点

（1）背对信用证的开立并非原始信用证申请人和开证行的意旨。

（2）背对背信用证与原证则是两个独立的信用证，同时并存。

（3）背对背信用证的第二受益人不能获得原证开证行的付款保证，只能得到背对背开证行的付款保证。

（4）开立背对背信用证的银行就是该证的开证行，一经开立，该行就要承担开证行责任。

## 三、可转让信用证和背对背信用证的区别

### （一）业务流程不同

可转让信用证的受益人一般是中间商，第二受益人则是实际供货商。受益人可以要求信用证中的授权银行（转让行），向第二受益人开出新证，新证由原开证行承担付款责任。

背对背信用证通常由中间商申请开给实际供货商。背对背信用证的使用方式与可转让信用证相似，所不同的是原证开证行并未授权受益人转让，因而也不对新证负责。

### （二）信用证形式不同

从信用证数量和当事人来看：可转让信用证只有一张信用证、一个开证申请人和一个开证行。开证行在开出信用证后应同时对第一受益人和第二受益人负责，并且开证行只有在可让的授权下才转能转让，反之则不得转让。

背对背信用证涉及两张信用证，两个开证申请人，两个开证行和第一、第二受益人，并且原证的受益人即为新证的开证申请人。两张信用证彼此是独立存在的，两家开证行分别各自的受益人负责。同时，对背信用证可在任何情况下，只要银行同意，都可以一证为基础，开出另一张信用证。

从信用证的内容来看：可转让信用证在转让时，除了允许修改的项目外，其他条款均应与原证完全相同。值得注意的是，第一受益人在转让信用证时，除信用证金额、单价、到期日、最后交单日、装运期可以减少或缩短，投保的保险金额比例可以增加外，其他项目只能按原证条款转让。

背对背信用证中第二证（新证）的内容并不受第一证（原证）内容的约束，尤其是可以不出现原证申请人的名称。为了便于对背信用的受益人在规定期限内交来要求的单据后，中间商能在原证期限内更换发票，利用交来的其他单据实现原证受益人的权利，对背证（新证）的条款与原证可有变动。背对背证（新证）的条款与原证可有变动，具体表现为：

（1）原证的开证申请人是进口商，新证的开证申请人是原证受益人（中间商）。

（2）原证的开证行是进口地的一家银行，新证的开证行是出口地的通知行或者其他银行。

（3）原证的受益人是中间商，新证的受益人是实际供货人。

（4）新证相比较原证，金额单价减少，装运起缩短。

### （三）性质不同

付款性质：可转让信用证的开证行同时要对第一、第二受益人负责，所以只有一次交单付款。

背对背信用证中两证的开证行各自独立对其受益人负责，因此有两次独立的交单和付款。另外，背对背信用证受益人与其原证受益人得到的是不同开证行的付款保证，所以所处的地位和拥有的安全性、保障性是不一样的。

对实际供货商的保证：可转让信用证对实际供货商，即第二受益人的保障性不够充分。背对背信用证的实际供货商是新证的直接受益人，并且独立于原证，所以对供货商的保障比较充分。

# 第二部分  特种信用证实训习题

## 实训习题1  阅读循环信用证回答问题

### IRREVOCABLE REVOLVING LETTER OF CREDIT

| | |
|---|---|
| Issuing Bank：Reconstruction Development Bank | Telex：BHD1142 |
| Commercial House | Telephone：5883218 |
| Brussels，Belgium | Issued Date & Place |
| | 10th January，2018 Brussels |

| | |
|---|---|
| Revolving Credit Irrevocable | Credit No. BH0821 |
| Advising Bank | Applicant |
| Trust development Bank | Babit Machine-Making Industry Co. （Ltd.） |
| Commercial Centre Amsterdam， | Bavel building，Brussels，Belgium Holland |
| Beneficiary | |
| Watat International Co. Ltd. | Amount |
| Lisi Building Amsterdam， | USD 600000 |
| Holland | （U. S. Dollars Six Hundred Thousand） |

This attached sheet Forms an integral part of our Irrevocable L/C No. BH0821

Covering：List of Spart Parts（Omit）

Special Instructions：

（1）Special Instructions for beneficiary.

30th April 2018 despatch the original draft and documents by first mail to the bank，Which is located in the country of advising bank for unrestricted negotiation.

30th July 2018 Despatch the original draft and documents by second mail to bank，which is located in the country of advising bank for unrestricted negotiation.

30th October 2018 Despatch the original draft and documents by third mail to bank，which is located in the country of advising bank for unrestricted negotiation.

（2）Special instruction for advising bank.

Despatch the certificate "Documents must Strictly conform with the terms of this Credit" and drafts drawn at sight by the beneficiary on the Reconstruction Development Bank, Brussels, Belgium, for reimbursment.

(3) All banking charges are for beneficiary´s account.

Signature

(1) 当事人有哪些?

(2) 信用证的种类有哪些,依据何在?

(3) 开证的时间和地点分别是什么?

(4) 循环次数是多少?

(5) 银行费用由谁承担?

(6) 解释 unrestricted negotiation 含义。

(7) 对汇票的要求有哪些?

## 实训习题 2　阅读循环信用证回答问题

### Irrevocable Revolving Credit

Name of Issuing Bank　　　　　　　　　　Kincheng Bank

Place and date of issue Hong Kong,　　　5 Jan., 2019

To: China Garments Imp. & Exp. Corp.,　　Shanghai Branch, Shanghai.

Advised through Bank of Asia, Shanghai.

Dear Sirs,

We hereby issue our Irrevocable Revolving Credit No. 98667 in your favour for account of the Eastern Trading Co., 29 London Road, Hong Kong up to an aggregate amount of HKD 30000.00 (say Hong Kong dollars thirty thousand only) to be valid at Shanghai until: 31 July, 2019 available with advising bank by negotiation against your draft at sight drawn on us for 100% of the invoice value accompanied by the following documents:

(1) Signed Invoice in triplicate certifying that the goods are in accordance with Order Number 101 dated: 30 Dec, 2019.

(2) Packing List in triplicate.

(3) Full set of clean on board Bills of Lading made out to order blank endorsed marked "Freight prepaid" notifying applicant evidencing shipment of ladies dresses CFR Hong Kong.

Shipment is from your port to Hong Kong not later than 16 July, 2019

Partial shipments are allowed. Transhipment is not allowed.

Documents must be presented within 15 days from the date of shipment.

Other conditions:

This is a monthly revolving credit which is available for up to the amount of HKD 30000.00

per month and the full credit amount will be automatically reinstated on the first day of each succeeding calendar month. Our maximum liability under this revolving credit does not exceed HKD 180000. 00 being the aggregate value of six months. The unused balance of each month is non-cumulative to the succeeding month.

Instructions to the Negotiating Bank：

The drafts and documents taken up under this credit are to be forwarded direct to us by you.

for reimbursement upon receipt of conforming documents，cover will be sent at your convenience.

this Credit is subject to UCP600.

Yours faithfully，

Kincheng Bank，Hong Kong

（1）当事人有哪几个？

（2）信用证的种类有哪些？

（3）列出开证的时间和地点。

（4）有效期到什么时候？

（5）谁承担费用？

（6）需要什么单据？

（7）运输指示有哪些？

（8）交单期是什么时候？

（9）是累积循环还是不可累积的？你如何得知？

（10）说明信用证循环恢复方式，你的依据是什么？

（11）说明开证的依据。

（12）可以循环几次？

## 实训习题3　循环信用证案例分析

海南某出口公司与英商按 CIF LONDON 成交一批热带作物，装运期为7/8月，总价为10万美元。进口方由英国标准麦加利银行中国香港分行开来一张即期循环信用证，指定由某银行海南分行议付，金额为5万美元，即总数量一半的金额可循环使用一次。信用证规定，在第一批热带作物装船并取得海运提单后，可自动恢复原金额、原数量。出口公司在第一批货装船并取得海运提单、备好第一批的全套单据准备向指定银行交单议付时该地区受强台风影响，银行停业2天。出口公司在银行开业后交单议付时已超过第一批规定的交单有效期，议付行在出口公司出具补偿保证书后，向开证行寄单，在面函上提出其不符点内容并附"凭担保议付"单。开证行随即复电："第×××号信用证项下第×××号单据已收到。议付行面函所提出的不符点不能接受，建议改为信用证下的托收，单据暂代保管，听候你方处理意见。"出口公司只得把第一批货物10万美元改成信用证项下托收处理。随后，卖方及时准备第二批货物、报验、托运和报关，做到如期出运、正点交单，但银行又提出拒付第二批货款或仍按照第一批一样做托收处理。货抵伦敦后，市价疲软，两批托收单据均被拒付，经出口公司多次交涉，最后让价20%结案。

问题：

（1）海南出口企业是否应该接受开证行的建议？原因是什么？该如何操作？

（2）为什么第二批货物如期出运、正点交单，银行依旧拒付？是否合理？原因是什么？

（3）你认为海南出口公司问题出在哪里？

## 实训习题4 　读可转让信用证回答问题

### （一）案例背景

信用证类型：假远期自由议付可转让信用证

适用：UCP600

开证行：INDUSTRIAL BANK OF KOREA，SEOUL（SWIFT：IBKOKRSEXXX）

通知行：CHINA MINSHENG BANKING CORP LTD.SHANGHAI BRANCH（SWIFT：MSBCCNBJ002）

转让行：CHINA MINSHENG BANKING CORP LTD.SHANGHAI BRANCH（SWIFT：MSBCCNBJ002）

转让证通知行：BANK OF CHINA SUZHOU BRANCH（SWIFY：BKCHCNBJX95B）

申请人：SOUL LEE CO.，LTD.

第一受益人：SHANGHAI ABC FASHION CO..LTD.

第二受益人：SUZHOU GARMENTS CO..LTD.

有效地：CHINA

### （二）案情简介

中国民生银行上海分行于2017年8月23口向上海ABC服装公司通知了一笔假远期自由议付可转让信用证。该证由INDUSTRIAL BANK OF KOREA，SEOUL开出，金额：64202.40美元。开证申请人是SOUL LEE CO.，LTD.。

上海ABC服装公司收到信用证后，于2017年9月12日要求民生银行将此信用证转让给供货商苏州服装公司，转让证的通知行为中国银行苏州分行，金额为USD50365.11。

2017年9月17日，第二受益人苏州服装公司备齐全套出口单据寄交中国银行苏州分行审核。中国银行苏州分行审单后认为单据无不符，遂向转让行寄单。

2017年9月18日，中国民生银行上海分行收到来单，通知第一受益人上海ABC服装公司更换汇票和发票，并向开证行寄单索汇。

开证行收到中国民生银行上海分行寄来的单据后，依据信用证审核单据，认为该交单为相符交单，并支付了款项。

10月8日，中国民生银行上海分行收到开证行支付的该信用证项下的货款USD64152.40，该行首先按照中国银行苏州分行交单面函上的付款指示，扣除费用之后将USD50115.11划入交单行账户，再将剩余的差价USD 13837.29划入上海ABC服装公司账户。

（三）流程详解

**1. 上海 ABC 服装公司收到如下信用证：**

Sender　　　　IBKOKRSE x x x

Receiver　　　MSBCCNBJO02

27：Sequence of Total

1/1

40A：Form of Documentary Credit

IRREVOCABLE TRANSFERABLE

20：Documentary Credit Number

M0449708NU00096

31C：Date of Issue

170821

40E：Applicable Rules

LATEST VERSION

ID：Date and Place of Expiry

0171005 IN YOUR COUNTRY

50：Applicant

SOUL LEE CO. , LTD.

3F, 412-8, GIL-DONG, GANGDONG-GU S0UL, KOREA

59：Beneficiary-Name & Address

SHANGHAI ABC FASHION CO. , LTD.

32B：Currency Code，Amount

CURRENCY：USD（US DOLLAR）

USD 64202. 40

39A：Percentage Credit Amt Tolerance

03/03

41D：Available With. . . By. . . -Name & Addr

ANY BANK

BY NEGOTIATION

41C：Drafts at. . .

AT 90 DAYS AFFER SIGHT

42D：Drawee-Name & Address

INDUSTRIAL BANK OF KOREA（HEAD OFFICE SEOUL）SEOUL

43P：PARTIAL Shipments

ALLOWED

43T：Transhipment

PROHIBITED

44E：Port of Loading/Airport of Dep.

CHINESE PORT

44F：Port of Discharge/Airport of Dest

INCHON KOREA

44C：Latest Date of Shipment

170920

45A：Description of Goods &/or Services

COUNTRY OF. ORIGIN：CHINA

FOB CHINESE PORT

| STYLE NO. | Q'TY | U/PRICE | AMOUNT |
|---|---|---|---|
| NQD-SH809M1 | 2324PCS | USD 5.50 | USD 12782.00 |
| NQD-SH902MI | 384PCS | USD 5.50 | USD 2112.00 |
| NQD-SH931M1 | 3974PCS | USD 6.20 | USD 24638.80 |
| NQD-SH905M1 | 4328PCS | USD 5.70 | USD 24669.60 |
| TOTAL | 11010PCS | USD 64202.40 | |

46A：Documents Required：

+ SIGNED COMMERCIAL INVOICE IN TRIPLICATE

+ FULL SET OF CLEAN ON BOARD OCEAN BILLS OF LADING MADE OUT TO THE ORDER OF INDUSTRIAL BANK OF KOREA MARKED "FREIGHT COLLET" AND NOTIFY. DEF CO., LTD.

+ PACKING LIST IN TRIPLICATE

+ CERTIFICATE OF ORIGIN IN DUPLICATE

47A：Additional Conditions

+ A DISCREPANCY FEE OF USD 80, 00 (OR EQUIVALENT) SHOULD BE DEDUCTED FROM THE PROCEEDS, IF DOCUMENTS ARE PRESENTED WITH ANY DISCREPANCY.

+ DRAFT DRAWN UNDER THIS CREDIT MUST BE ENDORSED AND CONTAIN THE CLAUSE, DRAWN UNDER INDUSTRIAL BANK OF KOREA, SEOUL, LETIER OF CREDIT NO. M0449708NU00096  DATED 20170821

+ THIS L/C IS TRANSFERABLE THROUGH ADVISING BANK ONLY. TRANSFER MADE UNDER THIS CREDIT MUST BE ADVISED TO US BY THE TRANSFER BANK AT THE TIME OF TRANSFER

+3PCT MORE OR LESS IN QUANTITY AND AMOUNT ARE ACCEPTABLE

71B：Charges

ALL BANKING COMMISSIONS AND CHARGES OUTSIDE KOREA ARE FOR ACCOUNT OF BENEFICIARY

48：Period for Presentation

DOCUMENTS TO BE PRESENTED WITHIN 21 DAYS AFTER THE DATE OF SHIPMENT

BUT WITHIN THE VALIDITY OF THIS CREDIT.

49: Confirmation Instructions

WITHOUT

78: Instr to Payg/Accptg/Negotg Bank

+ ALL DOCUMENTS MUST BE FORWARDED DIRECTLY TO US (ADDRESS TO: INDUSTRIAL BANK OF KOREA (HEAD OFFICE SEOUL), 50, ULCHIRO 2-GA, CHUNG-GU, SEOUL, KOREA) IN ONE LOT BY COURIER SERVICE.

+ USANCE BILLS DRAWN HEREUNDER ARE TO BE NEGOTIATED AT SIGHT BASIS. ACCEPTANCE COMMISSIONS AND DISCOUNT CHARGES ARE FOR BUYER'S ACCOUNT.

+UPON RECEIPT OF DOCUMENTS AND DRAFTS IN COMPLIANCE WITH TERMS AND CONDITIONS OF THIS CREDIT, WE SHALL REMIT THE PROCEEDS TO YOU IN ACCORDANCE WITH YOUR INSTRUCTIONS.

**2. 中国民生银行转让信用证电文如下**

---

| | |
|---|---|
| \* FIN/Session/ISN | : FO1. SS. . SEQ. . |
| \* Own Address | : MSBCCNBJAO02 |
| \* Input Message Type | : 720  Transfer of a Documentary Credit |
| \* Sent to | : BKCHCNBJX95B |
| Priority/Obsol. Period | : Normal/l00 Minutes |

---

27/Sequence of Total

    1/1

40B/Form of Documentary Credit

    IRREVOCABLE

    WITHOUT OUR CONFIRMATION

20/Transferring Bank's Reference

    0207TL07000034

21/Documentary Credit Number

    M0449708NU00096

31C/Date of Issue

    170821

40E/Applicable Rules

    UCP LATEST VERSION

311) /Date and Place of Expiry

    170928 IN YOUR COUNTRY

52A/Issuing bank of the Original D/C

IBKOKRSE

59/First Beneficiary

SHANGHAI ABC FASHION CO. , LTD.

9/Second Beneficiary

SUZHOU GARMENTS CO. , LTD.

32B/Currency Code， Amount

USD50365. 11

39A/Percentage Credit Amount Tolerance

03/03

41D/Available With... By...

ANY BANK

BY NEGOTIATION

41C/Drafts at...

AT 90 DAYS AFTER SIGHT

42D/DRAWEE

INDUSTRIAL BANK OF KOREA（HEAD OFFICE SEOUL）SEOUL

43P/Partial Shipments

ALLOWED

43T/Transshipment

PROHIBITED

44E/Port of loading

CHINESE PORT

44F/Port of discharge

INCHON KOREA

44C/Latest Date of Shipment

170920

45A/Description of Goods and/or Services

COUNTRY OF ORIGIN：CHINA

FOB CHINESE PORT

| STYLE No. | Q' TY | U/PRICE | AMOUNT |
|---|---|---|---|
| NQD-SHS09M1 | 2324PCS | USD 4，44 | USD 10318，56 |
| NQD-SH902M1 | 384PCS | USD 4，44 | USD 1704，96 |
| NQD−SH931M1 | 3974PCS | USD 4，65 | USD 18479，10 |
| NQD−SH905M1 | 4328PCS | USD 4，5893 | USD 19862，49 |
| TOTAL | 11010PCS | USD 50365，11 | |

46A/Documents Required

+ SIGNED COMMERCIAL INVOICE IN TRIPLICATE

+ FULL SET OF CLEAN ON BOARD OCEAN BILLS OF LADING MADE OUT TO THE ORDER OF INDUSTRIAL BANK OF KOREA MARKED "FREIGHT COLLECT" AND NOTIFY DEF CO. , LTD.

+ PACKING LIST IN TRIPLICATE

+ CERTIFICATE OF ORIGIN IN DUPLICATE

47A/Additional Conditions

+ DRAFT DRAWN UNDER THIS CREDIT MUST BE ENDORSED AND CONTAIN THE CLAUSE, DRAWN UNDER INDUSTRIAL BANK OF KOREA, SEOUL, LETIER OF CREDIT NO. M0449708NU00096 DATED 20170821.

+ 3PCT MORE OR LESS IN QUANTITY AND AMOUNT ARE ACCEPTABLE.

SPECIAL INSTRUCTIONS TO THE PRESENTING BANK/TRANSFEREE:

+ A USD 80 FEE PLUS ALL RELATIVE CABLE CHGS WILL BE DEDUCTED FROM THE REIMBURSEMENT CLAIM FOR EACH PRESENTATION OF DISCREPANT DOCS UNDER THIS TRANSFERRED CREDIT.

+ DOCS UNDER THIS CREDIT SHOULD BE SENT TO CHINA MINSHENG BANKING CORP. , LTD, SHANGHAI BR. RM216. NO, 48 WEIHAI ROAD SHANGHAI 200003 CHINA IN ONE LOT INDICATING OUR TRANSFERRING REF. No. 0207TL07000034 ON THE COVERING SCHEDULE FOR SUBSTITUTE THE TRANSFEREE'S DOCS.

+ PAYMENT UNDER THIS CREDIT TO BE EFFECTED TO TRANSFEREE ONLY AFTER RECEIPT OF THE PROCEEDS BY TRANSFERRING BANK FROM THE ORIGINAL ISSUING BANK.

+ FIRST BENEFICIARY RESERVE THE RIGHT TO ALLOW US TO ADVISE AMENDMENTS UNDER THIS CREDIT TO SECOND BENEFICIARY.

+ OUR BANK'S CHARGES ARE FOR ACCOUNT OF SECOND BENEFICIARY.

+ BANKING CHARGES OUT SIDE CHINA ARE FOR ACCOUNT OF SECOND BENEFICIARY.

+ WITHOUT ANY RESPONSIBILITY OR ENGAGEMENT ON OUR PART AND AT THE REQUEST OF FIRST BENEFICIARY, WE HAVE TODAY TRANSFERRED THE ABOVE IRREVOCABLE DOCUMENTARY CREDIT.

71 B/Charges

SEE 47A

48/Period for Presentation

DOCUMENTS TO BE PRESENTED WITHIN 8 DAYS AFTER THE DATE OF SHIPMENT BUT WITHIN THE VALIDITY OF THIS CREDIT

49/Confirmation Instructions

WITHOUT

78/Instructions to the Paying/Accepting/Negotiating Bank

+ USANCE BILLS DRAWN HEREUNDER ARE TO BE NEGOTIATED AT SIGHT BASIS. ACCEPTANCE COMMISSIONS AND DISCOUNT CHARGES ARE FOR BUYER´S ACCOUNT.

问题：

（1）转让后的信用证和原证有哪些不同？

（2）DRAFT DRAWN UNDER THIS CREDIT MUST BE ENDORSED AND CONTAIN THE CLAUSE, DRAWN UNDER INDUSTRIAL BANK OF KOREA, SEOUL, LETIER OF CREDIT NO. M0449708NU00096 DATED 20170821. 是什么意思？

（3）DOCS UNDER THIS CREDIT SHOULD BE SENT TO CHINA MINSHENG BANKING CORP., LTD, SHANGHAI BR. RM216. NO, 48 WEIHAI ROAD SHANGHAI 200003 CHINA IN ONE LOT INDICATING OUR TRANSFERRING REF. No. 0207TL07000034 ON THE COVERING SCHEDULE FOR SUBSTITUTE THE TRANSFEREE´S DOCS. 该条款是什么意思？

（4）PAYMENT UNDER THIS CREDIT TO BE EFFECTED TO TRANSFEREE ONLY AFTER RECEIPT OF THE PROCEEDS BY TRANSFERRING BANK FROM THE ORIGINAL ISSUING BANK. 表明什么？第二受益人有什么风险吗？

（5）FIRST BENEFICIARY RESERVE THE RIGHT TO ALLOW US TO ADVISE AMENDMENTS UNDER THIS CREDIT TO SECOND BENEFICIARY. 该条款说明第一受益人有何权力？

（6）OUR BANK´S CHARGES ARE FOR ACCOUNT OF SECOND BENEFICIARY；BANKING CHARGES OUT SIDE CHINA ARE FOR ACCOUNT OF SECOND BENEFICIARY. 说明费用由谁承担？

（7）列举第二受益人不利的方面。

（8）信用证到期时间缩短了多少天？

（9）总价差多少？

（10）交单时间缩短了多少天？

（11）该信用证对第一受益人而言有什么作用？

**3. 按原始信用证的要求，民生银行将该证转让事宜电告开证行**

------------------------------------------------------------------------

* FIN/Sessio/ISN : FO1 . SS. . SEQ.

* Own Address : MSBCCNBJA002

* Input Message Type : 799 Free FoRMAT

* Sent to : IBKOKRSEx x x x

Priority/Obsol. Period : NoRMAL 1/100 Minutes

20／+ Transaction Reference Number

    0207TL0700034

21／Related Reference

    M0449708NU00096

79／DESCRIPTION RELATED MESSAGE

    TRANSFER ADVICE

ATTN：LC DEPT,

RE YR LC No. M09708NU00096

WITHOUT ANY RESPONSIBILITY OR ENGAGEMENT ON OUR PART AND AT THE RE-QUEST OF FIRST BENEFICIARY, WE HAVE TODAY TRANSFERRED THE ABOVE IRREV-OCABLE DOCUMENTARY CREDIT.

**4. 中国民生银行收到中国银行苏州分行交来的面函和单据**

DOCUMENTARY REMITTANCE

NO.：58888888                       DATE：2017-9-17

DEAR SIRS,

WE ENCLOSE THE FOLLOWING DOCUMENTS NEGOTIATED BY US.

CREDIT NO. MO44970GNUD0096

ISSUED BY INDUSTRIAL BANK OF KOREA SEOUL

BENE SUZHOU GARMENTS CO. LTD.

BENE'S REF 0047234

TENOR：AT SIGHT

DOCUMENTS

（1）COMMERCIAL INVOICE     2/2

（2）B/L                      3/3

（3）PACKING LIST           2/2

（4）C/O                     2/2

（5）DRAFT                 2/2

BANK OF CHINA

问题：

（1）两个银行之间是什么关系？

（2）民生银行收到哪些单据？

**Bill of Exchange**

No. 00472. 3. 4                                       Date：20170914

Exchange for <u>USD 50365. 11</u>

At <u>90 DAYS AFTER SIGHT</u> of this FIRST of Exchange（ Second of Exchange being unpaid）Pay to order of <u>BANK OF CHINA SUZHOU BRANCH</u>

The sum of <u>U. S. DOLLARS FIFTY THOUSAND THREE HUNDRED SIXTY FIVE AND CENTS ELEVEN ONLY.</u>

Drawn under L/C No. <u>M0449708NU00096</u> Date<u>170821</u>

Issued by <u>INDUSTRIAL BANK OF KOREA（ HEAD OFFICE SEOUL）SEOUL</u>

Value received and charge the same amount to

To：<u>INDUSTRIAL BANK OF KOREA （HEAl) OFFICE SEOUL）SEOUL</u>

For and on behalf of
SUZHOU GARMENTS C0. ，LTD

-----------------------------------------------------------------------------------------------------

SUZHOU GARMENTS CO. ， LTD.
INVOICE

INVOICE No. 00472. 3. 4                              Date：SEP 14 2017

MESSRS SHANGHAI ABC FASHION CO. ，LTD.

L/C No. ： M0449708NU00096   DATED AUG 21，2017

ISSUED BY INDUSTRIAL BANK OF KOREA （HEAD OFFICE SEOUL）SEOUL

MARKS & NOS.

N/M

GARMENTS

FOB SHANGHAI

| STYLE No. | Q' RY | U/PRICE | AMOUNT |
|---|---|---|---|
| NQD-SH809M1 | 2324PCS | USD 4. 44 | USD 10318. 56 |
| NQD-SHg02M1 | 384PCS | USD 4. 44 | USD 1704. 96 |
| NQD-SH931MI | 3974PCS | USD 4. 65 | USD 18479. 10 |
| NQD-SILg05M1 | 4328PCS | USD 4. 5893 | USD 19862. 49 |
| TOTAL | 11010PCS | USD 50365. 11 | |

SUZHOU GARMENTS CO. ，LTD.

**5.** 中国民生银行通知上海 **ABC** 公司更换汇票和发票如下

## Bill of Exchange

No. ABC0701                                                    Date：20170919

Exchange for <u>USD 64202. 40</u>

At <u>90 DAYS AFTER SIGHT</u> of this FIRST of Exchange（Second of Exchange being unpaid）

Pay to order of <u>CHINA MINSHENG BANKING CORP LTD SHANGHAI BR</u>

The sum of <u>U. S. DOLLARS SIXTY FOUR THOUSAND TWO HUNDRED TWO AND CENTS FORTY ONLY.</u>

Drawn under L/C No. <u>MO449708NU00096</u> Date<u>170821</u>

Issued by <u>INDUSTRIAL BANK OF KOREA（HEAD OFFICE SEOUL）SEOUL</u>

Value received and charge the same amount to

To：<u>INDUSTRIAL BANK OF KOREA（HEADOFFICE SEOUL）SEOUL</u>

For and on behalf of

SHANGHAI ABC FASHION CO. ，LTD

## SHANGHAI ABC FASHION CO. ，LTD
### INVOICE

INVOICE No. ABC0701                                    Date：SEP 19 2017

TO：SOUL LEE CO. ，LTD.

3F, 412-8, GIL-DONG, GANGDONG-GU

SEOUL, KOREA

L/C No.  ：M0449708NU00096   DATED AUG 21，2017

ISSUED BY INDUSTRIAL BANK OF KOREA（HEAD OFFICE SEOUL）SEOUL

MARKS & NOS.

N/M

GARMENTS

COUNTRY OF ORIGIN：CHINA

FOB CHINESE PORT

| STYLE No. | Q' TY | U/PRICE | AMOUNT |
|---|---|---|---|
| NQD-SHS09M1 | 2324PCS | USD 5. 50 | USD 12782. 00 |
| NQD-SH902M1 | 384PCS | USD 5. 50 | USD 2112. 00 |
| NQD-SH931M1 | 3974PCS | USD 6. 20 | USD 24638. 80 |
| NQD-SH905M1 | 4328PCS | USD 5. 70 | USD 24669. 60 |

TOTAL　　　　　　　　　11010PCS　　　　　USD 64202. 40

　　　　　　　　　　　　　　　　　SHANGHAI ABC FASHION CO. , LTD.

问题：这两份汇票和发票差别在什么地方？

　　6. 中国民生银行将上海 ABC 服装公司的汇票与发票，连同苏州服装公司递交的装箱单、产地证、海运提单寄开证行，索汇 USD 64202. 40。开证行依据信用证审核单据，认为该交单为相符交单，并支付款项。中国民生银行上海分行收到开证行支付的该信用证项下的货款 USD 64152. 40 后，首先按照中国银行苏州分行交单面函上的付款指示，扣除费用之后（转让信用证条款规定，所有费用由第二受益人承担）将 USD 50115. 1l 划入交单行账户，再将剩余的差价 USD 13837. 29 划入上海 ABC 服装公司在中国民生银行的账户

中国民生银行支付第二受益人款项报文如下：

------------------------------------------------------------------

\* FIN/Session/ISN .　　　　　　F01 . SS. . SEQ. .

\* Own Address　　　　　　　：MSBCCNBJA002

\* Input Message Type　　　　202　　　General Financial Institution Transfer

\* Sent to　　　　　　　　　PNBPUS3NXNYC

Priority/Obsol. Period：Normal/100 Minutes

------------------------------------------------------------------

20/Transaction Reference Number

　　0207TL07000034

21 /Relate Reference

　　BP95 B07 C01877

32A/Value Date，Currency Code，Amount

　　171008USD 50115，11

57A/Account With Institution

　　BKCHUS33

58A/Beneficiary Institution

　　BKCHCNBJ95 B

72/Sender to Receiver Information

　　/CHGBEN/OUR CHARGE USD 200，DED

## 实训习题5 阅读可转让信用证回答问题

### 不可撤销可转让信用证——原始信用证

Irrevocable Transferable Credit-Original Credit

Name of Issuing Bank

Malayan Banking Berhad

To：Sin Kee Company,

54 Queen Street，Hong Kong

Dear Sirs,

Place. and . date of issue

Penang，6 Oct. 2019

This Credit is advised through

Nanyang Commercial Bank Ltd. Hong Kong

At the request and on the instructions of China Aik & Co. , 71 Beach Street. Penang，we hereby issue an Irrevocable Transferable Credit No. 83095 for HKD30000. 00 （say Hong Kong dollars thirty thousand only）to expire on or before 30 Nov. 2019 at Hong Kong available with Nanyang Commercial Bank Ltd. . Hong Kong being Transferring Bank by Payment at sight against beneficiary's draft （s）at sight drawn on the advising bank accompanied . by the following documents：

（1）Signed Commercial Invoice 4 fold

（2）Full set of clean on board ocean bills of lading made out to order blank endorsed marked "Freight Prepaid"

（3）Insurance policy endorsed in blank for invoice value plus 10% covering all risks and war risk。

（4）Packing List 4 fold

All documents excluding invoice must be made in neutral name.

Evidencing shipment of 2000 pairs of rain boots at HKD15. OO CIF Penang per each pair.

Shipment from your port for transportation to Penang not later than 15 Nov. 2019

Partial shipments not allowed，Transshipment allowed

Documents to be presented within 15 days after the date of shipment，but within the validity of the Credit.

Reimbursement：

On receipt of the full set of the documents airmailed by you in compliance with the terms and conditions of the Credit，we shall authorise you by telex to debit our HK dollar account with you in reimbursement of your Payment.

this Credit is subject to UCP600.

Yours faithfully

Malayan Bankiny Berhad，Penang

signature （s）

**问题**：

（1）可转让信用证在该证中有什么标志？

（2）All documents excluding invoice must be made in neutral name. 该条款是什么意思？有何作用？

（3）商品是什么？

（4）装运条件有哪些？

（5）说明信用证开证时间、有效期、交单期。

（6）需要哪些单据？

（7）当事人有哪些？


**A "Request to Transfer" shows as follows：**

To：Transferring Bank，

Nanyang Commercial Bank Ltd. . Hong Kong


Dear Sire，

We request you to transfer an Irrevocable Tranderable Credit No. 83095 issued by Malayan Banking Bedmd，Penang in which please insert the following changeable new terms instead of the old terms：

（1）Beneficiary：Sin Kee Company，54 Queen Street，Hong Koug – First Beneficiary Second beneficiary：Hwa Yung Company，178 South Road，Macao.

（2）Credit amount：HKD26000. 00

（3）Expiry date：20 Nov. ，2019.

（4）Documents to be presented within 10 days after date of shipment

（5）Insurance amount for invoice value plus 27%

（6）Evidencing shipment of 2000 pairs of rain boots at HKD13. 00 CIF Penang per each pair.

（7）Shipment date：10 Nov. 2019

（8）Issuing date：11 Oct. ，2019

（9）Advising Bank：Nan Tung Bank of Macao，Macao

（10）Reimbursements：

Payment will be effected by us，the Transferring Bank，only when documents are received in full compliance with the tern and conditions of the credit and cover has been received under the Original Transferable Credit.

In respect of the amendments arisen hereafter to the Credit we wish to inform you that the first beneficiary retains the right to refuse to allow the trandenlng bank to advise amendments made under the original credit to the tranderee（second beneficiary）. Therefore the transferring bank must obtain approval of the first beneficiary before advising amendments to the transferee.

Yours faithfully,

Sin Kee Company, Hong Kong

Signature

（1）这是一份什么文件？

（2）有哪些需要修改的地方？

（3）Nanyang Commercial Bank Ltd.. Hong Kong 这个银行在原证中扮演什么角色？

（4）Applicant：Sin Kee Company, 54 Queen Street, Hong Koug-First Beneficiary Second beneficiary：Hwa Yung Company, 178 South Road, Macao. 在此表示什么意思？

（5）Expiw date：20 Nov., 2019. 和原证差别了多少天？

（6）Evidencing shipment of 2000 pairs of rain boots at HKD13.00 CIF Penang per each pair. 从该条款中发现该中转贸易有多大价差？

（7）Insurance amount for invoice value plus 27%，从该规定看，目的何在？

（8）In respect of the amendments arisen hereafter to the Credit we wish to inform you that the first beneficiary retains the right to refuse to allow the transferring bank to advise amendments made under the original credit to the transferee（second beneficiary）. Therefore the transferring bank must obtain approval of the first beneficiary before advising amendments to the transferee. 这句话是什么意思？

（9）Sin Kee Company, Hong Kong 是什么角色？

（10）Payment will be effected by us, the Transferring Bank, only when documents are received in full compliance with the tern and conditions of the credit and cover has been received under the Original Transferable Credit. 确切的含义是什么？

（11）你看出可转让信用证有何不足吗？

### Irrevocable Transferable Credit-Transferred Credit

| | |
|---|---|
| Name of Transferring Bank | Place and date of transfer |
| Nanyang Commercial Bank Ltd. | Hong Kong, 11 Oct., 2019 |
| To：Hwa Yang Company, 178 South | This Credit is advised through |
| Road, Macao | Nan Tung Bank of Macao, Macao |
| Dear Sirs, | |

We hereby inform you that an Irrevocable Transferable Credit No.83095 issued by Malayan Banking Berhad, Penang has been transferred to you as follows：

At the request and on the instructions of Sin Kee Company, 54 Queen Street, Hong Kong, we hereby transfer the above-mentioned Credit to you for HKD26000.00（say Hong Kong dollars twenty six thousand only）to expire on or before 20 Nov., 2019 at Hong Kong available with Nanyang Commercial Bank Ltd., Hang Kong being transferring bank by payment at sight against benefieiary´s draft（s）drawn onus accompanied by the following documents：

（1）Signed Commercial invoice 4 fold.

（2）Full set of clean on board ocean bills of lading made out to order blank endorsed and marked "Freight prepaid"

（3）Insurance Policy endorsed in blank for invoice value plus 27%

（4）Packing List 4 fold

All documents excluding invoicc must be made in neutral name.

Evidencing shipment of 2000 pairs rain boots at HKD13. 00 CIF Penang per each pair

Shipment from your port to Panang not later than 10 Nov. 2019

Partial shipments not allowed.

Transshipment allowed.

Documents to be presented within 10 days after the date of shipment，but within the validity of the credit.

documents are to be sent to the issuing bank in one airmail.

Reimbursements：

Payment will be effected by us. the Transferring Bank only when documents are received in full compliance with the terms and conditions of the credit and cover has been received under the Original Transferable Credit.

This advice must accompany your draft（s）and documents presented to us for claiming your proceeds.

This Credit is subject to UCP600.

Yours faithfully，

Nanyang Commercial Bank Ltd. ，Hong Kong

signature

## 实训习题6　案例分析

某年8月5日，通知行收到国外开证行开来的一份即期可转让信用证，最迟装船日为9月1日，有效期为9月10日。应第一受益人的要求，转让行将信用证转让给第二受益人。由于第二受益人急需资金，经第一受益人同意，允许受让地银行对第二受益人议付。9月15日转让行收到第二受益人的议付行寄来的全套单据，显示：装运日为9月1日；议付日为9月10日。经审查单据符合转让信用证条款，转让行就通知第一受益人换单。然而第一受益人已宣告破产，换单事宜无人过问。于是通知行在9月18日将全套单据寄开证行索汇。9月22日转开行收到开证行来电，指出单据存在不符点，并予以拒付。

在该案例中，可转让信用证对于第二受益人的风险有哪些？如何防范？

## 实训习题7　读背对背信用证回答问题

## Original Irrevocable Credit

Name of Issuing Bank：Overseas Union Bank

Place and date of issuing：Singapore，29 April，2019

To：Tai Hwa Textiles Co.，410

This Credit is advised through ABC Bank，Hong Kong Chambers St. Hong Kong

Dear Sirs，

We have established our Irrevocable Letter of Credit No. 8/3759 in your favor for account of Kim Hwa Textile Arab St.，Singapore for a sum of not exceeding HKD 94500.00（SAY Hong Kong dollars ninety four thousand five only）available with us by payment at sight against beneficiary′s draft（s）at sight drawn on us against benefiary's at sight drawn on us for 100% of the invoice value accompanied by the following documents in duplicate：

−signed invoices

−certificate of origin；

−weight/packing lists；

−insurance policy/certificate covering marine war risk and all risks for 110% of invoice value

−full set of clean on board bills of lading marked "Freight prepaid" made out to order blank endorsed.

All documents excluding invoice must be evidencing shipment of approximate 37800 yards Dyed Cotton Piece-goods at HKD2.50 per yard CIF Singapore not later than 15 July，2019.

Partial shipments are not allowed

Transshipment is allowed

This Credit expires on or before 30 July，2019 at our counter.

Credit must contain the clause Drawn under Overseas Union Bank，Singapore credit No，8/3759 dated 29 April，2019.

We hereby undertake to honour all drafts drawn in compliance with the terms and conditions of this credit.

This credit is subject to UCP600.

Yours faithfully，

Overseas Union Bank，Singapore

问题：

（1）当事人有哪些？当事人之间的关系如何？

（2）说明开证时间和地点？

（3）汇票有哪些要求？

（4）还有那些单据？

（5）是否允许转运和分批装运？

（6）列出有效期和地点。

## Back-To-Back Credit Application

The applicant: Tai Hwa Textiles Co., Hong Kong presented an Application accompanied by the Original Irrevocable Credit 8/3759 to request Bank of Asia, Hong Kong to issue a Back-To-Back Credit on their behalf and for their account.

The applicant hereby expressed that the beneficiary of the Original Credit must supply funds to the Issuing Bank of the back-To-Back Credit to meet its payment obligation on the Back-To-Back Credit. The instructions as contained in Application are as follows:

beneficiary: China Textiles Imp. & Exp. Corp., Shanghai

issuing date: 5 May, 2019

credit No. 02217

Credit amount: HKD82782.00

Advising Bank: ABC Bank, Shanghai

Applicant: Tai Hwa Textiles Co., Hong Kong

Amount in words: Hong Kong dollars eighty two thousand seven hundred and eighty two only

Draft (s): at sight drawn on us

* Insurance Policy/Certificate showing applicant as insured covering marine war risks and all risks for 125.6% of invoice value

* Bills of Lading showing applicant as shipper marked freight prepaid made out to order blank endorsed

* All documents excluding invoice, L/P, B/L, must be made in a neutral name in replacement of the name of beneficiary

* Evidencing shipment of approximate 37800 yards Dyed Cotton Piece-goods at HKD2.19 per yard CIF Singapore

* Shipment must be effected not later than 30 June, 2019.

Expiry date: 15 July, 2009 at our counter

Credit available with us by payment at sight

For Tai Hwa Textiles Co.,
Hong Kong

（1）列出当事人之间的关系。

（2）列出有效期和开证日期。

（3）单据有哪些，要求如何？

（4）价差有多大？

（5）最晚装船期是何时？

（6）和原证的有效期有多少天差别？

（7）Draft (s): at sight drawn on us 中的 us 指谁？

（8）信用证中中间商如何隔断实际买家和供应商之间的信息联系？

## 实训习题8　读背对背信用证回答问题

Back-To-Back Irrevocable Credit

Name of Issuing Bank Bank of Asia

Place and date of issue Hong Kong，5 May，2019

To：China Textiles Imp. & Exp. Corp. Shanghai

This Credit is advised through ABC Bank，Shanghai

Dear Sirs，

We hereby open an Irrevocable Letter of Credit No. 02217 in your favor for account of TaiHwa Textiles Co.，Hong Kong up to an aggregate amount of HKD82782. 00（say Hong Kong dollars eighty two thousand seven and eighty two only）available with us by payment at sight against beneficiary's draft（s）at sight drawn for 100% of invoice value accompanied by the following documents in duplicate：

　－signed invoices

　－certificate of origin

　－weight/packing lists

　－insurance policy/certificate showing applicant as insured covering all risks and war risks for 125. 6% of invoice.

　－full set of clean shipped on board bills of lading showing applicant as shipper marked "freight prepaid" made out to order blank endorsed

All documents excluding Invoice，I/P，B/L，must be made in a neutral name in replacement of the name of beneficiary

evidencing shipment of approximate 37，800 yards Dyed Cotton Piece-goods at HKD2. 19 per yard CIF Singapore.

Shipment must be effected not later than 30 June，2019.

Partial shipments are not allowed

Transhipment is allowed

Expiry date：15 July，2019 at our counter

All drafts drawn hereunder must indicate the number，date，and name of issuing bank of the credit.

We hereby engage that payment will be duly made against Sight draft and documents presented in conformity with the terms and conditions of this Credit.

The original credit No. 8/3759 is the means of payment in which the issuing bank will obtain funds on the documents presented to meet the payment obligation meet this back-to-back credit.

This Credit is subject to UCP600.

your faithfully

Bank of Asia，Hang Kong

（1）当事人有哪些？

（2）列出有效期和地点。

（3）单据要求有哪些？

（4）装运条款有哪些？

（5）汇票的要求是什么？

（6）开证的依据，原证号码是多少？

（7）列出信用证的种类和依据。

（8）提单有何要求，showing applicant as shipper 出于什么目的？

（9）All documents excluding Invoice，I/P，B/L，must be made in a neutral name in

（10）bank will obtain funds on the documents presented to meet the payment obligation meet this back-to-back credit. 这个条款是什么意思？

（11）比较一般跟单信用证和背对背信用证的差异。

（12）列出背对背信用证对实际供货商和中间商的利弊。

## 实训习题 9　列出背对背信用证和可转让信用证的区别

## 实训习题 10　案例分析

内地某公司（卖方）与中国香港某进出口公司（买方）签订一份出口合同，支付方式为信用证。在规定的时间内，中国香港进出口公司按合同规定开立了以卖方为受益人、金额为 10 万美元的背对背信用证，开证行为 A 银行。卖方收到信用证后，装运货物，并备好信用证下所要求的全套单据交国内 B 银行审核。B 银行在审核单据时，发现提单"Pre Carriage"一栏显示船"ASIMONT0161 022S"，"Place of receipt"一栏空白，"Vessel Name"一栏显示船名"EVERREFINE0720RW 010"，"装货港"为上海港，"卸货港"为印度 CALCUTFA。于是，B 银行向卖方提出：提单载货船名不明确。要求卖方修改提单，或在提单上做装船批注时注明在装货港所载船名。卖方认为中国香港进出口公司为老客户，信誉良好，指示银行寄单。此后，A 银行提出修改卸货港，修改通知在 B 银行寄单之后到达，即使卖方接受修改，也无法做到。但 A 银行坚持修改卸货港。若干天后，B 银行收到 A 银行不符点通知电：提单显示两个船名，但"已装船批注"未标明货物装载船名，并依此拒付。买卖双方几经交涉未果。卖方遂提出仲裁。基于双方的友好合作关系，最终达成以下协议：修改提单，扣款 1 万美元作为付款条件。

根据以上案例回答问题：

（1）中国香港企业申请开证的港口不确定目的何在？

（2）教训是什么？

# 第七章　国际结算中的审单

### 知识要求

通过对本章的学习，学生应掌握以下知识点：审单的原则和方法、具体单证的审核方法、常见单据瑕疵和单证不符的处理方法等。知识要求主要体现在第一部分审单常识部分。

### 技能要求

通过本章的学习，学生应当掌握的操作技能包括：读懂信用证对单证的要求、结合商业惯例识别常见的单据问题、掌握提单的审核方法、掌握汇票的审核方法、掌握商检证书的审核方法和掌握单证出现不符点的处理技能。学生通过完成第二部分的实训习题来掌握以上技能和操作方法。

### 关键术语

审单的原则　审单的方法　单据不符

# 第一部分　审单业务的常识

单据的审核是一项技术性较强的工作，同时对审单人员的责任心亦有较高要求。对于单据的审核，可以是出口商在交单以前的自我审核，也可以指交单给银行后银行通过对单据的审核以查明是否有不符点。在上述两种情况下审单都应以信用证要求与信用证管理为依据。对于银行来说，更应关注单据的表面状况，而不能以有关事实来影响对单据合格性的判断。单据的审核对象包括整套单据，如信用证项下的汇票、发票、提单、保险单以及其他单据。

## 一、审单的原则

### （一）单证一致

所谓单证一致是指单据的名称、内容、签署等符合信用证的要求，任何微小的不符点都有可能成为银行拒付的理由。因此，受益人或审单银行应仔细阅读信用证文本，确实领会其要求，并在单据中正确反映出来。需要注意的是，被审核的单据应是信用证要求的单据，对于信用证未做要求的单据，无须审核；即使其中内容可能与信用证所要求的单据的内容不一致，或不符合信用证规定，也不需理会。

### （二）单单一致

所谓单单一致是指单据彼此之间应协调一致，不能互相矛盾。如果出现单单不一致的现象，也可以被认为是单证不一致，从而遭到买方或银行的拒绝。单单一致的含义并非强求所有单据中相同的项目（如货物描述）必须有相同的表述，实际上除发票中的商品描述应严格与信用证相符外，其他单据可采用该商品的统称，只要不与发票及信用证规定相矛盾即可，但不能使用同一商品的另一种名称，因为这将使有关单据从表面上看涉及两种货物而缺乏彼此的联系。例如，某信用证规定所购货物为"中国香港鸭毛，净毛85%；12包，每包5先令"，发票描述与信用证完全一致，但提单上仅标明"中国香港鸭毛12包"，申请人以此为不符点而提出拒付，但被银行拒绝，因为提单使用的是与发票及信用证描述不矛盾的统称，因而是合格单据。

## 二、单据审核的方法及依据

### （一）依据国际商会《跟单信用证统一惯例》（UCP600）条款审单

UCP600是一项具有国际性、权威性的信用证单证处理惯例，但它不具有强制性的法律效力。因此，各方当事人在协议的基础上，完全可以在信用证内约定与该惯例完全相反的条文，以排除或限制该惯例的有关规定。

### （二）银行审核单据可以先进行纵横审核，然后再进行综合复审

纵横审核法，首先是纵向审核，即根据信用证的条款逐字逐句地审核各种单据，要求两者严密一致。例如，信用证中规定使用联合运输单据（CTD）必须注明"on board"（已装船），那么CTD就非注明"on board"不可，以达到"单证一致"的要求。然后是横向审核，即以商业发票为中心，与其他单据相对照，要求单据与单据之间内容相同的项目或有关的项目相互一致。如发票上的货物标志与海运提单、保险单、重量单、装箱单等单据上的货物标志应一致，这就达到"单单一致"的原则。综合复审是在纵横审核的基础上，

在单据与信用证、单据与单据之间所进行的综合复查。

### （三）可用的参考依据

国际商会经常编印不少有关信用证统一惯例疑难及解答等资料刊物，虽然此等资料刊物并不能视为等同 UCP600，但有关的意见参考价值相当高。因此在许可的情况下，应尽量参考国际商会的意见。很多银行对不符点的争辩，也引用国际商会的意见作为本身的依据，所以在审单时不能忽视此类资料刊物中的意见，但必须留意其可应用度、可行性及是否与 UCP600 存在矛盾或争议。除上述国际商会的资料外，各主要国家的法庭判决的个案极具参考价值，著名信用证的法律权威 Raymond Jack 大法官所著 Document Credit 书也很有参考价值。

对不符点的处理要小心，不可轻率大意，也不可过于挑剔，否则可能导致银行蒙受经济或信誉上的损失。而对于有争议性的不符点的决定及单据的处理办法最终由单证中心管理人员决定，对于具争议性或较轻微的不符点，审单人员可在审单表格中加以标注，让管理人员留意审批。

## 三、单据审核的基本要求

### （一）汇票审核的基本要求

（1）信用证项下的汇票应列明开证行名称及其信用证编号作为缮制汇票的依据，即信用证上的"出票条款"（drawn clause）必须与汇票相符。

（2）汇票的出票人应为受益人并有盖章或手签；汇票收款人必须与信用证相符，如无规定时，应认为收款人即议付行；汇票的付款人应与信用证规定一致。

（3）汇票的付款期限也应符合信用证规定，出票日期不得迟于信用证的有效期。

（4）汇票金额不得超过信用证规定，大、小写亦应一致，使用的货币也应符合信用证的要求；汇票上不应有涂改，信用证金额如有"about"（大约）字样时，汇票金额不得多于10%；汇票的货币名称应与信用证及商业发票为同一币种。

### （二）商业发票审核的基本要求

商业发票是受益人开给进口商的进货凭证，它也是海关课税的主要依据。

（1）发票的签发人与受益人以及汇票的出票人应为同一人，除非信用证另有规定，否则出票的抬头人应为信用证的开证人。

（2）发票上的商品描述（description of goods），如商品名称、品质、单价、数量、重量及包装等必须与信用证规定完全一致。若信用证货物和金额条款有"about"字样，则货物数量可在10%的幅度内增减。但若 L/C 中数量的规定有"about"字样，而金额条款里没有该字样，则货物只能在10%幅度内少装，不能多装。另外，即使信用证中有关货物数量和金额均没有"about"字样，在支取金额不超过信用证金额的条件下，货物数量也允许有5%的伸缩（信用证规定数量按包装单位或个数计数时，此项伸缩不适宜）。

（3）发票的总金额不得超过信用证金额，而要与汇票金额相符。

（4）各项数字计算正确，发票份数与信用证的要求一致。

（5）发票上的价格条件（如 CIF、CFR、FOB）、装运唛头、数量、船名、起运港、起运日期、目的港等应与其他单据一致。

（6）certification 事项，信用证要求填写的证明事项，应核对是否已列明并相符。

（7）如 L/C 要求受益人在发票中做出声明文句，应核对有无遗漏。例如，有的求 FOB/CIF 等交易条件的商业发票需有如下声明："兹声明，本发票列商品的原产地系××地，所列的价值正确无误，与本公司账面相符。"

### （三）货运单据（提单）审核的基本要求

提单（bill of lading）为外来文件之一，并非受益人自行制作。

（1）提单必须是全套的，并经承运人船公司签署。

（2）除非信用证有特别规定，否则提单应作成已装运提单，并经船公司注明 shipped on board"（已装船）字样才能生效。

（3）提单上不得有任何说明瑕疵的批注，也即只能提交清洁提单。提单上的名、唛头、数量、重量、船名等应与信用证一致，并与其他有关单据相符。

（4）提单抬头如为"to order of shipper"（托运人抬头）或为"to order"时做空白背书，或（空白抬头）完整背书。

（5）提单的托运人通常为出口商，如信用证无特别规定，第三者提单（third party bill of lading）可以接受。

（6）提单的背书，应审核提单是否该背书时未背书。信用证要求空的抬头，诸如"to order of issuing bank""to order of buyer""to order of negotiating bank""to order of shipper"等，都要做成空白背书或记名背书，否则无法提货。收货人为"to order of negotiating bank"时，议付行应背书。抬头如为指定的货人，一般可不必加具背书，除信用证有特别规定。

（7）提单上的价格条款或有关运费的记载必须与信用证以及发票一致。如价条件为 CIF 或 CFR，则应注明"freight prepaid"（运费预付）。

（8）提单的签发日不得超过信用证上所规定的最迟装船日期。

（9）提单内若有修改之处，须经船公司签章更正。

### （四）保险单审核的基本要求

（1）保险单应具备法定要件，并由信誉卓著的保险公司签发。

（2）投保的险别必须是信用证所规定的，其保险期限应与整个过程相适应。

（3）投保币别必须与信用证币别相同，投保金额通常是发票金额的 110%。

（4）保险单上记载的船名、船程、转运港、卸货港、起运口期等内容必须与提单一致。投保货物名称、数量、唛头等内容应与提单、发票或其他单据一致。

（5）保险单的签发日期应早于提单日期，最迟不得迟于货运单据的签发日期。

（6）信用证要求提交保险单时不得用保险凭证替代。

（7）被保险人通常为信用证受益人。除非信用证另有规定，保险单一般是可转让的，故须由受益人做成空白背书。

### （五）检验证明书审核的基本要求

检验证明书是指商品已经检验且表明该商品的品质、规格、成分、数量或包装符合相关标准的文件。

（1）此项文件必须由信用证所规定的机构检验签发，并与信用证的要求相符。如信用证要求品质证或卫生证等类似检验证明书时，也要注意单据名称必须符合信用证的规定。

（2）检验结果是否与信用证的要求一致。

（3）货物名称、规格、唛头须与商业发票一致。

（4）应有检验人的手签，证明货物已检验合格。依信用证规定，检验人可能为出口国的政府机构、独立的公证行、同业公会、鉴定人、制造厂商、进口商在出口地的代表或代理人，有时也可为出口商本身。

（5）这些检验证明书的检验日期不得迟于装运日期，但也不应距离装运日期过早。

### （六）产地证明书审核的基本要求

产地证明书应由出口地的法定机构签发，用以证明所发货物确系在该出口地生产，这是进口方要求出口方提供的装运文件之一。进口方要求产地证明的主要目的在于核定关税之用。

（1）对此类文件的审核要注意货品的名称、品质、数量及价格等记述应与商业发票或其他有关单据一致。

（2）产地证明书的证明机构是否符合信用证的要求。

（3）进口商或收货人的名称是否与信用证相符。

（4）所证明的原产地国别是否与信用证要求一致。

（5）证明日期不能迟于装船日期。

（6）如信用证要求标明制造厂商名称时，注意不能遗漏。

（7）应有证明机关的签署。

### （七）装箱单、重量单审核的基本要求

装箱单、重量单的提供目的是为了证实装运货物的详细内容，包括毛重、净重、规格品种等。这些单据必须与商业发票一致，且不应与提单的内容有出入。

## 四、常见的单据不符点

### （一）时间方面

（1）延迟装运（late shipment）。

（2）信用证过期（credit expired）。

（3）未在最迟交单期内提交单据（documents not presented in time）。

（4）提早装运（early shipment）。

## （二）装运方面

（1）做成转运（transshipment effected）。

（2）短装（short shipment）。

（3）超装（over shipment）。

（4）做成分批装运（partial shipments effected）。

（5）货物装卸港与信用证规定不符（shipment made between ports other than those stated in the credit）。

## （三）金额方面

（1）超支（over drawing）。

（2）超过信用证金额（credit amount exceeded）。

（3）少开支款金额（short drawing）。

（4）发票金额与汇票金额不符（the amounts shown on the invoice and draft differ）。

## （四）汇票方面

（1）汇票付款人不正确（drawee incorrect）。

（2）汇票付款人弄错（draft drawn on a wrong party）。

（3）汇票付款人日期不确定（draft payable on an indeterminable date）。

## （五）发票方面

（1）发票的货物描述与信用证不符（description of goods in invoice differs from that in the credit）。

（2）发票的贸易条件不正确（invoice does not show trade terms）。

（3）发票的参考号码与信用证上的不一致（reference number on invoice not in accordance with the credit）。

## （六）保险方面

（1）提交保险单据的类型与信用证要求不符（presentation of an insurance document of a type other than that required by the credit）。

（2）保险险别与信用证规定不符（insurance risks covered not as specified in the credit）。

（3）保险投保货币与信用证不符（insurance cover expressed in a currency other than that of the credit）。

（4）保险金额不足（under insured）。

（5）保险生效日期未自提单装运日起算（insurance not effective from the date of

shipment on the B/L）。

（6）保险日期迟于提单装运日期（insurance dated after than the date of shipment of the B/L）。

（7）保险单/凭证没有正确背书（insurance policy/certificate not endorsed correctly）。

（8）保险单理赔地点与信用汪规定不符（insurance policy indicating place of setting claim differs from that in the credit）。

（9）收到保险声明，通知书没有交来（acknowledgement of insurance declaration not presented）。

（10）提单日期与保单日期不一致（the endorsement dated which differs from The insurance policy）。

### （七）提单方面

（1）加注条款（或不清洁）提单（clause B/L or unclean B/L）

（2）租船合约提单（charter party bill of lading）。

（3）运输行发出分提单（house B/L）。

（4）运输行发出分航空运单（house air waybill）。

（5）未能证明货物已装船（not evidence of goods actually shipped on board）。

（6）提单未注明运费是否已经支付（bill of lading does not evidence whether freight paid or not）。

（7）已装船批注没有日期（on board notation not dated）。

### （八）单据与单据之间

（1）单据之间唛头和号码互不一致（marks and numbers differ between document）。

（2）汇票、保险单或提单背书不正确（draft, insurance policy B/L not endorsed correctly）。

（3）缺少信用证所要求的单据（absence of documents called in the credit）。

（4）单据之间重量不同（weights differ between documents）。

（5）各项单据内容矛盾（documents inconsistent with each other）。

（6）需要签字的单据交来时没有签字（absence of signature, where required, on documents presented）。

### （九）信用证方面

（1）信用证转让（L/C transferred）。

（2）提单上未标明"运费已付"而信用证要求 CFR or CIF。

## 五、指定银行对单据的处理

### （一）审单相符指定银行的工作

指定银行审核单据确定单单一致后，对受益人应该办理议付/付款/承兑汇票，对开证行应该寄单索偿。现就指定银行对受益人的工作分述于下。

**1. 议付行要对相符单据予以议付**

议付行审单相符时，按照票面金额扣减垫款利息，将净款立即付给受益人，这就是议付行为。

**2. 付款行要对相符单据予以付款**

付款行按照票面或单据面值即期付款给受益人。国际商会出版物第 371 号第 7 条指出：付款信用证和议付信用证的区别在于付款信用证项下通知行履行付款时，没有表示保留追索权，则它对于受益人就没有追索权了；若在议付信用证下，通知行对受益人交来单据的议付是有追索权的，除非通知行保兑此证，它才没有追索权。

**3. 承兑行要对相符单据承兑汇票**

承兑行在审核单据相符后一方面将已承兑汇票退受益人保管；另一方面寄单给开证行，通知开证行汇票已承兑，请开证行在到期日偿付给承兑行。俟到期日承兑行一方面凭受益人提示汇票予以付款，此项付款无追索权；另一方面获得开证行偿付。

## （二）指定银行对于不符单据的处理方法

受益人提交了不符合信用证要求的单据时，保兑行或指定银行按照下列方法之一处理。

**1. 单据寄给受益人进行修改**

在信用证规定的期限内，若一些个别细小的不符点，或因打字拼写方面的失误所引起的不符点，一般可以更正或重新制作的，可立即退回受益人更改。这类情况比较常见，例如受益人漏在有关单据上签字、单据的份数不足、漏打日期等。单据的更正修改必须在信用证有效期间及单据提示期间进行。

**2. 担保议付**

担保议付可分两种方式。

（1）受益人向议付行提交担保书，保证如果开证行拒绝偿付时，受益人将退款并负担利息和其他费用。押汇银行应综合考虑出口商的偿付能力、单据不符点程度、议付金额、产品销路情况、开证行与议付行的业务往来关系等，并考虑是否要出口商提供等值抵押物。

（2）由议付行向开证行提出担保，保留议付（negotiated under reserve），并在议付通知中加以注明，在大多数情况下，运用保证书能够起到一种有用的"润滑"作用，以弥补单证、单单不符所造成的不良后果。在涉及过期提单的情况下，则几乎是唯一可行的办法。买方通常毕竟还是想要提取货物的。保证书可以有效地保护进口商的权益，特别是如果由于拖延而产生的仓储费用昂贵且须由进口商负担的情况下。然而，应注意的是，在实务中保证书的作用必须会在某种程度上削弱"无追索"这个概念；而这个概念，在信用证交易中对于出口商是极为重要的。

**3. 电提（cable negotiation）**

金额较大的单据不符点，或较为严重的不符点，如起运港或卸货港不符、提单上有些不良批注、唛头不符、过期装船、过期交单等，这些不符点会影响收货人的实质性利益，同时又无法或很难修改的，可采取电提的办法，即先行以电报或电传方式，将单据的不符点提出，征求开证银行意见，由开证行再洽开证申请人接受后，再按正常的押汇处理。但电提的相关费用应由出口商负担。

电提的内容应简明扼要，例如 early shipment，则电提报文内容如下。

You L/C No.（信用证号码）

Favoring（受益人）

May we negotiate bill（押汇金额）

With board date（装船日期）

In reply mentioning our BP No. ×××

电提应注意的事项：

其一，通常电提的前提条件，就是议付银行与开证银行之间有密押关系，否则，回电的真伪难辨。

其二，若单据的不符点较多或较复杂，电提往往难以叙述清楚，或容易引起对方曲解。

其三，议付行是按开证行的回电指示办事，而不能凭进口商的意见办事，故收到回电时，应注意辨明是否为开证银行的明确指示。例如回电为"our customer agreed discrepancies mentioned"或类似文句，说明的只是进口商的观点，因此还不能凭此进行议付。只有收到下列回电或类似下列文句的回电时，才可办理议付："You may negotiate despite discrepancies mentioned"。因为如果没有开证行明确地表示同意的文句，押汇银行的索偿便没有保障。

其四，若开证行的回电语句不明确，或易产生歧义时，则应改以托收方式办理为宜。

**4. 改为证下托收方式办理**

若单据不符点比较严重，或以上的措施无法采用或不能奏效，则可要求出口商改为跟单托收方式办理结算。

### （三）受益人对不符点单据的处理

**1. 洽请进口商接受不符点**

在非严重不符点的情况下，可以采取洽请进口商接受不符点的办法。通常单据的一些不符点如无令进口商受损的可能，进口商为顺利获得货物，会同意接受此类单据。而开证行只是按开证申请人的指示办事，开证申请人同意接受单据，开证行一般不会有异议。

有时受益人也可通过议付行与开证行联系，请求开证行与开证申请人洽商接受不符点。因为根据《UCP600》第16条B款"当开证行确定交单不符时，可以自行决定联系申请人放弃不符点，然而这不能延长第14条B款所指的期限"。可见，开证行有"自行决定联系开证申请人，请其接受不符点"的权利。

**2. 请求保留付款或议付（payment or negotiate under Reserve）**

除议付行以外，付款行、承兑行或保兑行对受益人付款是没有追索权的，它们只能从开证行处获得偿付。即使是议付行，也不愿意因议付了不符点单据而冒风险。此时，受益人可洽请这些中间银行采取保留付款或议付的方式，亦即假若这些中间银行遭到开证行的拒绝偿付，对受益人仍享有追索权。保留付款或议付只是受益人与中间行之间的安排，与开证行没有关系。保留付款或议付适用于单据不符点不太严重的情况下使用。这种方法与保证书基本相似的，但在这种情况下没有正式文件，只凭口头协议付款，体现了出口商与银行之间的高度信任。

**3. 征求意见方式寄单**（document sent for approval）

如果一套单据存在好几处不符点，出口地银行将不予支付出口商的汇票，只把全套单据寄给海外的开证行，由开证行转交进口商，由进口商选择是接受或拒绝接受单据。若开证行通知寄单行单据已被接受，则视同普通信用证业务来办理；如决定拒绝接受单据，必须尽快通知寄单行。

**4. 改为信用证下的托收**（handling of documents on a collection basis）

若单据存在严重不符点，或信用证已经过期，已无继续使用信用证结算的可能，受益人可改以托收方式结算。由于该项托收不是以托收为其支付手段的买卖合同，而是在买卖合同中规定以信用证为支付方式时，运用托收方式结算，故称为信用证下托收。在这里，出口地银行所做的寄单成了托收寄单，而原开证行成了代收行。

信用证结算改为托收结算后，意味着银行信用改成商业信用。因此，对出口商而言，收汇的风险相对增大。

## 六、开证行对单据的处理

### （一）审单相符开证行的责任

开证行审核单据发现不符点时，如果信用证有效日期和最迟交单期尚未到期，允许受益人到开证行处修改单据。

信用证规定了偿付行时，指定银行一方面寄单给开证行，另一方面向偿付行索偿。开证行收到单据，审核发现不符点时，开证行有追索权，可向受益人追索偿付行已付之款。

申请人如果认为受益人交来假提单，要求开证行拒付时，银行不负责辨认单据真伪，也不能凭申请人要求而拒付。倘若申请人有证据确定受益人是有欺诈骗款行为，他应依据法律提起诉讼，要求法院向开证行发出禁止付款命令或制止命令（参照国际商会出版物第535号第三案例）。

开证行审单相符后的责任是：

（1）对已付款、已承担延期付款责任、已承兑汇票或已议付的指定银行予以偿付。

（2）接受单据。

### （二）审单不符开证行对单据的处理

开证行审单确定单据不符合信用证条款，它可征求申请人的意见，如申请人同意接受不符点，则开证行凭此付款；如申请人不愿接受不符点，它可拒绝单据，主张拒付。开证行的拒付必须按照 UCP600 第 16 条的有关规定，做到以下各点。

**1. 拒付时必须以单据作为依据**

开证行、保兑行（如有）、指定银行必须以单据作为依据，就其表面所示，审核与信用证条款是否相符，如不相符，它们可以拒受单据，故银行只凭单据不符而拒付，不能凭货物不符而拒付。

**2. 必须在五个工作日内拒付**

开证行审核单据最长不超过五个工作日，发现不符点，它可以自行确定是否拒付，还可确定联系申请人请其接受不符点，如果申请人不同意，它应在五个工作口的时限之内，发出拒付通知。

**3. 以电信方式通知寄单行**

采取 SWIFT、cable、telex 等方式通知寄单行，不得采用航邮书信通知。通知必须是开证行的拒付，电文不可使用"buyers refuse"或"our customer refuse"。

**4. 说明全部不符点**

拒付通知书必须在第一次电文中说出所有的不符点，第一次没有提出的不符点即表示弃权，不允许有第二次提出新增加的不符点，不然将遭到对方反驳。

**5. 说明单据听候处理或退回**

开证行提出拒付意味着买方不付货款，货物所有权仍归卖方，代表物权的单据就要听候寄单行（代表卖方）处理，或者退回寄单行，开证行不得一面主张拒付，另一面将单据交给申请人去提货，那将协助买方骗取货物。开证行通常采取单据代为保管，听候寄单行处理，这样可使买、卖双方商洽折中办法，让买方最后接受不符单据。如果申请人一开始就坚决拒付，开证行可将单据退还寄单行，此时开证行应注意和防范该证如在有效期内和最迟交单期内，受益人接到拒付单据后补单。

寄单行在寄单面函上写出单据不符点，并通知开证行以此保留权利或赔偿付款、承兑或议付。单据寄到开证行，开证行不受写出不符点的约束，也不受保留权利或赔偿担保的影响，仍按正常程序审单，发现不符点，联系申请人，在五个工作日内发出拒付电，代管单据听候处理。

如果开证行未按以上 1~5 项办理，它就无权（或失权）主张拒付，应承担付款责任。

现将上述五项归纳为四个要点：

（1）没有在 5 个工作日内发出拒付通知。

（2）没有用电信方式通知拒付不符点给寄单行。

（3）说出一切不符点被寄单行——驳回不能成立。

（4）未将不符单据代为保管听候处理，未将单据退回。

以上四个要点涉及其中一项，开证行就无权拒付。

# 第二部分　审单业务实训习题

## 实训习题 1　根据所给资料审单

FROM：STATE BANK OF MAURITIUS，PORT LOUIS MAURITIUS

TO：BANK OF CHINA SHANDONG BRANCH

MT700. ISSUE OF A DOCUMENTARY CREDIT

SEQUENCE OF TOTAL　　　　　：27：1/1

FORM OF DOCUMENTARY CREDIT：；40A：IRREVOCABLE

Documentary Credit Number　　　：20：19143658 FMK

DATE OF ISSUE　　　　　　：31C：180104

DATE AND PLACE OF EXPIRY　：31D：180330 CHINA

APPLICANT　　　　　　：50：LI YOUN FONGANDSONSLTD

BENEFICIARY　　　　：59：SANTO DIY TOOLS AND HARWARD CO LTD

NO 1 QUTANGXIA ROAD QINGDAO CHINA

CURRENCY CODE, AMOUNT　　32B：USD2950. 84

AVAILABLE WITH. . . BY. . .　：41D：ANY BANK BY PAYMENT

DRAFTS AT. . . ：42C：SIGHT

DRAWEE. . . ：42A：STCBMUMU

　　　　　　　　　　　+ STATE BANK OF MAURITIUS

　　　　　　　　　　　+ LOUIS MAURITIUS

PARTIAL SHIPMENT：43P：ALLOWED

TRANSHIPMENT：43T：ALLOWED

Loading/Dispatch/Taking/From

　ANY CHINESE PORT

EORTRANSPORTATION TO：44B：

　PORT LOUIS，MAURITIUS

LATEST DATE OF SHIPMENT　　：44C：180305

DESCRIPTION OF GOODS/SERVICES 45A：

　　TOOLS AS PER PROFORMA INVOICE NO 170/2001/1431，CIF

DOCUMENTS REQUIRED　　　　46A：

+ SIGNED INVOICE IN 4 COPIES IN THE NAME OF OPENERS SHOWING SEPARATELY

THE FOB INSURANCE AND FREIGHT VALUES QUOTING INDENT NO 2247

+ FULL SET OF CLEAN SHIPPED ON BOARD OCEAN BILLS OF LADING DRAWN ON

OR ENDORSED TO THE ORDER OF STATE BANK OF MAURITIUS LTD SHOWING FREIGHT PREPAID AND MARKED NOTIFY STATE BANK OF MAURITIUS LTD AND APPLICANT. B/L SHOULD ALSO INDICATE THE THE NAME AND ADDRESS, TELEPHONE AND FAX NUMBER OF CARRIER′S AGENTS AT DESTINATION.

+ MARINE INSURANCE CERTIFICATE IN DUPLICATE DRAWN TO ORDER AND BLANK ENDORSED FOR TEN PER CENT OVER THE INVOICE VALUE COVERING MARINE RISKS AS PER

A. INSTITUTE CARGO CLAUSES A.

FROM WAREHOUSE TO FINAL WAREHOUSE IN MAURITIUS. INSURANCE

CLAIMS PAYABLE IRRESPECTIVE OF PERCENTAGE IN MAURITIUS.

IF GOODS ARE SUBJECT TO TRANSHIPMENT, RISKS OF TRANSHIPMENT MUST BE COVERED UNDER THE MARINE POLICY.

+ PACKING LIST IN TRIPLICATE.

ADDITIONAL CONDITIONS      : 47A：

ALL DOCUMENTS PRESENTED MUST BE MARKED′DRAWN

UNDER LC NO. I9143658 FMK.

2. 5 PCT COMMISSION WILL BE DEDUCTED FROM CIF VALUE UPON

NEGOTIATION AND PAYMENT WILL BE EFFECTED BY US TO GENERAL HARDWARE AND ELECTRICAL AGENCIES, PO BOX ES60 72 ROYAl ST, PORT LOUIS, MAURITIUS.

SHIPPING MARK MUST BE SHOWN ON ALL DOCUMENTS.

TRANSPORT DOCUMENTS BEARING REFERENCE BY STAMP OR

OTHERWISE TO COSTS ADDITIONAL TO THE FREIGHT CHARGE, SUCH AS COST INCURRED IN CONNECTION WITH LOADING, UNLOADING OR SIMILAR OPERATIONS ARE NOT ACCEPTABLE.

CHARGES      : 71B：ALL OVERSEAS BANKS CHARGES ARE FOR BENEFICIARY'S ACCOUNT

PERIOD FOR PRESENTATIONS：48：15 DAYS FROM SHIPMENT DATE

CONFIRMATION INSTRUCTION：49：WITHOUT

INSTRUCTION TO BANK      : 78：

USD65 (OREQUIV) WILL BE DEDUCTED AT PAYMENT FOR EACH PRESENTATION OF DISCREPANT DOC. THIS CHARGE IS FOR ACCOUNT OF BENEEDOCS TO BE SENT BY EXPRESS COURIER IN 2 SETS

WE SHALL REMIT PROCEEDS UPON RECEIPT OF COMPLIANT DOCS AT OUR COUNTERS

THE PRESENT CREDIT IS SUBJECT TO UCP FOR DOCUMENTARY CREDIT ICC PUBLICATION 600

TWO ORIGINALS

## DRAFT

NO. ST/29000 QINGDAO 12 MAR 2018

EXCHANGE FOR USD2950. 84

AT SIGHT OF THIS FIRST OF EXCHANGE (SECOND OF THE SAME TENOR AND DATE UNPAID) PAY TO THE ORDER OF BANK OF CHINA

THE SUM OF U. S. DOLLARS TWO THOUSAND NINE HUNDRED AND FIFTEEN AND CENTS EIGHTY FOUR ONLY.

DRAWN UNDER LC NO. I9143658 FMK OF STATE BANK OF MAURITIUS. ,

PORT LOUIS

MAURITIUS. DATE OF ISSUE：180104.

TO：STATE BANK OF MAURITIUS. , PORT LOUIS SANTO DIY TOOLS

AND HARDWARE CO. , LTD.

MAURITIUS

SANTO DIY TOOLS AND HARDWARE CO. , LTD

NO. 1 QUTANGXIA ROAD. , QINGDAO, CHINA

ANN

# INVOICE

TO：LI YOUN FONG AND SONS LTD 85 ROYAL ST.     INV. NO. ST/291431

PORT LOUIS MAURITIUS                          DATE：04 MAR. 2018

SHIPMENT FROM QINGDAO PORT，CHINA TO PORT LOUIS，MAURITIUS

2247

LOTUS

PORT LOUIS

MAURITIUS

NO 1-134

| Quantity，packing and description | | Unit price | amount |
|---|---|---|---|
| TOOLS | | | |
| BUTCHER HATCHET | 50  DOZ | USD 7. 75 | USD 387. 50 |
| BRITISH BRICKLAYER | 40  DOZ | USD 2. 95 | USD 118. 00 |
| ALUMINIUM OXIDE | 1000  PCS | USD 0. 158 | USD 158. 00 |
| SHARPENING STONE | | | |
| ENGINEER BALL PEIN | 120  DOZ | USD 5. 585 | USD 670. 20 |
| HAMMER | | | |
| RUBBER MALLET | 32  DOZ | USD 4. 12 | USD 131. 84 |
| STEEL WIRE BRUSH | 50  DOZ | USD 1. 70 | USD 85. 00 |
| GLASS CUTTER | 500  PCS | USD 0. 60 | USD 300. 00 |
| MASONARY DRILL | 5000  PCS | USD 0. 029 | USD 145. 00 |
| COMB PLIER W/SIDE | 50  DOZ | USD 8. 59 | USD 429. 50 |
| CUTTING JAW | | | |
| CUTTING NIPPERS | 30  DOZ | USD 5. 25 | USD 157. 50 |
| LONG NOSE PLIER | 50  DOZ | USD 5. 51 | USD 275. 50 |
| SCRAPER | 80  DOZ | USD 1. 16 | USD 92. 80 |
| PACKED IN 134 CARTONS | | | |

SANTO DIY TOOLS AND HARDWARE CO. ,    LTD

ANN

| Shipper<br>SANTO DIY TOOLS AND HARDWARE CO., LTD<br>NO 1 QUTANGXIA ROAD, QINGDAO, CHINA | BILL OF LADING<br>B/L No.: ABCABC111 |
|---|---|

| Consignee<br>TO THE ORDER Of THE STATE BANK OF MAU-<br>RITIUS LTD | |
|---|---|

| Notify Party<br>1. STATE BANK OF MAURITIUS LTD<br>2. LI YOUN FONG AND SONS LTD 85 ROYAL ST.<br>PORT LOUIS MAURITIUS | 中 国 远 洋 运 输 公 司 |
|---|---|

CHINA OCEAN SHIPPING COMPANY

| * Pre carriage by | * Place of Receipt<br>QINGDAO CFS | |
|---|---|---|
| Ocean Vessel Voy. No.<br>KOTA PERMASAN YPR047 | Port of Loading<br>QINGDAO PORT | |

ORIGINAL

| Port of discharge<br>LOUIS MAU PORT | * Final destination<br>LOUIS MAU PORT | Freight payable at | BNumber<br>original) s/L<br>THREE (3 |
|---|---|---|---|
| Marks and Numbers<br>2247<br>LOTUS<br>PORT LOUIS<br>MAURITIUS<br>NO 1-134 | Number and kind of packages; Description<br>TOOL<br>134 CARTONS<br>CFS-CFS<br>FEIGHT PREPAY<br>DRAWN UNDER L/C NO: 19143658FMK<br>SHIPPED ON BOARD<br>201820304 | Gross weight<br>2700.00KGS | Number original Bs/L<br>THREE (3) |

| TOTAL PACKAGES (IN WORDS) SAY ONE HUNDRED AND THIRTY FOUR CARTONS ONLY |
|---|

| Freight and charges AS ARRANGE |
|---|

| | Place and date of issue<br>QINGDAO |
|---|---|
| | Signed for the Carrier<br>CHINA OCEAN SHIPPING COMPANY<br>李忠 |

| * Applicable only when document used as a Through Bill of Loading |
|---|

SANTO DIY TOOLS AND HARDWARE CO., LTI)
NO.1 QUTANGXIA ROAD., QINGDAO, CHLNA

# PACKING LIST

INV. NO. ST/291431

DATE: 04 MAR. 2018

SHIPMENT FROM QINGDAO PORT, CHINA TO PORT LOUIS, MAURITIUS

MARKS & NOS. 2247LOTUS

PORT LOUIS

MAURITIUS

NO 1-135

| Quantity, packing and description | | | G W | MEASUREMENT |
|---|---|---|---|---|
| TOOLS | | | | |
| BUTCHER HATCHET | 50 | DOZ | 400 | 0.439 |
| BRITISH BRICKLAYER | 40 | DOZ | 96 | 0.106 |
| ALUMINIUM OXIDE | 1000 | PCS | 480 | 0.281 |
| SHARPENING STONE | | | | |
| ENGINEER BALL PEIN | 120 | DOZ | 926 | 1.149 |
| HAMMER | | | | |
| RUBBER MALLET | 32 | DOZ | 136 | 0.308 |
| STEEL WIRE BRUSH | 50 | DOZ | 113 | 0.26 |
| GLASS CUTTER | 500 | PCS | 18 | 0.07 |
| MASONARY DRILL | 5000 | PCS | 57 | 0.039 |
| COMB PLIER W/SIDE | 50 | DOZ | 270 | 0.128 |
| CUTTING JAW | | | | |
| CUTTING NIPPERS | 30 | DOZ | 54 | 0.036 |
| LONG NOSE PLIER | 50 | DOZ | 100 | 0.066 |
| SCRAPER | 80 | DOZ | 44 | 0.118 |
| TOTAL | | | 2964KGS | 3.00CBM |

SANTO DIY TOOLS AND HARDWARE CO., LTD

ANN

中国人民保险公司海运保险单

# INSURANCE POLICY

POLICY No.　　　PYCA201837020600236

中国人民保险公司（以下简称本公司）

THIS POLICY OF INSURANCE WITNESSES THAT PEOPLE'S INSURANCE COMPONY OF CHINA（HEREIN AFTER CALLED "THE COMPANY"）

根据 AT THE REQUEST　SANTO DIY TOOLS AND HARDWARE CO., LTI　　　（以下简称被保险人）的要求，由被保险人向本公司缴付约：

（HEREIN AFTER CALLED "THE INSUED" AND IN CONSIDERATION OF THE AGREED PREMIUM PAID TO THE COMPANY BY THE 定的保险费，按照本保险单承保险别和背面所载条款与下列

INSURED UNDERTAKE TO INSURE THE UNDERMENTIONED GOODS IN TRANSPOTATION SUBJECT TO THE CONDITIONS OF THIE POLICY

特款承保下述货物运输保险，特立本保险单。

AS PER THE CLAUSES PRINTED OVERLEAF AND OTHER SPECIAL CLAUSE ATTACHED HEREON.

| 标记<br>MARKS&. N（ ）S. | 包装及数量<br>QUANTITY | 保险货物项目<br>DESCCIPTIOM 0F GOODS | 保险金额<br>AMOUNT INSURED |
|---|---|---|---|
| 2247<br>LOTUS<br>PORT LOUIS<br>MAURITIUS<br>NO 1~134 | 134CARTONS | TOOLS<br>DRAWN UNDER L/C NO：<br>19143658FMK | USD 3399.00 |

保险金额：

TOTAL AMOUNT INSURED：　US DOLLARS THREE THOUSAND THREE HUNDRED AND EIGHTY EIGHT ONLY

保费＿＿＿＿＿　　费率＿＿＿＿＿　　　装载运输工具＿＿＿＿＿

PREMIUM AS ARRANGED　　　　RATE AS ARRANGED PER CONNVEYANCE S. S. KOTA PERMASAN YPR047

开航日期　　自＿＿＿＿　至＿＿＿＿

SLG. ON OR ABT 20180304 FROM QINGDAO PORT　TO　PORT LOUIS, MAURITIUS

承保险别：

CONTIONS：COVERING MARINE RISKE AS PER INSTITUTE CLAUSES A. B. CINS COVERED FROM WAREHOUSE TO FINAL WAREHOUSE IN MAURITIUS.

I. O. P. INCL. RISKS DURING TRANSHIPMENTS. AN EXCESS OF 5PCT IS APPLICABLE

IN THE EVENT OF LOSS OR DAMAGE WHICH MAY RESULTIN A CLAIM

UNDER THIS POLICY, IMMEDIATE NOTICE MUST BE GIVEN TO THE COMPANY'S AGENT ASMENTIONED HEREUNDER. CLAIMS, IP ANY, ONE OF THE ORIGINAL POLICY WHICH HAS BEEN ISSUED 2 ORIGINAL (S) TOGETHER WITH THE RELEVENT

DOCUMENTS SHALL BE SURRENDERED TO THE COMPANY. IF ONE OF THE ORGINAL POLICY HAS BEEN ACCOMPLISHED, THE OTHERS TO BE VOID. CLAIM AGENTS：

ANSCO INTERNATIONAL LTD. 4/F AISHA BLDG. LOUIS PASTEUR ST. PORT LOUIS TEL：230242-0371

CLAIM PAYABLE AT：MAURITIUS

THE PICC QINGDAO BRANCH

PLACE & DATE OF ISSUE：2018.03.04. QINGDAO

根据信用证审核单据，列出单据存在的问题。

## 实训习题2　根据材料审核单据

RECEIVED FROM：CHOHKRSE

CHO HUNG BANK

SEOUL

100 757 SEOUL

KOREA，REPUBLIC OF

DESTINATION：ABOCCNBJA110

AGRICULTURAL BANK OF CHINA，THE

HANGZHOU（ZHEJIANG BRANCH）

MESSAGE TYPE：700 ISSUE OF A DOCUMENTARY CREDIT

DATE：　　　7 MAR 2018

：27：SEQUENCE OF TOTAL

1/1

：40A：FORM OF DOCUMENTARY CREDIT

IRREVOCABLE

：20：DOCUMENTARY CREDIT NUMBER

ABC12345

：31C：DATE OF ISSUE

180405

：31D：DATE OF EXPIRY，PLACE OF EXPIRY

180520 AT NEGOTIATION BANK

：50：APPLICANT

XYZ TRADING CO.，LTD

NO. 1 KING ROAD SEOUL, KOREA.

: 59: BENEFICIARY

JJJ IMPORT AND EXPORT COMPANY

NO. 32 DINGHAI ROAD HANGZHOU CHINA

: 32B: CURRENCY CODE: USD

AMOUNT         : 35, 500

: 41D: AVAILABLE WITH … BY …

ANY BANK

BY NEGOTIATION

: 42C: DRAFTS AT …

AT SIGHT

: 42D: DRAWEE

DRAWN ON

CHO HUNG BANK, SEOUL

FOR FULL INVOICE COST.

: 43P: PARTIAL SHIPMENTS

PROHIBITED

: 43T: TRANSSHIPMENT

PROHIBITED

: 44A: LOADING ON BOARD/DISPATCH/TAKING IN CHARGE

SHANGHAI, CHINA

: 44B: FOR TRANSPORTATION TO …

PUSAN, KOREA

: 44C: LATEST DATE OF SHIPMENT

180430

: 45A: DESCRIPTION OF GOODS AND/OR SERVICES

HEFC BLEND-A FIRE EXTINGUISHER 5, 000KGS

AT USD7. 10

AGENT

CHINA ORIGIN

CIF PUSAN PORT

: 46A: DOCUMENTS REQUIRED

+SIGNED COMMERCIAL INVOICE IN QUINTUPLICATE

+FULL SET OF CLEAN ON BOARD OCEAN BILLS OF LADING MADE OUT TO THE OR-
DER OF CHO HUNG BANK MARKED "FREIGHT PREPAID" AND NOTIFY ACCOUNTEE

+INSURANCE POLICY, CERTIFICAT OR DECLARATION IN DUPLICATE, ENDORSED
IN BLANK FOR 110PCT OF THE INVOICE COST. INSURANCE POLICY, CERTIFICATE OR

DECLARATION MUST EXPRESSLY STIPULATE THAT CLAIMS ARE PAYABLE IN THE CURRENCY OF THE CREDIT AND MUST

ALSO INDICATE A CLAIMS SETTLING AGENT IN KOREA INSURANCE MUST INCLUDE: I. C. C. ALL RISK +PACKING LIST IN DUPLICATE

: 47A: ADDITIONAL CONDITIONS

UPON RECEIPT OF YOUR DOCUMENTS IN GOOD ORDER, WE WILL REMIT THE PROCEEDS TO THE ACCOUNT DESIGNATED BY NEGOTIATION.

: 71B: CHARGE

ALL BANKING COMMISSIONS AND CHARGES, INCLUDING REIMBURSEMENT CHARGES AND POSTAGE OUTSIDE KOREA ARE FOR ACCOUNT OF BENEFICIARY.

: 48: PERIOD FOR PRESENTATION

DOCUMENTS MUST BE PRESENTED WITHIN 15 DAYS AFTER THE DATE OF SHIPMENT

: 49: CONFIRMATION INSTRUCTIONS

WITHOUT

: 78: INSTRNS TO PAYING/ACCEPTING/NEGOTIATING BANK

THE AMOUNT OF EACH NEGOTIATION (DRAFT) MUST BE ENDORSED ON THE REVERSE OF THIS CREDIT BY THE NEGOTIATING BANK. ALL DOCUMENTS MUST BE FORWARDED DIRECTLY BY COURIER SERVICE IN ONE LOT TO CHO HUNG BANK H. O. , (INT'L OPERATIONS DIVISION) 14, 1-KA, NAMDAMUNRO, CHUNG-KU, SEOUL 100-757, KOREA.

IF DOCUMENTS ARE PRESENTED WITH DISRCREPANCIES, A DISCREPANCY FEE OF USD60. 00 OR EQUIVALENT SHOULD (WILL) BE DEDUCTED FROM THE REIMBURSMENT CLAIM (THE PROCEEDS) . THIS FEE SHOULD BE CHARGED TO THE BENEFICIARY.

: 57D: "ADVISE THROUGH" BANK

PLS ADVISE THRU YR HANGZHOU BRANCH INT'L DEPT.

: 72: SENDER TO RECEIVER INFORMATION

THIS CREDIT IS SUBJECT TO I. C. C. PUBLIC NO 600

商业发票 in 4 copies

| ISSUER：JJJ IMPORT AND EXPORT COMPANY<br>NO. 32 DINGHAI ROAD<br>HANGZHOU CHINA | COMMERCIAL INVOICE | |
|---|---|---|
| TO：XYZ TRADING CO. , LTD<br>NO. 1 KING ROAD<br>SEOUL, KOREA. | NO：<br>LT5067 | DATE：<br>20, APR, 2018 |
| TRANSPORT DETAILS：<br>SHIPPING TERMS：CIF PUSAN PORT<br>LOADING ON BOARD：SHANGHAI PORT, CHINA<br>FOR TRANSPORTATION TO：PUSAN PORT, KOREA | S/C NO： | L/C NO：<br>ABC12345 |
| | TERMS OF PAYMENT：<br>L/C AFTER 30 DAYS SIGHT | |

| MARKS AND NUMBERS | NUMBER AND KIND OF PACKAGES;<br>DESCRIPTION OF GOODS | QUANTITY | UNIT PRICE | AMOUNT |
|---|---|---|---|---|
| | N/M HEFC BLEND-A FIRE EXTINGUISHER　5,000KGS　USD 7. 10　　USD 35,500. 00<br>AGENT<br>TOTAL：SAY UNITED STATES DOLLARS THIRTY FIVE THOUSAND FIVE HUNDRED ONLY.<br><br>JJJ IMPORT AND EXPORT COMPANY<br>（SIGNATURE) | | | |

装箱单 in 2 copies

| ISSUER：JJJ IMPORT AND EXPORT COMPANY<br>NO. 32 DINGHAI ROAD<br>HANGZHOU CHINA | PACKING LIST | |
|---|---|---|
| TO：XYZ TRADING CO. , LTD<br>NO. 1 KING ROAD<br>SEOUL, KOREA. | INVOICE NO：<br>LT5067 | DATE：<br>20, APR, 2018 |

| MARKS AND NUMBERS | NUMBER AND KIND OF PACKAGES; DESCRIPTION OF GOODS | GROSS WEIGHT | NET WEIGHT | MEASUREMENT |
|---|---|---|---|---|
| | N/M HEFC BLEND-A FIRE EXTINGUISHER<br>5 CYLINDERS | 7654KGS | 5000KGS | 7. 0CBM |
| | JJJ IMPORT AND EXPORT COMPANY<br>(SIGNATURE) | | | |

海运提单 3/3

| CROSS CARRY LIMITED | | | BILL OF LADING | | |
|---|---|---|---|---|---|
| SHIPPER：JJJ IMPORT AND EXPORT COMPANY<br>NO. 32 DINGHAI ROAD<br>HANGZHOU CHINA | | | BOOKING NO：ALS0606A106 | | |
| | | | EXPORT REFERENCES：NOLS329N513 | | |
| CONSIGNEE：TO THE ORDER OF CHOHUNG BANK | | | FORWARDING AGENT-REFERENCES | | |
| NOTIFY PARTY：XYZ TRADING CO. , LTD<br>NO. 1 KING ROAD<br>SEOUL, KOREA. | | | DOMESTIC ROUTING<br>/EXPORT INSTRUCTION | | |
| VESSEL&VOY. NO.<br>TIAN SHUN V. 329N | PORT OF LOADING：<br>SHANGHAI | | DELIVERY AGENT：<br>MULTIMODAL EXPRESS LINE LTD.<br>13F，SEOUL CENTER BLDG. 91−1，<br>SOGONG-DONG，CHUNG-KU，KOREA<br>TEL（06）7570691FAX：（06）7570697 | | |
| PORT OF DISCHARGE<br>BUSAN | FOR TRANSSHIPMENT TO：<br>BUSAN | | | | |
| MARKS AND<br>NUMBERS | NO. OF PKGS | DESCRIPTION OF PACKAGES<br>AND GOODS | | G. W | MEASUREMENT |
| N/M | 5 CYLINDERS<br>SAY FIVE<br>CYLINDERS | HCFC BLEND-A FIRE EXTINGUISHER<br>AGENT<br>CHINA ORIGIN<br>CNF PUSAN PORT<br>1X20GP FCL CY-CY<br>SHIPPER'S LOAD COURT& SEAL<br>WSDU2066730/06661<br>SHIPPED ON BOARD APR 25，2018 | | 7654KGS<br>FREIGHT<br>COLLECT | 7CBM |
| BY：CROSS CARRY LIMITED<br>AS AGENT FOR THE CARRIER CROSS CARRY LIMITED<br>SHANG ALS INT'L TRANSPORTATION CO. , LTD<br>（SIGNATURE） | | | | | |
| BILL OF LADING NO.<br>ALS0606A106 | DATED：APR 25，2018 | | | | |

保险单 2/2

## PINGAN INSURANCE COMPANY OF CHINA，LTD.

NO. 1206007787

CARGO TRANSPORTATION INSURANCE POLICY

INSURED：JJJ IMPORT AND EXPORT COMPANY

| POLICY NO：11222006606060 00688 | CLAIM PAYABLE AT：PUSAN |
|---|---|
| INVOICE NO. OR B/L NO. LT5067 | NUMBER OF ORIGINALS：2 |
| PER CONVEYANCE S. S TIAN SHUN V. 329N | SURVEY BY：<br>INCOK LOSS & AVERAGE ADJUSTERS<br>NO. 81 CHUNGANG-DONG 4GA<br>CHUNG-KU，BUSAN，KOREA<br>TEL：+82（51）4698377<br>FAX：+82（51）4698366 |
| SLG. ON OR ABOUT APR 25 2018 | |
| FROM：SHANGHAI VIA：TO：PUSAN | |
| DESCRIPTION，MARKS，QUANTITY，PACKING OF GOODS | CONDITIONS： |
| N/M<br>HCFC BLEND-A<br>FIRE EXTINGUISHER<br>AGENT<br>CHINA ORIGIN<br>CIF PUSAN PORT | COVERING MARINE ALL RISKS AS PER<br>INSTITUTE CARGO CLAUSES（A）DATED 1/1/1982<br>SUBJECT TO TERMS AND CONDITIONS IN<br>"YEAR 2006 EXCLUSION CLAUSES FOR PROPERTY<br>INSURANCE" |
| DATE：APR. 26，2018 | FOR AND ON BEHALF OF<br>PINGAN INSURANCE COMPANY OF CHINA，LTD.<br>（AUTHORIZED SIGNATURE） |

根据信用证审核单据，列出单据存在的问题：

## 实训习题3　阅读电文回答问题

BE OUR REF NO 123456 FOR USD50000. 00

UNDER YR L/C NO LC12345

WE ACKNOWLEDGE RECEIPT OF YR SWIFT MT799 INFORMING OWING DISCREPAN-CIES DOCSBEING HELD ON OUR BEHALF.

ON COMMUNICATING WITH BENE.

WE ARE GIVEN TO UNDERST AND THAT THE MATTER HAS BEEN TAKEN UP WITH THE APPL FOR RESOLUTION.

PLS HOLD DOCS PENDING OUR FURTHER INSTRUCTIONS.

RGDS

根据这段电文回答以下问题。

（1）该电文双方当事人是谁？

（2）SWIFT799 是什么？

（3）该电文主要讨论什么问题？

（4）出现该问题开证行一般会如何处理？

（5）出现该种状况对于受益人有何风险？

（6）假如协商不成，受益人该如何应对？

ATTN：IMPORT BILLS DEPT

RE OUR REF. 123456 FOR USD 50000. 00

UNDER YR LC NO. LC12345

PLS NOTE THAT APPL. HAS FAXED BENE. THAT THEIR CONSENT TO ACCEPT THE DOCS WITH FOUND DISCREPANCIES.

IN COVER OF OUR NEGOTIATION.

PLEASE CONTACT THE APPLI FOR APPROVAL AND RFFECT PAYMENT ASAP.

TKS.

根据第二段电文回答问题：

（7）事情的解决方案是什么？

（8）对于受益人有何教训？

## 实训习题4 阅读电文回答问题

ATTN：IMPORT BILLS DEPT

BE OUR REF. ABCD FOR USD 60000. 00

UNDER YR L/C NO 123456

WE REFER TO YR SWITF DD 130508 NOTIFYING THE DISCREPANCIES CONTAINED IN THE DOCUMENTS AND INFORM YOU THAT RELATIVE REVISED DOCUMENTS HAVE BEEN FORWARDSD TO YOU UNDER TODAY, S DATE TO SUPPERSEDE THE OBSOLETE ONES.

TRUST THAT THESE DOCUMENTS WILL MEET YR REQUIREMENT.

PLS FEFECT PAYMENTS UNDER ADVISE TO US AS SOON AS POSSIBLE.

RGDS.

根据这段电文回答以下问题。

（1）单据出了什么状况？

（2）发函人采取了什么措施来挽救？

（3）一般来说如果单据遭到拒付受益人应该采取哪些应对措施？

（4）如果需要更换单据要注意些什么？

# 第八章　国际贸易融资

通过对本章的学习，使学生了解和掌握国际贸易融资的基本类型、基本业务流程以及有关注意事项。

通过对本章的学习，使学生能够重点掌握出口押汇、进口押汇、订单融资和出口商业发票贴现等业务的基本操作流程，业务核算以及应用。

出口押汇　进口押汇　订单融资　出口商业发票贴现

# 第一部分　国际贸易融资常识

## 一、国际贸易融资的概念

国际贸易融资是银行的业务之一，是指银行对进口商或出口商提供的与进出口贸易结算相关的短期融资或信用便利。贸易融资的品种繁多，在商品的生产、采购、物流的每个阶段以及制单、开证、承兑、议付等每个环节均可融资，并且随着国际贸易和金融业的发展，不断涌现出新的贸易融资品种。国际贸易融资以该项贸易活动直接产生的现金流量作为进口商或出口商履约的资金来源，以结算中的商业和金融单据等权利凭证点作为进口商或出口商履约的一项保证。它有效地解决了企业从事进出口贸易活动所面临的资金短缺问题，支持进出口企业在更大范围和更大规模上从事进出口贸易，增强企业的国际竞争力，也是银行有效运用资金的一种理想方式。

一般而言，银行提供以下贸易融资业务的服务。

（1）授信开证。是指银行为客户在授信额度内减免保证金对外开立信用证。

（2）进口押汇。是指开证行在收到信用证项下全套相符单据时，向开证申请人提供的，用以支付该信用证款项的短期资金融通。

进口押汇通常与信托收据配套使用。开证行凭开证申请人签发给银行的信托收据释放信用证项下单据给申请人，申请人在未付款的情况下先行办理提货、报关、存仓、保险和销售，并以货物销售后回笼的资金支付银行为其垫付的信用证金额和相关利息。

（3）提货担保。是指在信用证结算的进口贸易中，货物先于货运单据到达目的地，开证行应进口商的申请，为其向承运人或其代理人出具的承担由于先行放货引起的赔偿责任的保证性文件。

（4）出口押汇业务。是指信用证的受益人在货物装运后，将全套货运单据质押给所在地银行，该行扣除利息及有关费用后，将货款预先支付给受益人，而后向开证行索偿以收回货款的一种贸易融资业务。

（5）打包放款。是指出口商收到进口商所在地银行开立的未议付的有效信用证后，以信用证正本向银行申请，从而取得信用证项下出口商品生产、采购、装运所需的短期资金。

（6）外汇票据贴现。是指银行在外汇票据到期前，从票面金额中扣除贴现利息后，将余额支付给外汇票据持票人。

（7）国际保理融资业务。是指在国际贸易承兑交单、赊销方式下，银行或出口保理商通过代理行或进口保理商以有条件放弃追索权的方式对出口商的应收账款进行核准和购买，从而使出口商获得日后收回货款的保证。

（8）福费廷。也称票据包买或票据买断，是指银行或包买人对国际贸易延期付款方式中出口商持有的远期承兑汇票或本票进行无追索权的贴现（买断）。

（9）出口买方信贷。是指向国外借款人发放中长期信贷，用于进口商支付中国出口商货款，促进中国货物和技术服务的出口。

## 二、国际贸易融资的分类

随着国际贸易和金融业的发展，国际贸易融资也不断推陈出新，主要分为以下几大类型：

### （一）按融资的期限划分

**1. 短期贸易融资**

即一年以内（含一年）的国际贸易融资，主要适用于企业对资金流动和周转的需要，包括打包贷款、进出口押汇、票据贴现、信用证开证等融资方式。

**2. 中长期贸易融资**

即期限在 1~5 年或五年以上的国际贸易融资，主要适用于企业为改善其资本结构，弥补企业资金不足的需要，包括福费廷、出口信贷（含出口买方信贷和出口卖方信贷）。

## （二）按照融资的资金来源划分

### 1. 一般性贸易融资

一般性贸易融资指资金来自商业银行。通常情况下，这种融资多与国际贸易结算紧密结合。期限有短期、中期和长期三种。

### 2. 政策性贸易融资

政策性贸易融资指由各国官方或半官方出口信贷机构利用政府财政预算资金向进出口商或进出口商国家的银行、政府提供贷款，或由各国官方或半官方出口信贷机构提供出口信贷担保，由商业银行利用其自有资金向进出口商或进出口商国家的银行、政府提供的贷款。该贷款通常被限定用于购买贷款国的资本货物，以促进贷款国的出口。

## （三）按融资的货币划分

### 1. 本币贸易融资

本币贸易融资指使用贷款国的货币提供的融资。一般情况下，这种贷款的对象为本国外贸企业。

### 2. 外币贸易融资

外币贸易融资指使用非贷款国的货币提供的融资。这种外币可以是供款国的货币，也可以是第三国的货币，但必须是可自由兑换货币。

# 三、出口押汇融资

## （一）出口押汇的含义

在信用证项下，出口人以出口单据做抵押，要求出口地银行在收到国外支付货款之前，向其融通资金的业务，一般融资比例是100%，还款的来源是收汇款。

## （二）出口押汇业务的特点

（1）可以加速资金周转，方便出口企业融资。
（2）手续简单、快捷。

## （三）业务流程

（1）受益人根据信用证制单并交出口地银行审单，受益人办理出口押汇需要提交的材料：企业营业执照副本，税务登记证，企业组织机构代码证，进出口许可证，中国人民银行出具的企业贷款卡，向出口地银行提交信用证正本和单据，签订押汇协议书，填写押汇申请书。
（2）出口地银行办理押汇并在扣除费用、利息后入公司账。
（3）银行收到外国贷记报单后自动扣划以归还企业的押汇款。

## （四）出口企业应注意事项

（1）提交的单据必须和信用证规定相符，做到"单证一致""单单一致"。

（2）在远期信用证项下的出口押汇，必须有开证行的承兑或确认付款到期日的电文或函件，该函件或电文必须经过加密押或被有权签字的人签字并已经被出口地银行证实了其真实性。

（3）指定议付行的信用证一般不能办理押汇。

（4）政治经济不稳定的国家开立的信用证若无保兑一般不能办理押汇。

（5）可转让信用证或有不符点的单据一般不能办理押汇。

（6）出口地银行办理的押汇具有追索权，若开证行未能及时付款，无论何种原因，企业作为受益人必须归还押汇款。

（7）一般不超过 180 天。

## （五）押汇银行应注意事项

（1）审核受益人的资信情况。

（2）了解开证行的信誉以及所在国家的政治和经济状况。

（3）认真审核信用证条款。

（4）认真审核单据。

（5）在远期信用证下，有些发展中国家没有采用 7 字开头的 744、754、799 等自动加密押格式，而是采用 999 等 9 字无密押格式，应谨慎。

（6）注意对于物权的控制。

（7）押汇一般不超过 180 天。

（8）对于信用证第二受益人的企业押汇应该慎重。

# 四、进口押汇融资

## （一）进口押汇的含义

进出口双方签订买卖合同之后，进口方请求进口地某个银行（一般为自己的往来银行）向出口方开立保证付款文件，大多数为信用证。然后，开证行将此文件寄送给出口商，出口商见证后，将货物发送给进口商。商业银行为进口商开立信用保证文件的这一过程，称为进口押汇。

因为进口商通过信用保证文件的开立，可以延长付款期限，不必在出口商发货之前支付货款，即使在出口商发货后，也要等到单据到达自己手中才履行付款义务。这样，进口商减少了资金占用的时间。同时，出口商愿意接受这种延长付款期限，是以开证行保证到期付款为条件的。因此，进口押汇是开证行向进口商提供的一种资金融通，一般不超过三个月。

## （二）进口押汇种类

### 1. 信用证单据的押汇

出口商根据信用证的要求，将信用证上面所列的各种单据和信用证交给银行进行短期借款，实际上就是用信用证的单据抵押给银行。

**2. 远期信用证承兑的押汇**

出口商的远期信用证业务，得到开证银行承兑通知，出口商利用远期信用证的承兑通知，向银行申请短期借款。

**3. 远期银行承兑汇票的贴现**

用远期银行承兑汇票作为抵押品的短期借款。出口商拿到了一张远期银行汇票，这张汇票已经被银行承兑了，但还没有到期，出口商可以拿着张汇票抵押给银行进行借款。

## （三）进口押汇的对象及条件

**1. 进口押汇的对象**

企业（开证申请人）如使用银行授信额度开立信用证，由于单证相符必须承担对外付款责任时，由于资金临时周转困难等原因，确实无法在规定付款日前筹措到付款资金的，可在收到银行到期付款通知书后向银行申请叙做进口押汇。

**2. 进口押汇的条件**

（1）企业应当具备独立法人资格，且经营作风良好，无违规、违法和违约等不良记录。

（2）企业必须在银行开有外汇或人民币基本账户或往来账户，保持经常结算往来，信誉良好。

（3）企业应有齐全的财务管理制度和生产销售网络，进口商品有正常合理的销售渠道和可靠的资金回笼来源，能够按期偿还银行的垫款资金。

（4）企业财务状况良好，具备短期偿债能力，如需要，企业应向银行提供经认可的贷款担保或抵押。

## （四）进口押汇的好处

（1）减少资金占压——进口人在办理进口开证、进口代收后继续叙做进口押汇，等于完全利用银行的信用和资金进行商品进口和国内销售，不占压任何资金即可完成贸易、赚取利润。

（2）把握市场先机——当进口人无法立即付款赎单时，进口押汇可以使其在不支付货款的条件下取得物权单据、提货、转卖，从而抢占市场先机。

（3）优化资金管理——如进口人在到期付款时遇到更好的投资机会，且该投资的预期收益率高于贸易融资的利息成本，使用进口押汇，既可保证商品的正常购买、转售，又可同时赚取投资收益，实现资金使用效率的最大化。

## （五）宜选择进口押汇的时机

（1）流动资金不足，无法按时付款赎单，且进口商品处于上升行情。

（2）有其他投资机会，且该投资的预期收益率高于押汇利率。

### （六）基本操作流程

（1）出口单据到达后，开证申请人提出办理进口押汇的要求，并填写《进口押汇申请书》。

（2）开证申请人向银行提供近期财务报表、进口合同、开证申请书等材料。

（3）开证申请人向银行出具信托收据，并在必要时提供保证金等担保措施。

（4）上述手续办妥后，银行向开证申请人发放进口押汇款。

## 五、出口商业发票贴现

### （一）出口商业发票贴现的含义

所谓出口商业发票贴现，是指出口商将现在或将来的基于其与进口商（债务人）订立的出口销售合同项下产生的应收账款转让给银行，由银行为其提供贸易融资、应收账款催收、销售分户账管理等服务。

### （二）出口商业发票贴现产品特点

（1）加快资金周转。在进口商支付货款前得到融资款项，从而加快资金周转速度。

（2）简化融资手续。融资手续相对于流动贷款等简便易行。

（3）规避汇率风险。通过贴现业务提前得到融资，避免远期市场汇率出现不利的变动。

（4）对出口商的融资有追索权。一旦进口商未按期付款，银行可向出口商行使追索权。

### （三）出口商业发票贴现适用客户

（1）出口商在出口赊销项下遭遇资金周转问题。

（2）出口商面临人民币升值的巨大压力。

（3）出口商在发货后、收款前遇到新的投资机会，且预期收益率高于贴现率。

### （四）出口商业发票贴现申请条件

（1）依法核准登记，具有经年检的法人营业执照或其他足以证明其经营合法性和经营范围的有效证明文件。

（2）拥有贷款卡。

（3）拥有开户许可证，并在银行开立结算账户、待核查账户。

（4）具有进出口经营资格。

（5）在银行有授信额度。

### （五）出口商业发票贴现办理流程

（1）应出口商申请，银行按相关授信要求为其核定贴现额度。

（2）出口商发货出单，并向银行提交贴现申请书。

（3）银行在单据及贸易真实性审查后，为出口商叙做贴现。

（4）进口商到期未付款，由银行或委托出口商对外催收，如逾期 15 天，银行则向出口商收回贴现款项本息。

（5）进口商到期付款，银行用以归还贴现本息，将余额转出口。

## 六、订单融资

### （一）订单融资业务的含义

订单融资业务是指为支持国际贸易项下出口商和国内贸易项下供货商（以下统称"卖方"）备货出运，应卖方的申请，银行根据其提交的贸易合同或采购订单（以下统称"订单"）向其提供用于订单项下货物采购、生产和装运的专项贸易融资。

### （二）产品功能

满足供应商备货装运的融资需求，帮助供应商扩大贸易机会、减少资金占用。

### （三）适用客户

在备货、生产、装运阶段有融资需求的供应商。

### （四）申请条件

（1）基础交易具有真实的贸易背景，订单有效且内容清楚、明确。

（2）供应商履约能力强，与买方保持长期稳定的业务往来关系；买方资信良好，达到融资行相关准入标准。

（3）货物出运后在本行办理相关结算手续。

（4）融资期限与订单项下货物采购、生产和装运期限相匹配，原则上不超过 180 天（含）。

### （五）业务流程

（1）提交订单或贸易合同原件等文件。

（2）签署《订单融资合同》。

（3）提交《订单融资提款申请书》，融资行审核订单融资提款申请书无误后进行融资。

（4）备货出运后，在融资行办理应收账款的相关结算手续。

（5）到期收到买方付款，融资行扣除融资本息及相关费用后，将余款（如有）支付客户。

# 第二部分　国际贸易融资实训习题

## 实训习题 1　出口押汇流程

出口商南京 TGB 公司向德国客户出口玩具，双方签订合同，约定以远期议付信用证方式交易，期限为 B/L 后 90 天，开证行为 DEUTSCHE BANK，FRANKFURT，信用证号为 LC2145，装期为 2020 年 5 月 31 日，效期为 2020 年 6 月 21 日，金额为 USD50000.00，发票号为 WSl135，发票金额为 USD50000。现该司于 2020 年 6 月 1 日来 ABC 银行办理出口交单业务后，要求办理押汇融资，相关流程如下所述：

### 1. 出口押汇申请

<table>
<tr><td rowspan="13">申请单位填写</td><td>申请单位</td><td colspan="5">南京 TGB 公司</td></tr>
<tr><td>名　称</td><td colspan="5">NANJING TGB CORPORATION</td></tr>
<tr><td>申请单位外汇账号（押汇账号）</td><td colspan="5">123456</td></tr>
<tr><td>申请单位人民币账号</td><td colspan="5">147258</td></tr>
<tr><td>法定代表人</td><td></td><td>信用证装期</td><td>2020 年 5 月 31 日</td><td>信用证效期</td><td>2020 年 6 月 21 日</td></tr>
<tr><td>信用证号</td><td colspan="2">LC2145</td><td>信用证金额</td><td colspan="2">USD 50000.00</td></tr>
<tr><td>发票号</td><td colspan="2">WSll35</td><td>发票金额</td><td colspan="2">USD 50000.00</td></tr>
<tr><td>申请押汇金额和币种</td><td colspan="5">（大写）美元伍万元整（小写）USD 50000.00</td></tr>
<tr><td>申请押汇期限</td><td colspan="2">120 天</td><td>押汇日期</td><td colspan="2">2020 年 6 月 1 日</td></tr>
<tr><td>汇票</td><td>发票</td><td>装箱单</td><td>提单</td><td>保险单</td><td>产地证</td></tr>
<tr><td>2/2</td><td>4/4</td><td>3/3</td><td>3/3</td><td></td><td></td></tr>
</table>

ABC 银行：

本公司谨以本出口信用证项下全套已装船单据提交贵行，申请叙做出口押汇，并保证履行与贵行签署的《ABC 银行出口押汇合同》（编号：A001），承诺本出口项下款项一经收妥，立即用于归还贵行的押汇本息及费用；如开证行拒付，本公司保证在接到拒付通知后三个工作日内，偿还押汇本息和贵行各项费用。否则，贵行有权自开证行拒付之日起，按实际融资天数和中国人民银行有关规定收取罚息或处置单据和货物。若仍不足以偿还押汇本息、罚息及贵行的各项费用，贵行对本公司仍有追索权。本公司确认贵行办理此项业务的依据为国际商会最新修订的《跟单信用证统一惯例》（UCP600）。

申请单位（公章）：南京 TGB 公司<br>2020 年 6 月 1 日

**2. 审查押汇资格**

（1）出口商品必须在申请人的主营范围之内，产品应适销对路，价格波动小；来证中无软条款。

（2）应严格审查申请人的授信额度情况和授信条件，在相应的额度内和规定的授信条件下为申请人办理出口押汇业务。

（3）信用证开证行必须资信良好，经营作风稳健，符合银行代理行政策。

**3. 审查信用证**

（1）对自由议付或指定银行为议付行的即期/远期信用证或开证行即期付款信用证，可以办理出口押汇。

（2）对承兑信用证、延期付款，一般应在收到开证行的承兑通知书/延期付款到期确认书后办理出口押汇；因特殊情况在收到承兑通知书/延期付款到期确认书之前办理的，申请人在银行的出口押汇额度条件中应该容许。

（3）对限制他行议付信用证、转让信用证或其他被银行认为不宜办理出口押汇业务的信用证，一般不得叙做出口押汇。

（4）信用证条款应清晰明了。信用证不能包含对银行收汇不利的软条款。

（5）出口押汇原则上叙做银行应该掌握货权。对提交非货权运输单据，应在客户取得出口押汇授信额度时在授信条件中列明允许。

（6）出口押汇的币种应为信用证币种，出口押汇的期限根据收汇情况，参照下述期限确定。一般即期：近洋 8~12 天；远洋 15~20 天。远期：相应即期天数加远期期限，但整个融资期限不得超过 180 天。出口押汇利息实行多退少补原则。

**4. 计息入账**

审查完毕后，计算押汇的相关费用并将押汇款项经过核查之后入客户账。

议付费为 USD50，邮费为 USD30，融资利率为 3%，融资利息和入账金额计算如下（假设银行在做押汇时，设定寄单行在东南亚等地区为近洋，根据其邮程时间的估算，一般在融资天数上加 15 天，其他地区设定为远洋，加 30 天）：

融资天数 = ＿＿＿ 天

押汇利息 =

入账金额 =

**5. 还款**

假如实际融资 115 天后收到开证行款项，收到头寸金额为 USD49900，那么最后归还融资时应重新计算押汇利息如下。

押汇利息 =

而融资银行在放款时已经收取 USD500，那么，银行应退还申请人多收的利息综合这两项后，最后银行在做押汇还款时，还应该向申请人账户收取多少？

## 实训习题 2  出口押汇实训

出口商南京 KATA 公司向美国客户出口货物，双方签订合同，以即期付款信用证方式交易，开证行为 JPMORGAN CHASE BANK，NEW YORK，信用证号为 S15092，装期为 2020 年 1 月 31 日，效期为 2020 年 2 月 21 日，金额为 USD35000，发票号为 JP3358，发票金额为 USD20000。现该司来交通银行办理出口议付交单业务后要求办理押汇融资。出口押汇申请书如下：

### 交通银行出口押汇申请书

<table>
<tr><td rowspan="13">申请单位填写</td><td>申请单位</td><td colspan="5">中文：南京 KATA 公司</td></tr>
<tr><td>名　　称</td><td colspan="5">英文：NANJING KATA CORPORATION</td></tr>
<tr><td>申请单位外汇账号（押汇账号）</td><td colspan="5"></td></tr>
<tr><td>申请单位人民币账号</td><td colspan="5"></td></tr>
<tr><td>法定代表人</td><td>信用证装期</td><td>2020 年 1 月 31 日</td><td>信用证效期</td><td colspan="2">2020 年 2 月 21 日</td></tr>
<tr><td>信用证号</td><td>S15092</td><td>信用证金额</td><td colspan="3">USD 35000.00</td></tr>
<tr><td>发票号</td><td>JP3358</td><td>发票金额</td><td colspan="3">USD 20000.00</td></tr>
<tr><td>申请押汇金额和币种</td><td colspan="5">（大写）USD TWENTY THOUSAND （小写）USD 20000.00</td></tr>
<tr><td>申请押汇期限</td><td colspan="2">30 天</td><td>押汇日期</td><td colspan="2">2020 年 2 月 1 日</td></tr>
<tr><td>汇票</td><td>发票</td><td>装箱单</td><td>提单</td><td>保险单</td><td>产地证</td></tr>
<tr><td>2/2</td><td>3/3</td><td>3/3</td><td>3/3</td><td></td><td></td></tr>
</table>

交通银行南京分行：

本公司谨以本出口信用证项下全套已装船单据提交贵行，申请叙做出口押汇，并保证履行与贵行签署的《交通银行出口押汇合同》（编号：A002），承诺本出口项下款项一经收妥，立即用于归还贵行的押汇本息及费用；如开证行拒付，本公司保证在接到拒付通知后三个工作日内，偿还押汇本息和贵行各项费用。否则，贵行有权自开证行拒付之日起，按实际融资天数和中国人民银行有关规定收取罚息或处置单据和货物。若仍不足以偿还押汇本息、罚息及贵行的各项费用，贵行对本公司仍有追索权。本公司确认贵行办理此项业务的依据为国际商会最新修订的《跟单信用证统一惯例》（UCP600）。

申请单位（公章）：

2020 年 2 月 1 日

如果你是办理押汇的人员，在审查了相关授信条件和单证方面的要求后，请计算押汇利息和入账金额。假设此笔业务的议付费为 USD20，邮费为 USD30，融资利率为 2%，融资期限按 30 天计算（假设押汇天数是信用证付款期限加远洋天数 30 天）：

押汇利息：

入账金额：

押汇还款如何计算，假设实际融资期限为 25 天，实际收到头寸 USD19950，最后应如何跟客户结算？

实际押汇利息：

应退还客户：

应向客户收取：

## 实训习题 3　出口押汇实训

出口商南京 YUFAN 公司向日本客户出口货物，双方签订合同，以远期承兑信用证方式贸易，开证行为 BANK OF TOKYO-MITSUBISHI UFJ, TOKYO，信用证号为 D658，装期为 2020 年 5 月 21 日，效期为 2020 年 6 月 11 日，金额为 USD60000，发票号为 CS82，发票金额为 USD45000，该笔出单于 2020 年 5 月 20 日承兑，承兑金额为 USD44850，到期付款日是 6 月 8 日。现该司来交通银行办理出口议付交单业务后要求办理押汇融资。出口押汇申请书如下。

<table>
<tr><td rowspan="13">申请单位填写</td><td>申请单位</td><td colspan="5">中文：南京 YUFAN 公司</td></tr>
<tr><td>名　称</td><td colspan="5">英文：NANJING YUFAN CORPORATION</td></tr>
<tr><td>申请单位外汇账号（押汇账号）</td><td colspan="5"></td></tr>
<tr><td>申请单位人民币账号</td><td colspan="5"></td></tr>
<tr><td>法定代表人</td><td></td><td>信用证装期</td><td>2020 年 5 月 21 日</td><td>信用证效期</td><td>2020 年 6 月 11 日</td></tr>
<tr><td>信用证号</td><td>D658</td><td colspan="2">信用证金额</td><td colspan="2">USD 60000.00</td></tr>
<tr><td>发票号</td><td>CS82</td><td colspan="2">发票金额</td><td colspan="2">USD 45000.00</td></tr>
<tr><td>申请押汇金额和币种</td><td colspan="5">（大写）USD FORTY FOUR THOUSAND EIGHT HUNDRED AND FIFTY ONLY<br>（小写）USD 44850.00</td></tr>
<tr><td>申请押汇期限</td><td colspan="2">20 天</td><td>押汇日期</td><td colspan="2">2020 年 5 月 30 日</td></tr>
<tr><td>汇票</td><td>发票</td><td>装箱单</td><td>提单</td><td>保险单</td><td>产地证</td></tr>
<tr><td>2/2</td><td>3/3</td><td>3/3</td><td>3/3</td><td>2/2</td><td></td></tr>
</table>

交通银行南京分行：

本公司谨以本出口信用证项下全套已装船单据提交贵行，申请叙做出口押汇，并保证履行与贵行签署的《交通银行出口押汇合同》（编号：A004），承诺本出口项下款项一经收妥，立即用于归还贵行的押汇本息及费用；如开证行拒付，本公司保证在接到拒付通知后 = 个工作日内，偿还押汇本息和贵行各项费用。否则，贵行有权自开证行拒付之日起，按实际融资天数和中国人民银行有关规定收取罚息或处置单据和货物。若仍不足以偿还押汇本息、罚息及贵行的各项费用，贵行对本公司仍有追索权。本公司确认贵行办理此项业务的依据为国际商会最新修订的《跟单信用证统一惯例》（UCP600）。

申请单位（公章）：<br>2020 年 5 月 30 日

如果你是办理押汇的人员，在审查了相关授信条件和单证方面的要求后，请计算押汇利息和入账金额。假设此笔业务的议付费为 USD45，邮费为 USD15，融资利率为 2.5%，承兑后一般按承兑金额办理，近洋客户。

押汇利息：

入账金额：

押汇还款如何计算？假设实际融资期限为 118 天，实际收到头寸 USD44850，最后应如何跟客户结算？

实际押汇利息：

应退还客户：

## 实训习题 4　出口押汇案例

某年 12 月 10 日，某市 A 公司与德国 B 公司签订了一份出口地毯的合同，合同总价值为 USD31346.86，装运港为中国郑州，目的地为德国法兰克福，收货人为 B 公司，付款条件为 D/P30 天。12 月 20 日，A 公司按照合同的要求备齐货物，从郑州港空运至德国法兰克福。在取得空运提单和 FORM A 产地证之后，A 公司会同已缮制好的汇票、发票、单据一起交到该市 C 银行。因 A 公司近期资金紧张，随即以此单向 C 银行申请办理押汇。C 银行考虑虽然托收风险大，但 A 公司资信状况良好，与本行有良好的合作关系，无不良记录，就为 A 公司办理了出口押汇，押汇金额为 USD31346.86，押汇期限为 50 天，到期日为次年 2 月 9 日，押汇利率为 7.4375%。同日 C 银行将此笔款项转到 A 公司账户，随后 A 公司便支用了该笔款项。次年 1 月 12 日，C 银行收到国外提示行电传，声称客户已经承兑，并取走了该套单据，到期日为 2 月 8 日。但是，在到期日之后，却迟迟未见该笔款项划转过来。经 A 公司与 C 银行协商，由 A 公司与买方联系，但买方声称已将该笔款项转到银行。3 月 25 日，C 银行发电至提示行查询，提示行未有任何答复。此时，A 公司再与 B 公司联系，B 公司一直没有回电，到 9 月突然来电声称自己破产，已无偿还能力。至此，该笔托收已无收回的可能。C 银行随即向 A 公司追讨，但 A 公司一直寻找借口，拖欠不还。C 银行见 A 公司无归还的诚意，就将 A 公司告上法庭，要求 A 公司履行义务，清偿所欠的银行债务。

在法庭上，A 公司则认为自己不具有清偿该笔贷款的义务。理由是自己已将全套单据在 C 银行办理了质押，自己已经将全套单据卖给了银行，既然银行买了全套单据，那么银行应该对这套单据负责，自己虽然可以协助银行追讨欠款，但并无代为付款的义务。

对此案例，你的认识是什么？

## 实训习题5 进口押汇实训

宁波 A 公司，从泰国进口原材料开立信用证，信用证编号 LC12345，信用证金额 USD500000.00，发票号 WL123，提单号 BL1234，提单日 20190512，信用证有效期为 5 月 25 日。国外议付行交单时间 20190517，开证行要求 A 公司在五日内付款。A 公司因为资金压力，决定办理进口押汇，5 月 21 日去办理进口押汇手续，开证行是交通银行宁波分行。

第一步，填写进口押汇申请书

### 进口押汇申请书

交通银行宁波支行：

因我公司目前资金紧张，对在贵行开出的 LC12345 号不可撤销信用证不能按时付款，特此对如下以我公司为付款人的单据办理进口押汇。

押汇开始日：__5 月 23 日__　　　　押汇金额：USD500000

押汇天数：__90__　　　　　　　　发票号码：WL123

提单号码：__BL1234__　　　　　　业务编号：_____

一、我公司保证在规定的期限内偿还押汇本息，如不能按期全部偿还，贵行有权从我公司在贵行开立的任何账户中或我公司的任何应收账款中主动扣收押汇本息及罚息，或使用上述证下单据提取货物予以变现，收取所得的款项抵销相应的债务，由此产生的其他责任和费用亦由我公司承担。

二、如因我公司的违约使贵行遭受其他任何损失，本公司负责赔偿。

申请单位（盖章）A 公司

2019 年 5 月 21 日

第二步，开证行对押汇资质的审核

要办理进口押汇，开证行需要对申请人的资质做一定的审核，审核的内容包括以下方面。

（1）在押汇行开有公司账户。

（2）依法注册登记，具有经年检的法人营业执照或其他足以证明其经营合法性和经营范围的有效官方证明文件。

（3）具有进出口经营资格。

（4）在我行押汇有授信额度。

第三步，押汇利息计算

已知交行押汇的年利率为 2.5%，押汇 90 天，请计算押汇到期后，银行应该从 A 公司账户上扣除的利息。

利息 =

一般押汇期限是灵活的，如果企业资金许可可以随时付汇，利息则按照实际天数计算。

第四步，付汇

在押汇业务中，付汇按照付汇日的市场汇率计算，如果 5 月 21 日付汇汇率是 1 美元 6.2934 元，A 公司 7 月 2 日资金宽裕了决定提前付汇，7 月 2 日的付汇汇率是 1 美元 6.2434 元。请计算 A 公司应该支付多少利息，支付多少人民币？

利息计算时间原则为是"算头不算尾"，也就是 5 月 21 日开始一直到 7 月 2 日，7 月 2 日不计息，共　　　天。

利息＝

付汇＝

### 实训习题 6　出口商业发票贴现操作

业务背景：A 公司出口衬衣给美国的 B 公司，两家企业稳定的贸易关系，金额为 5 万美元，结算方式为 O/A 60 天。

对于 A 公司存在的困难：由于 B 公司付款周期很长，对于 A 公司的资金周转造成了一定的困难，影响其国内正常的生产经营。

解决方案：

（1）不接该笔生意。

（2）投出口信用保险。

（3）到银行办理出口商业发票贴现。

方案 1 会使得企业丧失贸易机会，方案 2 不可行，原因是低于出口信用保险起步金额，所以公司考虑采用方案 3，和中国银行洽谈出口发票贴现事宜。

通过和银行的业务经理进行了深入的沟通后，中行宁波分行江东支行鉴于业务情况，觉得有一定的可行性，让 A 公司提供有关的基础材料着手申请出口发票贴现业务。

A 公司要向中行宁波分行江东支行提供以下基础材料。

（1）营业执照（副本和复印件）。

（2）组织机构代码（副本和复印件）。

（3）法定代表人身份证明。

（4）贷款卡（原件和复印件）和密码。

（5）近三年的财务报表（财政部门核准或会计师事务所审计通过）和审计报告。

（6）税务登记证明（年检过）。

（7）董事会成员，主要负责人，财务负责人的名单和签字样本。

（8）公司章程（原件和复印件）。

（9）同意信贷业务的决议。

和中行宁波分行江东支行订下信贷意向后，A 公司和 B 公司签订协议，并及时安排发货。

商品名称：男士衬衣

金额：5 万美元

结算方式：O/A 60 天

价格术语：CIF NEWYORK

提单日：2018-7-5

出口单据包括：发票、装箱单、提单、合同、保险单

2018-7-12 日，A 公司的财务人员到中行宁波分行办理出口业务发票贴现，A 公司需要提供以下信贷业务材料。

（1）出口业务发票贴现申请书，一式两份。

（2）债权转让书。

（3）贸易履行材料：贸易合同、发票、装箱单、提单、合同、保险单。

A 公司在中行宁波分行有 500 万授信额度。中行宁波分行收集好以上材料后，正式受理该笔发票贴现业务。

接下来中行宁波分行要做的工作就是审核批准工作。

首先是客户部门的调查工作。

重点是了解出口商 A 和 B 公司的以往贸易业务情况，包括近期签约情况、付款条件、贸易关系等，确定交易的真实性和额度的适量性；申请人 A 的资信情况，生产经营和财务情况，核实抵押物情况，核实保证人的资信情况和支付能力。撰写调查报告，提出明确的调查意见。

其次是结算部门和信贷部门的审核。

审查资料是否齐全，填写是否完整，签章是否准确，提供的资料是否符合要求，申请人授信额度是否足够等，两个部门出具审核意见。

再次是签约，在银行审批人同意后，银行和 A 公司签订发票贴现协议和担保合同，并落实合规、合法、有效的担保手续。

银行单据审核工作包括：

（1）重点审核申请书和发票，包括进口商名称和申请书是否一致，进口商名称和合同是否一致，付款条件，金额，商品是否一致。

（2）提请贴现的金额是否在申请人的授信额度之内。

（3）通过其他途径核实贸易的真实性，比如通过中国电子口岸系统查核货物的出口报关情况。

贴现

贴现利率：年利率 6.405%，以此锁定利率。

贴现金额为发票金额的 80%。

三个工作日银行放贷 4 万美元，结汇当日 7 月 15 日的汇率为 6.1234/45。

贴现期限：自融资之日起至应收账款到期日+30 天宽限期。

出口商业发票贴现融资申请书

编号：2018 年宁中银结外贴字 H061 号

致：中国银行股份有限公司宁波市分行

根据贵我双方 2018 年 7 月 05 日共同签署的《出口商业发票贴现协议》（编号 2018 年宁中银结外贴字 H061 号），我司拟在将下述应收账款转让给贵行的基础上，申请贴现融资。

第二条　贴现金额 贴现金额为：（大写）肆万美元整

（小写）USD40000.00 元。

汇率：以贴现当日的卖出汇率计

第三条　贴现期限

贴现期限：自贵行融资之日起至应收账款到期日+30 天宽限期。

第四条　贴现融资利率及计结息

**1. 贴现利率**

固定利率，年利率 6.405%。贴现融资期限内合同利率不变。

**2. 利息计算**

利息自贵行支付融资款项之日起算，按实际融资金额和实际天数计算。利息计算公式：利息=本金×实际天数×日利率。

日利率计算基数为一年 360 天，换算公式：日利率=年利率/360。

**3. 结息方式**

我司按下列第 3 种方式结息：

（1）按季结息，每季度末月的 20 日为结息日，21 日为付息日。

（2）按月结息，每月的 20 日为结息日，21 日为付息日。

（3）到期利随本清。

（4）预收利息，到期结息。

若融资本金的最后一期清偿日不在付息日，则该融资本金的最后一期清偿日为付息日，我司应付清全部应付利息。

**4. 罚息**

（1）对逾期偿还融资款项的，从逾期之日起，就逾期部分，按本款约定的罚息利率计收利息，直至清偿本息为止。

（2）对我司不能按期支付的利息以及罚息，以本条第 3 款约定的结息方式，按本款约定的罚息利率计收复利。

（3）罚息利率

A. 本产品的罚息利率采用浮动利率。对于融资期限在一年（含）以内的固定利率融资，罚息利率浮动周期为原融资期限；对于一年期以上的固定利率融资，浮动周期为一年。重新定价日为融资期限届满之日在重新定价当月的对应日，当月没有对应日的，则当月最后一日为重新定价日。

B. 在首个浮动周期内，逾期融资罚息利率为在本条第 1 款约定的融资利率水平上加收 50%。

C. 每满一个浮动周期后，按重新定价日中国人民银行公布施行的同档次贷款基准利率上浮 50%，作为下一个浮动周期的基础利率，逾期融资罚息利率为该基础利率水平上加收 50%。

贵行保留采取一切必要措施向我司追索融资本息的权利。

我司保证将依据贵行审批的金额、利率，按要求支付相关融资利息及费用，并郑重声明若发生上述《国内商业发票贴现协议》提及的情形致使贵行不能按期收回相关款项，贵行有权从我司在贵行开立的账户中主动扣款（账号：196203613084）或采取其他措施追偿。

A CO

联系人：×× 联系电话：1234563555

2018－7－5

9月5日B公司按照合同规定汇给A公司货款5万美元。

贴现的天数＝

贴现利息＝

到账后银行扣除　　　　　　美元

再按照9月6日的实际汇率6.0812/20将剩下的钱划入A公司的账户＝

# 第九章　福费廷业务

## 知识要求

通过对本章的学习，学生应掌握以下知识点：福费廷的含义、福费廷业务的特点、福费廷对当事人的作用和风险、福费廷业务的业务流程和福费廷操作注意事项等。知识要求主要体现在第一部分福费廷业务常识部分。

## 技能要求

通过对本章的学习，学生应当掌握的操作技能包括：福费廷业务中出口人的包买利息计算方法、福费廷业务的具体操作流程和操作技能、福费廷业务对业务当事人的风险和防范技能。学生通过完成第二部分的实训习题来掌握以上技能和操作方法。

## 关键术语

福费廷含义　福费廷特点　福费廷利息

# 第一部分　福费廷业务理论常识部分

## 一、福费廷的概念

福费廷即出口应收账款的无追索权买断，是包买银行向出口商无追索权地买断贸易项下未到期债权的一种贸易融资方式。通常该债权已由金融机构承兑、承诺付款或保付。

## 二、福费廷业务的特点

（1）票据一般都是以国际贸易为背景的。

（2）做福费廷业务后，出口人必须放弃对所出售的债权的一切权益，而包买商也必须放弃对出口人的追索权。

（3）出口人在背书时转让票据时加注"无追索权"。

（4）福费廷业务项下的融资是以远期汇票的开立为基础的，多用于资本货物、技术贸易等出口金额大、期限长、风险多的贸易业务项下的分期付款交易，尤其是对那些得不到政府资助、出口信贷资金不足或难以贴现的业务。

（5）主要载体是远期信用证项下的经开证行或保兑行承兑的远期汇票。

## 三、福费廷对于出口商和进口商的作用

### （一）对出口商的作用

（1）有效规避风险。远期收款可能产生国家风险、买方信用风险、利率及汇率风险等，福费廷可有效规避以上各类风险。

（2）增加贸易机会。出口商可以采用延期付款的条件增强市场竞争力，也有利于出口商开辟高风险地区的对外贸易。

（3）手续简便、不占额度。福费廷业务不占用出口商在银行的授信额度。

（4）政策优势。根据外管政策，出口商在福费廷融资后即可办理收汇核销和退税手续，节约财务成本，改善现金流。

（5）加速资金周转、优化财务报表。出口商可以减少应收账款，增加现金流量，避免资金占压，同时节约应收账款管理成本。

### （二）对进口商的作用

（1）能在资金短缺的情况下，达成大型设备等项目的交易。

（2）可以避免向国际金融市场借款。

（3）能利用出口国银行给进口国银行的信贷额度，使卖方信贷实际上变成买方信贷。

（4）利用"福费廷"手续简便，不需要像利用买方信贷那样进口商要多方联系。但对进口商也有不利，如由于把利息和所有的费用负担都计算在货价内，大大提高了进口价格。此外，进口商为寻求担保银行，需向担保银行交付一定金额的担保费或抵押品。

## 四、福费廷的业务流程

（1）出口商向包买银行提出办理福费廷业务的申请，与包买银行签订《福费廷融资合同》。

（2）出口商将进口商/信用证要求的各类单据通过包买银行审核后寄至进口商银行/开证行。

（3）当开证行向包买银行发出承兑/承付电或进口商所在地银行在汇票上加签保付/担保后，出口商向包买银行提交《福费廷融资申请书》。

（4）包买银行审核并报价，出口商接受报价后，包买银行无追索权地买断由开证行承兑的远期汇票或由进口商所在地银行担保/保付的远期汇票或本票。

（5）包买银行将货款扣除利息和相应的费用后将款项净额支付给出口商。

（6）包买银行出具出口收汇核销专用联，供出口商办理出口收汇核销和退税。

### 五、注意事项

（1）办理福费廷业务的有关债权应具有真实贸易背景，合法、真实、有效，未设立任何抵押、质押。

（2）选择资信良好的开证行或承兑/保付银行，有利于获得优惠的融资利率。

（3）无追索权是相对的，根据福费廷业务合同，在开证行因当地法院发出止付令而未能履行信用证项下的付款责任时，或出口人诈骗，出口人则必须返还原融资款项。

（4）利息比押汇高。

### 六、包买行对于业务的审核

（1）对出口人提供的资料进行合规性审核。

（2）充分考虑信用证开证行的国家政治、经济风险，对于风险较高的国家和地区，为了避免风险，可考虑转卖，或邀请一家或几家银行对自己的业务风险担保。

（3）认真审核开证行或保兑行的承兑电报，对于属于开证申请人承兑，未经加押和有权签字的承兑，含义不明的承兑不得办理。

（4）在出口地银行的代理行管理信息系统中，对于开证行在出口地银行没有授信额度的，不办理。

（5）票据必须获得进口方头等银行的担保，以减少包买商的风险，担保以保付完成。

A. 出口人开票：出口人开出以买方作为付款人的远期汇票，经买方承兑后再由进口方银行在该承兑汇票上背书或签章。

B. 进口人开票，经过当地头等银行保付后寄交出口人。

C. 信用证项下汇票，汇票经过开证行保付后。事实上远期信用证占福费廷业务的绝大部分，任何金额超过 100000 美元，60 天以上的付款的远期信用证均可做福费廷业务。

# 第二部分 福费廷业务实训习题部分

### 实训习题 1 福费廷业务

出口商南京 ABC 公司与进口商印度 SUDAR 公司就进口文化纸签订了合同，双方约定采用远期信用证方式结算，期限为 B/L 后 120 天，金额为 60000 美元，B/L 日期为 2020

年 7 月 4 日。印度 ICICI BANK 作为开证行开立了信用证，信用证号为 MLC25910，交通银行为出口交单行，发票号为 100707。交行于 2020 年 7 月 10 日邮寄出口商单据，编号为 BP201000062，并于 7 月 17 日收到开证 ICICI BANK 的承兑电，称其将于 10 月 4 日付款。

交行向 CITIBANK，HONG KONG 询价，得到答复为利率为 LIBOR 加 155 点，最低 120 美元，另有 200 美元的处理费。融资时间超过两个月，少于三个月，需按三个月 LIBOR 计算，当时三个月 LIBOR 为 0.35%。交行向受益人报价为 LIBOR 加 230 点，所以包买行与交行的利率分别为 1.9% 和 2.65%。由于 10 月 4 日是国庆假期，故融资期限延长至 10 月 8 日，办理融资日为 7 月 2 日。

交行将利率和费用报送至客户确认，出口商南京 ABC 公司认可并和交行签订业务申请书和融资合同。由于超过最低收费，所以按实际利息收取。

**福费廷报价确认书**

基本信息
L/C 号：MLC25910
发票号：100707
我行业务编号：BP202000062
融资金额：USD60000.00
我公司同意以上报价

报价信息
利率：Libor（0.35）+2.30%
宽限期：4 WORKING DAYS
外资银行费用：USD200

南京 ABC 公司（签字盖章）

有关当事人：
出口商：
进口商：
议付行：
开证行：
包买行：
融资期限为 7 月 17 日到 10 月 4 日，融资天数：_____ 天。
包买行利息：
交行利息：
所以包买行收取利息为_____，另有处理费 USD200。
交行收取客户的总费用为利息加处理费＝
交行过桥费为＝
最后卖方能收回的钱＝

### 实训习题2 福费廷利息计算

南京 EFG 公司欲在远期信用证 LCl23 项下办理福费廷，开证行为 BOTKJPJT，金额为 USD90000，交通银行编号为 BP201000060，期限为 6 月 21 日至 8 月 29 日，融资当天的 LIBOR 为 0.45%，包买行报价为 LIBOR+200 点，交通银行报价为 LIBOR+250 点，宽限期为 2 天。如果让渡银行为交通银行，请计算融资期限、出口商入账金额和交行受益。假设包买商是 CITIHKHH，融资编号是 F1。交通银行将利率和费用报送至客户确认，出口商认可并和交行签订业务申请书和融资合同。假设电报费为 USD200.00。

请填写：

融资天数＿＿＿＿天

包买行收取利息：

交通银行收取客户的总费用：

交通银行利润为：

出口商入账金额：

### 实训习题3 福费廷利息计算

南京 YUFAN 公司欲在远期信用证号码 LC456 项下办理福费廷，开证行为 MIDLGB22，金额为 USDl20000，出单行编号为 BP201000067，期限为 3 月 31 日至 7 月 26 口，融资当天的三个月 LIBOR 为 0.35%，四个月 LIBOR 为 0.45%，让渡银行为交通银行，包买行报价为 LIBOR+300 点，交通银行报价为 LIBOR+400 点，宽限期 3 天。请计算融资期限、出口商入账金额和交行受益。假设包买商是 CITIHKHH，电报费为 USD200.00。

请填写：

融资天数＿＿＿＿天

包买行收取利息为：

交通银行收取客户的总费用为：

交通银行过桥费为：

出口商入账金额为：

### 实训习题4 福费廷案例

瑞士某汽轮机制造公司向拉脱维亚某能源公司出售汽轮机，价值 3,000,000 美元。因当时汽轮机市场很不景气，而拉脱维亚公司坚持延期付款，因而瑞士公司找到其往来银行 ABC 银行寻求福费廷融资。该银行表示只要拉脱维亚公司能提供拉脱维亚 XYZ 银行出具的票据担保即可。在获悉拉脱维亚 XYZ 银行同意出保之后，ABC 银行与瑞士公司签署包买票据合约，贴现条件是：6 张 500000 美元的汇票，每隔 6 个月一个到期日，第一张汇票在装货后的 6 个月到期，贴现率为 9.75% p.a.，宽限期为 25 天。瑞士公司于××年 12 月 30 日装货，签发全套 6 张汇票寄往拉脱维亚公司。汇票于次年 1 月 8 日经拉脱维亚公司承兑并交拉脱维亚 XYZ 银行出具保函担保后，连同保函一同寄给 ABC 银行。该银行于 1 月

15 日贴现全套汇票。由于汽轮机的质量有问题，拉脱维亚公司拒绝支付到期的第一张汇票，拉脱维亚 XYZ 银行因保函签发人越权签发保函并且出保前未得到中央银行用汇许可，而声明保函无效，并根据拉脱维亚法律，保函未注明"不可撤销"，即为可撤销保函。而此时，瑞士公司因另一场官司败诉，资不抵债而倒闭。

问题：本案中包买商的处境如何？如何防范包买风险？

# 第十章　国际保理业务

## 知识要求

　　通过对本章的学习，学生应掌握以下知识点：国际保理的含义、国际保理的分类、国际保理的操作流程和使用范围。知识要求主要体现在第一部分保理常识部分。

## 技能要求

　　通过对本章的学习，学生应当掌握的操作技能包括：掌握保理业务的操作技能、了解保理业务和国际信用保险的异同和利弊、熟悉保理协议的内容和熟悉保理费用的构成。学生通过完成第二部分的实训习题来掌握以上技能和操作方法。

## 关键术语

　　国际保理　　国际保理的利弊　　国际保理的业务流程

# 第一部分　　国际保理常识

　　保理业务在国外已有上百年的历史，早在 16 世纪欧洲就出现了保理业务的模糊形态，当时还是商务代理关系的一种。现代国际保理业务起源于 19 世纪末，也已谱写了 70 多年的历史篇章了。

## 一、保理业务含义

　　保理（Factoring）是近一二十年在国际上发展起来的一种新兴贸易结算方式。目前国内外对保理定义比较一致的表述是，保理商为国际与国内贸易赊销方式提供的贸易融资、销售账务处理、应收账款的收取管理及买方信用担保融为一体的金融服务。1988 年 5 月，国际统一私法协会通过了《国际统一私法协会国际保理公约》，这个公约是截至目前，对国际保理事务最具权威的各国公认的最高法律框架文本。公约综合协调了世界许多国家和地区的各种意见，明确规定了国际保理合同的法律含义及适用范围。《保理合同》系指一方当事人（供货商）与另一方当事人（保理商）之间所订立的合同，根据该合同：

（1）供货商可以或将要向保理商转让供货商与其客户（债务人）订立的货物销售合同产生的应收账款。但是主要供债务人个人、家人或家庭使用的货物的销售所产生的应收账款除外。

（2）保理商应履行至少下述两项职能：

A. 为供货商融通资金，包括货款和预付款。

B. 保持与应收账款有关的账目（分类账）。

C. 收取应收账款。

D. 防止债务人拖延付款。

（3）应收账款转让的通知应送交债务人。

## 二、保理业务的服务内容

根据国际统一私法协会通过的《国际统一私法协会国际保理公约》的规定，保理商应依据出口商与保理商所签订的《保理合同》，提供以下全部或部分服务。

（1）为出口商提供贸易融资。出口保理商根据出口方申请向进口保理商征询，按规定程序授予出口方保理信用额度，并与出口方签订保理协议。出口方在协议规定时间内发货并提交相应的文件，可获得最高比例达到发票余额 80% 的融资。

（2）为出口商提供出口贸易销售账务处理。在出口方叙做保理业务后，出口保理商会根据出口方的要求，定期或不定期向其提供关于应收账款的回收情况、逾期账款情况、信用额度变化情况、对账单等资料，协助出口方进行销售管理。

（3）调查进口商的资信状况。保理公司通过现代化的手段获取最新的客户信息与资料，为出口商提供客户的信用销售额度，还可以及时为出口企业制定出口战略和风险防范措施。

（4）回收应收账款。在出口方叙做保理业务后，出口保理商会根据出口方的要求，回收或催收应收账款，汇报应收账款的回收情况、逾期账款处理情况。

（5）为买方提供信用担保。进口保理商会为进口商核定一个信用额度，并且在协议执行过程中，根据进口商资信情况的变化对信用额度进行调整。对于出口方在核准信用额度内的发货所产生的应收账款，进口保理商提供最高为 100% 的坏账担保。

此外，由于保理业务长期以来一直有商务代理的内容与性质，所以保理商还经常为出口企业提供有关买方的信息，帮助出口企业打开国际市场，进行市场推销；在双方发生贸易纠纷时，代理出口商与买方进行协调，包括进行法律诉讼等。

## 三、保理的起源与发展

### （一）在国际贸易孕育中产生

保理制度作为国际贸易活动中一种结算方式和法律性制度，有着十分悠久的渊源。早在 16 世纪的欧洲，最初是通过寄售方式的商务代理制逐渐演变成为提供短期贸易融资的保理服务。在 19 世纪后半叶，保理商从负责销售商品的商业代理人变成了接受卖方转让应收账款的债权人，因而使委托人和代理人之间的关系变成了债权转让人和受让人之间的民商法律关系。保理业到了 20 世纪，有了更为普及性的发展，保理业由适用于一般的国内贸易和个别领域扩至国际贸易和金融等敏感领域，并且立有专门的法律。1968 年在荷兰阿姆斯特丹以 100 多家银行所属的保理公司组成了"国际保理商联合会"（Factors Chain International，FCI），使保理这项国际结算业务有了自己的运作规范秩序。

### （二）全球保理业务发展迅猛

据国际保理商联合会的统计，2006 年全世界国际保理业务的营业总额为 1133.143 亿欧元。而到 2019 年，全球保理业务的营业额达到 2917.105 亿欧元。与 2006 年相比，保理公司的营业额增长了 257%，这足以说明保理业务发展的潜力。保理业务增长情况可见表 10-1。

表 10-1　国际保理营业总额增长比较表　　　　　单位：亿欧元

| 年份 | 世界国际保理营业总额 | 增长率 |
|------|------|------|
| 2006 | 1133.143 | |
| 2007 | 1300.666 | 15% |
| 2008 | 1324.650 | 2% |
| 2009 | 1283.552 | −3% |
| 2010 | 1648.375 | 28% |
| 2011 | 2015.023 | 22% |
| 2012 | 2132.231 | 6% |
| 2013 | 2208.372 | 4% |
| 2014 | 2347.513 | 6% |
| 2015 | 2367.790 | 1% |
| 2016 | 2375.967 | 0% |
| 2017 | 2598.298 | 9% |
| 2018 | 2767.067 | 6% |
| 2019 | 2917.105 | 5% |

## 四、保理业务优势

现代国际贸易在一个多世纪的发展中，大致形成了四种基本的支付、结算及融资手段：现金预付、信用证、托收（付款交单托收及承兑交单托收）与计账和赊账，构成了一个传统常规的国际结算方式体系。由于进/出口商利益相反，所以这四种特性不同的方式对进/出口商的意义、作用及影响也各异。如图（10-1）所示。

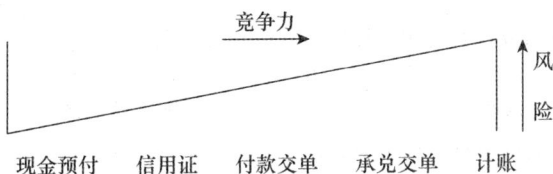

竞争力 →

风险

现金预付　　信用证　　付款交单　　承兑交单　　计账

**图 10-1　对出口商**

该图表明，对出口商而言，现金预付是风险最低，但同时也是最缺乏竞争力的支付手段，依次是信用证、托收；而风险最高，同时也最具竞争力的支付手段，则是按一定结算期付款的记账贸易。然而，对进口商来说，情况正好相反：请看图 10-2。

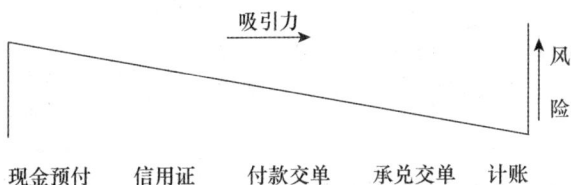

吸引力 →

风险

现金预付　　信用证　　付款交单　　承兑交单　　计账

**图 10-2　对进口商**

进口商最不愿意接受的是预付现金，因其风险最大，而最青睐的是记账贸易，因其几无风险。若把前述四种基本结算方式比作一座天平，把进出口双方比作天平两边的砝码，那么我们可以看到以下（图 10-3）的情景。

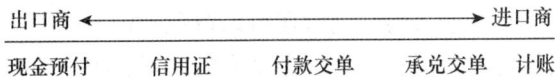

出口商 ←　　　　　　　　　　　　　　→ 进口商

现金预付　　信用证　　付款交单　　承兑交单　　计账

**图 10-3**

在其他条件已定的情况下，哪一方的谈判力量强大，天平则可能向哪一方倾斜。过去世界市场相对分离，天平向有利于出口方的左边倾斜；全球经济一体化的发展，买方市场的形成，改变了结算手段据以运行的经济环境，从而也直接影响着贸易结算的市场走势，国际贸易支付结算的天平已明显地向右边倾斜。

应收账款融资与管理记账贸易迅速崛起，保理业务应运而生，满足了记账迅猛发展的需要。在同一出口企业中，通常是财务主管偏爱现金预付或记账贸易，因其有收款保障；而市场主管则主张记账贸易，因其可以扩大销售。保理方式则使两者皆大欢喜，因其很大程度上是现金预付与记账的混合体。

## 五、保理业务与其他结算方式比较的优势

国际保理服务最大的好处是使出口商在信用风险有所保障的前提下出口商品，并能向进口商提供更为灵活的付款条件，增强其国际市场的竞争力。参见表10-2。

表10-2　保理业务应用优势表

| 益处 | 对出口商 | 对进口商 |
|---|---|---|
| 增加营业额 | 对于新的或现有的客户提供更有竞争力的O/A、D/A付款条件，以拓展海外市场，增加营业额 | 利用O/A、D/A优惠付款条件，以有限的资本，购进更多货物，加快资金流动，扩大营业额 |
| 风险保障 | 进口商的信用风险转由保理商承担，出口商可以得到100%的收汇保障 | 纯因公司的信誉和良好的财务表现而获得进口商的信贷，无须抵押 |
| 节约成本 | 资信调查、账务管理和账款追收都由保理商负责，减轻业务负担，节约管理成本 | 省却了开立信用证和处理繁杂文件的费用 |
| 简化手续 | 免除了一般信用证交易的烦琐手续 | 在批准信用额度后，购买手续简化，进货快捷 |
| 扩大利润 | 由于出口额扩大、降低了管理成本、排除了信用风险和坏账损失，利润随之增加 | 由于加快了资金和货物的流动，生意更发达，从而增加了利润 |
| 培养合作关系 | 有利于新市场与新客户的培养，经过一段时间往来，可充分了解买方的信用状况，以建立更深入的合作关系 | 通过往来可充分显示良好的信誉及经营实力，有利于从卖方争取到更优惠的贸易条件，并与卖方建立长久巩固的贸易关系 |

资料来源：中国银行网站，国际结算，国际保理篇

（1）保理方式与信用证（L/C）比较，业务办理手续简便易行。可以使进口商不占用银行的授信额度即可扩大自身购买力，同时还可以避免银行占压开证保证金。对于出口商而言，他在办理保理后就可以依照销售合同主动发货，不必担心单据不符而遭拒付。

（2）保理服务方式与承兑交单（D/A）、付款交单（D/P）方式比较，可以保证出口商及时、安全收汇，且可以减少利息支出。

表10-3　保理与D/A、D/P、L/C、O/A结算方式比较

| | 出口保理 | D/A | D/P | L/C | O/A |
|---|---|---|---|---|---|
| 信用种类 | 银行 | 商业 | 商业 | 银行 | 商业 |
| 进口商信用风险保障（债权） | 有 | 无 | 无 | 有 | 无 |
| 进口商的费用 | 有 | 无 | 无 | 有 | 无 |
| 出口商的费用 | 有 | 有 | 有 | 有 | 有 |
| 对进口商抵押品的要求 | 无 | 有 | 有 | 无 | 有 |

| | 出口保理 | D/A | D/P | L/C | O/A |
|---|---|---|---|---|---|
| 增加营业额 | 极高 | 极高 | 一般 | 较低 | 极高 |
| 风险保障 | 极高 | 极低 | 一般 | 较高 | 较低 |
| 提高进口商财务灵活性 | 极高 | 极高 | 一般 | 极低 | 极高 |
| 出口商竞争力 | 极高 | 极高 | 一般 | 极低 | 极高 |

资料来源：季涛编《国际商务》，中国人民大学出版社

（3）保理业务与承兑交单（D/A）及其赊销方式相比较更便于催收货款。

（4）保理业务与赊销（O/A）比较，最大的优势是对债权的保障，出口信用收款风险大大减少。

## 六、国际保理和信用保险的比较

出口保险公司一般要求出口商将其全部销售交易都要投保（无论哪种付款方式都要投保），而保理服务无此要求。一般说来，出口信用保险服务要比保理服务费用高。出口信用保险项下，进口商信用风险一般由保险公司和出口商共同承担，在出现坏账时，保险公司一般只赔偿70%~90%，而且索赔手续烦琐耗时；而保理服务中，保理公司承担全部信用风险。如表10-4所示。

表10-4　国际保理与出口信用保险优势比较

| | 出口保理 | 出口信用保险 |
|---|---|---|
| 费用 | 1%~1.5%（发票金额） | 4%（出口金额） |
| 最高保障（核准额度内） | 100% | 70%~90% |
| 赔偿期限（贷款到期日起） | 90天 | 120~150天 |
| 进口商资信调查评估 | 详细 | 一般 |
| 财务信用风险保障 | 全部 | 部分 |
| 应收账款追收及管理 | 有 | 无 |
| 财务会计记录及管理 | 有 | 无 |
| 贸易融资的提供 | 有 | 无 |

资料来源：季涛编《国际商务》，中国人民大学出版社

## 七、国际保理业务流程

（1）出口商寻找有合作前途的进口商。

（2）出口商向出口保理商提出叙做保理的需求并要求为进口商核准信用额度。

（3）出口保理商要求进口保理商对进口商进行信用评估。

（4）如进口商信用良好，进口保理商将为其核准信用额度。

（5）如果进口商同意购买出口商的商品或服务，出口商开始供货，并将附有转让条款的发票寄送进口商。

（6）出口商将发票副本交出口保理商。

（7）出口保理商通知进口保理商有关发票详情。

（8）如出口商有融资需求，出口保理商付给出口商不超过发票金额的80%的融资款。

（9）进口保理商于发票到期日前若干天开始向进口商催收。

（10）进口商于发票到期日向进口保理商付款。

（11）进口保理商将款项付出口保理商。

（12）如果进口商在发票到期日90天后仍未付款，进口保理商做担保付款。

（13）出口保理商扣除融资本息（如有）及费用，将余额付出口商。

## 八、国际保理业务组织

### （一）国际保理商联合会（Factors Chain International）

国际保理商联合会（Factors Chain International，FCI）1968年成立于荷兰阿姆斯特丹，是由世界各国主要保理商组成的国际组织。目前会员单位覆盖72个国家和地区，总数达258家，其会员的国际保理业务量占世界国际保理业务量的80%以上。作为全球最大的保理业务国际组织，FCI自创办以来，在加强国际同业交流、促进全球保理业务发展等方面发挥了重要的作用。

### （二）国际保理商组织

作为第一家国际性保理公司协会，IFG于1963年成立，总部设在比利时的布鲁塞尔，主要致力于帮助全球保理商之间更好地发展业务。IFG在90个国家拥有近400家会员公司，为跨境保理业务提供了独特的合作网络。主要产品包括发票贴现、资源保理、无追索权保理、代收服务和反向国内。

成立50年后，IFG又开辟了两条业务线：反向保理（FCIreverse和EDIreverse）和伊斯兰国际保理。IFG制定了系统的法律规则和文件，适用于所有组织成员及与成员进行保理交易的其他人，用以规范和保证保理服务的标准化、高质量，同时也明确和简化了成员从事保理业务时涉及的相关法律文件和法律程序。当保理交易发生争议时，组织也是依据这些法律规则和文件进行仲裁。

# 第二部分　国际保理的业务实训

### 实训习题1　比较国际保理业务和福费廷业务

### 实训习题2　比较国际保理业务和信用保险业务

### 实训习题3　出口商要办理国际保理业务一般需要具备哪些条件

### 实训习题4　杭州凯胜化工有限公司国际保理业务案操作

背景：杭州凯胜化工成立于2017年7月，注册资本100万元，股东为2个自然人，经营范围包括化工原料和产品批发零售，主要从事出口业务，以 D/P 30天为主。公司目前的财务报表显示：总资产116万元，净资产99万元，负债7.06万元，实现销售收入38万元，利润亏损0.6万元。无法提供土地、厂房等有效担保。

进口商：比利时的 A 公司、日本的 B 公司、墨西哥的 C 供公司。

渠道稳定，风险较大，资金周转困难。

保理业务的操作流程：中国银行杭州分行接受凯胜化工的保理业务申请，中行杭州分行向比利时的保理商申请保理额度，比利时的保理商 FORTIS COMMERCIAL FINANCE 核定进口商 CHEMMOSYNTNAN. Y. 的保理额度为 USD15 万，管理费为 5‰，凯胜化工经过核算和权衡后，接受报价并和中行杭州分行签订保理协议。凯胜化工和 CHEMMOSYNT-NAN. Y 签订贸易合同并出货，将合同、发票、提单等单据交中行杭州分行，中行国际部审单无误后将相关单据寄送给进口商 CHEMMOSYNTNAN. Y.，中行风险管理部审批该笔发票的融资，营业部保理系统操作员发放相应的贷款。凯胜化工2017年12月办理了首笔发票融资，至2018年5月共办理保理融资12笔，假拟35.11万美元，收回11笔。中行获得手续费收入2194.5美元。利息收入2237美元，结汇收入395美元。

问题1：凯胜公司有哪些方案来解决资金周转困难？

问题2：凯胜公司假如可以选择信用保险、国际保理两种方法来解决融资问题，请比较两者的优缺点。

问题3：如果凯胜公司采用国际保理业务来操作，有哪些优点？

问题 4：在保理业务过程中当事人之间有无风险？

### 实训习题 5　压力锅公司国际保理业务案操作

出口商是中国某压力锅生产商 A 公司，进口商为法国某大型超市 B 公司。A 公司和 B 公司协商，欲采用 O/A 的方式进行贸易。A 公司和中国银行广州分行（FCI 成员）联系，向其提出办理国际保理业务的申请，并提供该笔交易相关的背景资料。中行广州分行经审查同意后，双方签订出口保理合同，出口商 A 将其应收账款转让给中行，中行作为出口商保理商负责保理业务的运作。中行广州分行选择了法国一家银行 ABC 银行（FCI 成员）作为进口保理商，应收账款被再次转让给 ABC 银行。与此同时，法国的 ABC 银行对 B 公司的资信状况进行调查，并根据其资信状况核定一定的信用额度。B 公司在该信用额度范围之内，以 OA 为付款条件下达订单。A 公司货物出口后，将正本发票、提单、原产地证书、质检证书等全套单证邮寄给 B 公司，并将单据的副本交中行广州分行。中行根据 A 公司的要求按照外销发票金额的 80% ~ 95%，向 A 公司提供融资款项。中行根据 FCI 电子数据交换系统，将相关单据通知法国的 ABC 银行。法国的 ABC 银行在发票载明的付款到期日前向 B 公司催收货款交付中行广州分行，中行广州分行向 A 公司付清尾款。如果发票载明的付款到期日满 90 天，B 公司还没有支付货款，ABC 银行将按照发票票面金额的 100% 付款给 A 公司。

问题：

1. FCI 是什么？

2. O/A 对贸易双方有何利弊？

3. 该笔保理业务对于 ABC 银行有何风险？

### 实训习题 6　富国银行保理案例

出口商：宁波雅戈尔，进口商：美国沃尔玛，商品：衬衣，价值：1000000USD，结算方式：O/A 60 天

出口保理商：中国银行宁波分行，进口保理商：美国富国银行

2018 年 12 月进出口商合同订立后，雅戈尔向中行申请了保理，中行向美国富国银行申请，富国银行对于沃尔玛进行了资信调查，批准该业务。富国银行和中行宁波分行签订保理商间协议，富国银行收取 5‰ 的佣金。

宁波分行和雅戈尔签订保理业务协议，融资比例为 70%，利息为 2%。

进出口商订立购买合同，采用 O/A 60 天结算方式，出口商 1 月 1 日发货，雅戈尔账面

有了 1000000 美元的应收账款。

1 月 3 日，雅戈尔将全套出口单据转让给中行宁波分行，用离岸账户进行操作，中行审单无误后，将单据转让给美国富国银行，1 月 3 日中行给雅戈尔融资 700000 美元。

富国银行在 60 天到期之前向沃尔玛催收货款，3 月 3 日富国银行收到 1000000 美元货款，扣除其佣金 1000000*5‰=5000，将 995000 转账给中行宁波分行。

宁波银行在 3 月 6 日扣除利息，已经融资的金额和佣金后将余款转给雅戈尔。

请计算：

融资的天数：从 1 月 3 日到 3 月 6 日，共____天。

宁波银行扣除利息 =　　　　　　美元

佣金：　　　　　　美元

最后转给雅戈尔余款 =　　　　　　美元

## 实训习题 7　案例分析

2019 年美国哥伦比亚服装公司（COLUMBIA FABRIC INC.）想从我国华通公司（某从事服装纺织类商品的制造）进口一批服装，金额约为 USD7668000。此次美国哥伦比亚服装公司想用 D/A at 90 days 进行结算，但是我国华通公司在 D/A 方面涉及较少，并认为资金稍大，占用时间较长，会使自己资金吃紧，影响与其他合作伙伴的合作，因此提出使用出口双保理，双方达成协议同意使用出口双保理。

补充信息：利率（libor = 0.63%，浮动 20%），保理费率 1%，单据处理费 10 美元，邮寄费 30 美元，外国银行中转费 15 美元

业务流程：

（1）美国哥伦比亚服装公司与华通公司签订买卖合同。

（2）华通公司向中国银行提出初步信用评估的申请，出口银行向进口地保理商传递评估申请，进口保理商对进口商进行信用评估。

（3）进口地保理商将结果传回给出口地保理商，出口地保理商将结果通知出口商。

（4）签订保理协议，申请信用额度并反馈。

（5）出口商华通公司发货。

（6）出口商华通公司向中国银行提交债权转让单据，中国银行转发债权转让单据信息给美国远东国民银行。

（7）中国银行向出口公司华通公司提供 78.1% 的融资（最高可为发票金额的 80%~90%）。

（8）到期付款日前美国远东国民银行向进口商催收，进口商付款，在扣除手续费后将货款转给出口地银行，再扣除手续费后转给出口商。

问题 1：国内外银行费用是多少？

问题2：保理费用是多少？

问题3：融资利息费用是多少？

问题4：出口人融资费用总共是多少？

问题5：出口人费用占销售金额比例是多少？是什么意思？

问题6：通过保理业务对出口人有什么意义？

问题7：出口人办理保理业务有哪些弊端？

# 第十一章  备用信用证

**知识要求**

通过对本章的学习，使学生了解备用信用证的概念、备用信用证的分类、备用信用证的业务流程、备用信用证的发展历史和有关国际惯例（ISP98）、熟悉备用信用证和跟单信用证与保函的异同。

**技能要求**

通过对本章的学习，使学生能够熟悉备用信用证当事人的风险和防范措施、读懂备用信用证和熟悉备用信用证在国际贸易中的具体运用方法。

**关键术语**

备用信用证 ISP98

# 第一部分  备用信用证常识

## 一、备用证的概念

### （一）备用证的定义

备用证是现代银行代替银行保函的流行方式，是一种担保书，也可以看作是信用证的一种特殊形式。

UCP600 第 1 条规定，备用信用证（standby letter of credit）和跟单信用证一样适用于

UCP600，只要受益人提交了与信用证规定相符的单据，即可取得开证行的偿付。这里所指的单据是指信用证规定的任何单据，一般跟单信用证中规定的单据是发票、提单等商业单据，而备用证规定的单据是指汇票、开证申请人未履约的声明或证明文件等。如果开证申请人履约无误，则备用信用证就成为"备而不用"的结算方式，故称为备用信用证。

1999年1月1日开始实施的《国际备用证惯例》（International Standby Practices，简称ISP98）规定，将根据 ISP98 开立或受 ISP98 约束的承诺命名为备用证（standby）。ISP98 的适用对象是一种担保书，不论开证人将其所做出的这项承诺叫什么名字或用什么词句来对其进行描述，只要这项承诺的内容具备所说的要素，就是本惯例定义的备用证。因此，备用证可能是如 UCP600 所定义的银行备用信用证；也可能是非银行机构开出的备用信用证，如保险公司为担保履约而开出的备用信用证；更可能是不以备用信用证命名的某种担保书，只要在其正文中明确表示其根据 ISP98 而开立或受 ISP98 的约束。

## （二）备用证的基本要素

（1）备用证的完整编号。

（2）各方当事人的名称，包括开证行、申请人、受益人、受证行。

（3）基础合同（进出口双方的贸易合同）签订的日期、编号及主要内容。

（4）备用证担保的范围（责任）、币种、金额。

（5）索偿时所需要提供的文件或单证及提示方式。

（6）备用证的效期，包括生效日期、失效日期。

（7）备用证的准据法。

## （三）备用证的类型

（1）履约备用证（performance standby），担保一项非款项支付的履约义务，包括对申请人在基础交易中违约而造成损失进行赔偿的保证。

（2）预付款备用证（advance payment standby），担保申请人对受益人预付款后所应承担的责任和义务。

（3）投标备用证（bid bond/tender bond standby），担保申请人中标后执行合同的责任和义务。

（4）反担保备用证（counter standby），为其受益人所开立的另外的备用证或其他承诺提供担保。

（5）融资备用证（financial standby），担保付款义务，包括保证偿还借款义务的任何证明文件。

（6）直接付款备用证（direct payment standby），担保一项基础付款义务，尤其是与融资备用证有关的基础付款义务的到期付款，而不论是否涉及违约。

（7）保险备用证（insurance standby），担保申请人的某一保险或再保险之义务。

（8）商业备用证（commercial standby），在申请人未以其他方式对货物或服务做出支付时，保证申请人的付款义务。

### （四）备用证当事人的责任关系

（1）申请人向开证行电请开立备用证。

（2）开证行向受证行开出备用证。

（3）受证行向受益人通知备用证。

（4）申请人顺利履行基础合同的义务，备用证自动失效；或申请人未履行基础合同义务，受益人将索偿声明及文件或单证向开证行提示，开证行履行备用证责任和义务，然后与申请人交涉归还代偿付款项。

## 二、备用证的性质

备用证是不可撤销的、独立的、跟单的，且具有约束力的一种承诺。

**1. 不可撤销性**

ISP98 第 1.06 条明确规定，本惯例所指的备用证是不可撤销的，并且无须注明。也就是说，可撤销备用证不在本惯例定义之列。但是，并不排除在各方均能接受的情况下允许使用可撤销备用证。因为 ISP98 第 1.01 条 c 款为"适用于本规则的承诺，可以明确地变更或排除其条款的适用"，根据这一规定，一个备用证既可以声明是依据本惯例开立，同时又声明第 1.06 条关于备用证不可撤销的规定不适用，这样，该备用证就成了适用于 ISP98 且可以撤销的备用证。但若备用证是依据 UCP600 开立的，那一定是不可撤销的。

**2. 独立性**

备用证继承了一般信用证的独立抽象性：独立于交易合同之外，不受交易合同的约束。备用证是一种基于交易合同的担保，开证人（担保人）必须具备非合同当事人身份才能接受一方请求对另一方做出承诺和担保，这样的承诺和担保才有意义；否则，开证人没有资格为他人提供担保，其开出的备用证不可能被受益人所接受，其他各方（如被指定人）不可能加入其中为其提供服务。但同时，开证人对申请人或受益人是否执行贸易合同也不负责。所以，独立性是备用证这种担保和结算工具存在的前提。

备用证的这种独立性原则在开证人、受益人和申请人之间的关系中得到具体体现。ISP98 第 1.07 条规定："开证人对受益人的义务不受开证行对申请人任何协议、惯例或法律项下的权利和义务的影响。"同时，不管是受益人还是申请人都不能利用任何基本合约的关系。当事人只能根据相应惯例扮演自己的角色。

**3. 跟单性**

单据化也是备用证独立性的具体表现。备用证是跟单的，这使得开证人无须介入交易便可履行自身义务，依据就是单据。"单证相符"的要求与一般跟单信用证是一致的。开证人履行其责任和义务基于对受益人提交的全部备用证所要求的单据其表面状况的审核，但并不负责单据的精确性、真实性或有效性。

ISP98 对备用证的单据的定义是广泛的，是指汇票、索偿书、权利文件、投资证明、发票、违约证明以及其他法律、权利或观点证实文件。这些单据可以是纸质的，也可以是电子形式的，后者体现了电子技术的发展和电子商务的趋势，有利于促进备用证的进一步推广。但无论是纸质单据，还是电子形式的单据，都必须是可以提交的和可以审核的，是开证人或指定人可以用作赖以支付的凭证。

**4. 约束性**

备用证及其修改一经开立即具有约束力，不论申请人是否授权开立，开证人是否收取了费用，或受益人是否收到或接受备用证或修改，它对开证人都是强制性的，开证人均应承担证下义务。ISP98 第 2.03 条对什么条件下视为"开立"做了具体规定：备用证自离开开证人的控制之时一起视为"开立"，除非其中清楚地注明该证此时尚未"开立"（issued）或不具有"可执行性"（enforceable）。声明备用证尚未"available""operative""effective"或类似表示，并不影响该备用证；不可撤销的性质和自其脱离开证人控制后即对开证人所产生的约束力。

何为"脱离开证人控制"呢？如果开证人随时可收回该备用证并确保其他当事人均未得到该证，则可视为未脱离开证人控制；反之，视为已脱离其控制。例如，当开证人欲通过快递公司将备用证邮寄给某一当事人，开证人赶在快递公司将该证递交给当事人之前将该证撤回，此时的备用征可视为尚未脱离开证人控制，因此该证尚不具有可执行性，对开证人未构成约束力。如果在快递公司递交备用证之前开证人已无法收回，则视为该证已开出。

## 三、备用证的产生和发展

备用信用证是美国银行开发的一种金融工具，最早产生于 19 世纪中叶。1879 年，美国联邦法律禁止美国银行为客户提供担保，只允许担保公司（bonding company）承做担保业务，如果商业银行充当担保人而出具保函，将被认为是越权行为和无效的。但是银行业务中确实存在着金融担保的客观需要，美国的银行为了同外国银行竞争，达到为客户提供担保服务的目的，创立了这种特殊形式的支付承诺——备用信用证，以作为其保函业务的一种合法的替代，从而回避美国银行法的限制。备用信用证与一般的商业跟单信用证不同，后者是用作为货物或服务提供付款的工具，前者或以作为货款或预付金违约的支付工具，作为其他意外事件的支付工具；后者是在受益人履行交货义务后开证行付款，而前者是在申请人未能履约时开证人付款。所以，虽然从概念上来说，备用信用证具备了商业跟单信用证应具备的全部要素；但从属性和作用上说，备用信证与银行担保相同，因而在美国也称为担保信用证（guarantee credit）。

但备用信用证并不以一定的货物作为银行提供担保的基础，它没有货物的保证，因此它同无担保贷款一样，相当于对客户发放中期、短期的贷款。因而美国在制定银行贷款限额时，备用信证也在规定之列。1974 年美国联邦银行法规定，备用信用证的金额不得超过贷款限额，即银行对其任何一个客户的贷款额不得超过该行实收资本的 10%，但以现金、应收账款、国库券或其他价证券、流通票据为抵押开出的备用信用证不在限额之内。

作为一个独立的凭单付款的保证书，备用信用证通常只要求受益人提交汇票和简单的文件，以证明申请人或第三者的违约行为。在实务中，美国的银行只给信誉良好的客户开具备用信用证。如果客户到期未能履行付款责任，银行则或者贷款给客户用于偿还债务，或者根据受益人的索偿，在备用信用证项下代客户履行付款责任。

　　由于美国的银行在开具备用信用证时很谨慎，而且备用信用证也只是在申请人不能偿还债务或不能履约时才起支付作用，往往是备而不用的文件，加之备用信用证本身具有的内在灵活性和用途多样性，所以很受客户的欢迎。虽然后来美国有关的法律限制已被撤销，但随着国际贸易与金融的发展，备用信用证逐步为世界大多数国家认可和采纳。从1983 年的 UCP400 起，备用证被正式纳入《跟单信用证统一惯例》，成为国际结算与融资中的一种重要工具。由于备用证具备单据化、独立化和见索即付的特点，在处理业务时又可按照国际惯例办事，因此，相对保函而言，备用信用证更容易为银行掌握，故备用信用证的业务量一直居高不下。而相对于跟单信用证而言，备用信用证可以作为一种付款方式，却又有着明显的优势：操作简便，费用低，尤其是节约时间；而传统商业信用证手续很繁杂，其每个环节都需要长时间的严格审查，如开证通知、确认、实施（根据修改条款而进行的）、多次修改、延期等。故备用信用证越来越被看作是一种安全的简单的支付方式。在备用信用证广泛使用并且是发源地的美国，非美国国内银行开立的备用信用证余额已经超过美国的银行所开立的备用信用证余额。如今，备用信用证已成为一种成熟的、国际性的金融产品，有着极大的发展潜力。

## 四、《国际备用证惯例》

### （一）ISP98 产生的背景

　　正是由于备用信用证越来越被广泛使用，在全球范围内规范备用信用证业务的呼声越来越高。长期以来，备用信用证并没有一个统一的、独立的规则，而是依附于国际商会制定的《跟单信用证统一惯例》。《跟单信用证统一惯例》增强了备用信用证的独立性和单据性特征。它还为审核单据和通知拒付提供了标准，并为抵制在市场压力下采取容易导致纠纷的做法，如开立无到期日的备用信用证提供了基础。

　　但是，尽管《跟单信用证统一惯例》做出了很大的贡献，由于《跟单信用证统一惯例》并非专门为备用信用证而制定的，这就造成了有别于一般跟单信用证的备用信用证这一业务的特点在跟单信用证统一惯例中得不到体现，《跟单信用证统一惯例》对备用信用证不能完全适用，也不适合。这一点也在 UCP500 以及之后的 UCP600 第 1 条所承认，它规定"只在可以适用范围内"予以适用，这样就使很多问题无从解决。即使最不复杂的备用信用证（只要求提示一张汇票），都有《跟单信用证统一惯例》中未涉及的问题；而较复杂一些的备用证（诸如涉及期限较长、自动展期、凭指示转让等），则需要有更加专门的实务规则。另一方面，由于备用信用证的作用和性质与银行保函一样，而国际商会已单独为银行保函制定了《合约保函统一规则》和《见索即付保函统一规则》，所以，尽管 UCP500 规定该惯例适用于所有银行信用证，但仍然不断有金融机构询问国际商会：备用信用证究竟应被当作信用证而适用《跟单信用证统一惯例》，还是应被当作银行保函而适用于保函统一规则？这些都说明在全球范围内规范备用信用证业务的必要性。因此，为备用信用证专门提供一套独立的国际统一惯例已成为一种迫切需要。

1998 年 4 月 6 日，国际商会银行技术委员会与国际银行法律和惯例学会联合印发了第 590 号出版物，即《国际备用证惯例》（ISP98），并于 1999 年 1 月 1 日起正式启用。

ISP98 是国际银行法律与惯例学会（the Institute of International Banking Law and Practice, Inc.）的 ISP 工作组和国际金融服务协会（the International Financial Services Association，简称 IFSA）的特别工作组，在国际商会银行委员会（the ICC Banking Commission）的支持下，经过 5 年的努力，并与数百位银行界、法律界专家相互合作所得到的成果。这是国际商会首次以独立的规则制定备用信用证惯例，它表明备用信用证已成为用途广泛、日趋成熟的金融工具。ISP98 的实施必将推动备用信用证业务更大范围、更深层次、更高形式的发展。

### （二）ISP98 的适用性及与适用法律的关系

#### 1. ISP98 的适用性

ISP98 适用于所有类型的备用证，也不论其用于国际还是国内。惯例的名称上的"国际"一词，旨在强调惯例的国际适用性和惯例的国际权威性，并非限定其适用对象必须是跨国使用的备用证。

任何备用证或类似的担保书，不论其如何称谓或描述，只要明确注明根据 ISP98 开立，则适用于 ISP98。ISP98 将依其开立的备用信用证和类似担保书均命名为"Standby"，以区别于 UCP500 和 UCP600 中的"Standby Letter of Credit"。前者为已声明适用 ISP98 的备用证，后者为 ISP98 适用对象的范围，是指"非商业信用证，但在商务中一般被接受为备用信用证的信用证"。前者的范围更广，可以包括后者。如果一份"Standby Letter of Credit"是依据 ISP98 开立的，那么它也就是一份 ISP98 所定义的"Standby"。

ISP98 明确规定，适用其的备用证无须完全依照惯例规定执行，各方当事人根据实际需要可以在备用证正文中声明惯例某具体条款不适用该备用证。这一规定正是考虑"Standby"与以往通常使用的"Standby Letter of Credit"在外延上的区别，为了保证 ISP98 能成为具有普遍意义和多功能适用性的国际统一标准而特意规定的。

#### 2. ISP98 与适用法律的关系

ISP98 是适用法律的必要补充。许多国家都有自己的担保法规和条例，由于各国之间、各地之间的法律法规不一致，要求有一个广为接受的统一规则来保证跨国和跨地区业务的顺利进行是非常必要的。在两国或两地法律法规发生冲突时，法庭通常从相关国际统一惯例中寻求指导。如果惯例中的一些规则，诸如款项让渡和转让等，与强制性法律相冲突时，则以适用法律为准。如果惯例对某些问题未做规定时，适用法律将对此进行限制。譬如，ISP98 明确指出以下三个问题不予处理，应以适用法律为准。

（1）开证人是否有权开出备用证或是否有权开出某金额的备用证，这要根据开证人当地法律和金融当局及上级机构的授权决定。

（2）请求执行备用证的方式是书面加签还是口头约定，或者是必须提交有关当局的证明或合同等，这要遵守当地的法律规定，也要根据当事人之间的事先约定。

（3）基于欺诈、恶意或类似理由的拒付情况，也留待适用法律去解决。事实上，关于欺诈、恶意的认定，法律上是需要举证的，各国法律程序和标准也不同，国际惯例在这个问题上爱莫能助。另一方面，不仅是开证人可能认为受益人的索偿是欺诈性的，受益人也可能认为开证人的拒付是恶意的，对于这类问题的解决，国际惯例是力不从心的。因此，尽量避免介入。ISP98 不仅可用于司法诉讼，也可用于仲裁，诸如按信用证仲裁国际中心（the International center for Letter of Credit Arbitration，简称 ICLOCA）规则建立的以专家为基础的信用证仲裁体系或一般的国际商会商业仲裁（commercial ICC arbitration），或其他解决争议的方式。对解决争议方式的选择必须明确并适当地详尽，表明它与 ISP98 的联系。例如，"本承诺受 ISP98 的约束，所有因之发生或有关的争议按照 ICLOCA 规则（1996）做出仲裁"。

ISP98 有各种文字的译本，即便是同一文字的译本也有理解和翻译的不同。如 demand 有的译为"要求"，有的译为"见索即付"；drawing 有的译为"提取"，有的译为"支款"；complying presentation 有的译为"相符提示"，有的译为"正点交单"。国际商会强调，英文文本是有争议时的正式文本。

## （三）备用证与跟单信用证和保函的比较

### 1. ISP98 项下备用证与跟单信用证的比较

（1）备用证与跟单信用证的相同点。

第一，备用证与跟单信用证一样具有独立性，两者都是不依附于交易合同而独立存在的保证付款凭证，即使它们包含有关交易合同的任何援引，也不受交易合同条款的约束，其当事人只受本证自身条款的约束。

第二，备用证和跟单信用证在业务处理上都是以单据为凭而不是以合同或货物为凭，开证人作为中介，没有义务证实和担保单据的真实性和有效性，也不关心受益人与申请人之间的争端和纠纷。

第三，备用证和跟单信用证都有符合惯例的基本格式和内容，如必须明确规定可使用的限额和有效期，必须明确规定是否可转让等。对于可撤销与否的判断准则是一样的。

（2）备用证与跟单信用证的区别如下。

第一，依 ISP98 开立的备用证与跟单信用证遵循的惯例不同。即便是依照 UCP600 开立的备用信用证，对 UCP600 条款的适用性也不同。UCP600 是针对跟单信用证业务来制定的，备用信用证在做法上与跟单信用证有差别，所以惯例中有些条款对备用信用证不能适用。

第二，两者所要求的单据不同。UCP600 中关于运输单据、保险单据、商业发票等商业单据的条文及有关货物装运的规定，在正常情况下，被认为不适用于备用信用证。而 ISP98 中对备用证的单据已下了明确的定义。

第三，两者的用途不同。备用证有多种多样的用途，广泛适用于各种形式的融资或履约交易，如用于借款、投标、履约及赊购、赊销等业务，或用于赔偿金的支付，还可用于为发行商业票据作保等。跟单信用证一般只用于进出口货物贸易中。所以备用证的适用范围更广更宽。

第四，两者关于议付的含义和做法不同。跟单信用证项下的议付是常见的，出口商可通过议付银行议付单据而获取融资便利；而备用证项下的单据一般较为简单，为防范欺诈行为，开证人一般应尽量避免授权第三者议付和自由议付。UCP600要求汇票付款人应是开证人而非申请人，而备用证的所谓"议付"最典型的情况是备用证要求汇票付款人为申请人时，开证人无追索权的给付对价。

第五，两者的操作过程和业务处理有所不同。备用证往往是备而不用的凭证，一般只在债务人违约时才使用；而跟单信用证是相应的进出口交易中必用的结算工具。在其他一些具体的业务处理上，ISP98中有许多细节的规定，也是与UCP600不同的。

**2. ISP98项下备用证与银行保函的比较**

（1）备用证与银行保函的相同点。

第一，两者的性质和作用相同，都是开证人根据申请人的请求，以自己的信誉对受益人做出的付款担保。一旦债务人未按合同履约时，受益人可凭所规定的单据等得到开证人的赔付。

第二，两者的开立目的相同，都只是为了担保申请人的履约能力和资信，给受益人提供银行信用以弥补商业信用的不足，并不是为了支付（直接付款备用证除外）。

第三，两者在对单据的处理相同，都只对单据表面真实性负责，而对单据的伪造、遗失、延误概不负责。且只处理单据不处理货物，对申请人与受益人之间的纠纷并不参与。

第四，两者均由于没有货物保证基础，因此一般都不可以作为融资的抵押品，也不由第三家银行办理议付。

（2）备用证与银行保函的区别。

第一，两者适用的惯例和规则不同。备用证适用于ISP98；而保函则适用于各国有关的担保法律以及国际商会针对保函制定的相应规则，如URCG325和URDG458，除非保函明确声明依据ISP98开立。

第二，在实务中，银行可能开立见索即付保函，使银行承担第一性的付款责任，但也可能在保函中加列一些条件，使银行承担第二性的付款责任，即只在申请人被法律强制执行而仍无力履约时，受益人才可凭保函向银行索赔。但备用证一经开出，开证行就得承担第一性的付款责任。

第三，两者所要求的单据不同。备用证一般要求受益人在索赔时提交即期汇票及申请人未能履约的书面声明。而保函则并不要求受益人提交汇票，通常担保行仅凭受益人提交的书面索偿及证明申请人违约的声明付款。

第四，备用证一般是不可撤销的，但也不排除特别声明可撤销的情况。但保函都是不可撤销的，因为可撤销的保函是无法起到担保作用的。

## （四）备用证项下的特殊单据

备用证项下的单据有索偿书、违约或其他支款事件的声明、法律和司法文件以及其他单据。其中索偿书是必要的单据，声明书是核心单据。

**1. 索偿书（demand for payment）**

索偿书是指基于备用证条款，要求承付备用证的"请求"或构成这一"请求"的单据。根据这一定义，索偿书是备用信用证项下的单据，并且是必要的单据。索偿时即使无须提供其他单据仍不影响备用证的"跟单"的特点。利用索偿书要求付款，是备用证单据化的体现。

在 UCP600 项下，商业信用证有光票信用证与跟单信用证之分。仅要求提供索偿用的汇票而不提交任何其他单据（如商业发票、提单等）的信用证称为光票信用证，受益人请求付款时必须提交相应的商业单据的信用证称为跟单信用证。而 ISP98 项下的备用证都是"跟单"的，第 4.08 条特别声明，即使备用证中没有要求任何其他单据，仍应视为在索偿时必须提交单据化的索偿书，亦即索偿书这一"单据"是必不可少的。

索偿书一般以纸质形式提交。但若备用证仅要求提交一份索偿书而无须其他单据时，在这种情况下，如果受益人是 SWIFT 组织成员或银行，则受益人可以通过 SWIFT、加押电传或其他类似的经确认的形式提交索偿书；或者如果得到开证人允许，受益人可使用纸质单据以外的媒体或方式提交索偿书。

索偿书可以是单独的，也可以是汇票或其他指示、命令或付款要求的形式。如果备用证明确规定索偿书必须单独出具时，单独的索偿书必须包含：受益人直接向开证人或其指定人要求付款的索偿语句、索偿书出具日期、索偿金额及受益人签字等内容。如果备用证没有明确规定，则索偿书可以和汇票合二为一，但此时的联合单据在满足汇票要求的同时，必须有受益人在某备用证项下向开证人或其指定人索偿的语句。也正因为汇票可以被当作索偿书，所以备用证项下的"跟单"是包括金融单据的。这一点与跟单信用证不同，跟单信用证的"单"指的是商业单据而非金融单据。

**2. 声明书（statement）**

声明书是指违约或其他提款事件的声明（包括其他单据中的证明）。在跟单信用证业务中，运输单据因其证明了货已根据信用证要求发出而成为信用证的核心单据；而在备用证业务中，声明书亦因其证明了支款事件的发生而成为备用证的核心单据。声明书一般包括陈述、出具日期及受益人签名三项内容，其中因备用证所描述的提款事由已经发生而要求付款的陈述是主要内容。而付款人在付款时无须对此声明内容的真实性做任何调查和确认。

如果备用证附件提供了声明书的空白格式时，受益人只需提供根据该空白格式制作的、内容完整的声明书即可。如果备用证要求声明书由某人出具，但未具体规定声明书的形式或内容，则当其注明已声明、证明、担保、证实、宣誓、确认或诸如此类的内容，即为相符。

如果备用证要求声明书由另外一人证明，但未具体规定声明书的形式或内容，则当其看起来已包含受益人之外的另一人签字，且同时注明该签字人为证明人即为相符，如"Philips Lee, acting as witness"。如果备用证要求声明书须经受益人以外的政府司法机关、团体或其他机构的代表会签、认证、签证，诸如此类，但未具体规定声明书的形式或内容，则当该声明包含受益人之外的另一人签字，且同时注明该签字人的代表身份及其所代表组织的名称即为相符。

开证人对于单据签字的真伪和效力没有必要、也不可能进行鉴别，即使该签字出自申请人之手。因此，开证人不能以签字不符或类似理由对受益人拒付，也不对申请人承担任何有关签字真伪和效力的义务：与 UCP600 不同的是，签字人除了要在单据上签字之外，还必须在单据上注明其证明人身份或其代表的身份。

**3. 法律、司法文件**

有些备用证要求提交官方出具的文件、法庭命令、仲裁决定或诸如此类的单据，这类单据包括以下必备要素：

（1）由政府机构、法庭、仲裁机构或类似机构出具。

（2）恰当的标题或名称。

（3）加签。

（4）标明日期。

（5）由政府机构、法庭、仲裁机构或此类机构官员做出的证明或证实。

如果备用证没有特殊的规定，则无论提交的单据是正本或副本，只要包括以上内容，即视为与备用证条款相符。

# 第二部分　备用信用证业务实训习题

## 实训习题 1　列举备用信用证和跟单信用证的异同

## 实训习题 2　列举备用信用证和银行保函的异同

## 实训习题 3　备用信用证索赔案

2018 年 3 月，广西 A 企业和泰国机械制造公司就以补偿贸易方式引进年产 1000 吨淀粉生产设备签订合同工，合同金额为 114 万美元。支付方式为远期信用证。待引进设备投产后，再由外方开具即期商业信用证购买返销产品，中方以返销出口产品所得货款支付进口设备信用证项下款项，此外中方还要支付 22.5 万美元作为定金，为此泰国方面开立金额为 22.5 万美元的备用信用证，保证泰方按期发运设备以及购买返销产品。

2018 年 7 月，中方收到泰国某银行开具的不可撤销备用信用证，其主要内容为：we shall pay you the sum up to USD22500 plus interest accrued thereon within 15 days upon receipt of your claims in writing that the applicant has failed to ship the starch plant with the correct quantity and quality or has failed to open L/C for the buy back of starch as stipulated in the contract.

中方企业随即通过当地银行开立远期信用证，并汇付了定金。信用证通知行为原泰国备用信用证开证行。同年 11 月，设备运抵项目单位，在安装调试过程中，中方企业发现设备存在严重的质量问题，随即和泰方交涉，泰方随即派技术人员来厂修理。但因设备的设计原理是使用木薯作为原料，而中方选用的原料是红薯，工艺不同，几经周折，未能调试成功。鉴于远期信用证项下的第一次付款到期日即将临近，中方不得不于 2019 年 8 月开始凭泰国开来的备用信用证向其提出索赔。中方在索赔函中指出了外方的违约事实，并提供了由中国商检部门出具的证明设备质量有问题的证书以及外方技术人员承认设备质量有问题的有关文件。

泰方银行在收到我方索赔要求后，迟迟不予答复，企业多次交涉无效，委托当地银行出面交涉。中方银行注意该备用信用证号的受益人为淀粉厂，在对外方交涉电传中均冠以"受我行客户委托，兹转达下列内容"字样。泰方银行收到中方银行上述电传后，于 2020 年 11 月 5 日来电："我行已收到贵行转来之索赔要求，现已交曼谷机械制造公司，一旦该公司对其确认，我行立即付款。"我方银行收到该电后，立即回复泰国银行："贵行开立的备用信用证受 ISP98 约束，是凭单付款承诺，无须开证申请人确认，为此贵行应立即付款。"泰国银行理屈词穷，但故作镇静，不予回复。

2020 年 12 月 29 日，我方银行收到泰国方银行电传通知，中方银行承兑汇票的第一张将于 12 月 31 日到期，并称所有汇票均已贴现给新加坡阿拉伯银行集团，次日又收到阿拉伯银行集团要求付款的电传。为了维护信誉，中方银行只好先行对外付汇，同时督促企业抓紧对外索赔工作，先后数十次致电泰方银行，直到将电传和信函发给其行长和董事会主席和董事会成员。中方银行在配合发出的电传中指出："若贵行长期保持沉默，不履行付款义务，将对贵行的信誉产生不利影响，使我行为贵行履行代理义务时感到困难。"企业电传中则对该行下了最后通牒："若在 2020 年 4 月底之前未收到赔付款项，我方将向法院提出诉讼。"同时将有关信函分别抄送有关司法机关和我驻泰国大使馆。鉴于中方的强硬立场，泰方银行终于在 2020 年 5 月中旬，将备用信用证项下赔付款项如数付汇我行账户。至此，长达十个多月的对外索赔工作终于以我方胜利而告结束。通过该案例，我们得到哪些教训？

## 实训习题 4  阅读下面电文回答问题

### COMFIRMATION OF IRREVOCABLE STANDBY

JUNE 9TH 2018

NINGBO DALONG IMPORT AND EXPORT CO. , LTD.

NO 23 ZHONGSHAN ROAD, NINGBO , CHINA

REFERENCE LETTER OF CREDIT OF CREDIT NUMBER 1235874, ISSUED BY ANC BANK IN THE AMOUNT OF USD50000. 00

WE REFER TO THE ABOVE REFERENCED IRREVOCABLE STANDBY LETTER OF CREDIT ISSUED ON MAY 25TH 2018 ISSUED BY ANC BANK IN YOUR FAVOR FOR AN A-MOUNT U. S DOLLARS FIFTY THOUSAND ONLY.

WE HEREBY ADD OUR CONFIRMATION TO THE LOC AND THERBY UNDERTAKE TO HONOR EACH DRAFT DRAWN AND PRESENTED TO US IN ACCORDANCE WITH THE

TERMS OF THE LOC. THIS CONFIRMTION IS SUBJECT TO THE ISP98.

问题：

（1）该电文作用是什么？

（2）该电文根据什么惯例而立？

（3）该电文发函人和受函人分别是谁？

（4）收件人有何义务？

### 实训习题5　根据下图说明备用信用证当事人之间的关系

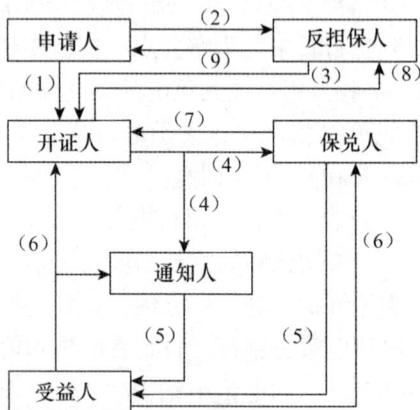

### 实训习题6　读备用信用证回答问题

The irrevocable stand-by l/c

From：Union Bank of Switzerland, Zurich

To：Bank of China, Lanzhou Branch, Lanzhou, China

Test for USD734. 00

Attn：Your L/C dept.

Zurich, Sept 24th

2017 Our Ref. KAUT/VOJ/301-57939

Irrevocable stand-by letter of credit no 301-57939

Dear sirs,

We hereby open our irrevocable standby letter of credit No. 301-57939 in favor of China National Chemicals import and export corporation, gansu branch, Lanzhou, china on behalf of welman trading s. a Geneva, Switzerland up to the aggregate amount of USD7340. 00 available against：

Beneficiary's draft drawn on us at sight and bearing the clause drawn under union bank of Switzerland irrevocable standby letter of credit no. 301-57939 accompanied by beneficiary's duly signed statements that：

（1）The goods have been delivered in accordance with the purchase order and messes. levimumessillik ve dis ticaret a. s, oney hani kat 5, karakoy, turkey by registered express letter;

(2) Original invoice with 5 copies addressed to welman trading s. a. geneva.

(3) Packing list with one copy.

(4) Genallished certificate of origin with one copy.

(5) Original insurance policy covering insurance against all risks from warehouse to warehouse.

(6) Inspection certificate.

(7) full set of B/L issued to the order and indicating as "notify address: levi mumessillik ve dis ticaret a. s, Istanbul, turkey", and that messrs. welman trading s. a Geneva. Switzerland failed to pay the invoice amount on due date, 90 days following the date of respective bill of lading.

Important:

This standby l/c is not a documentary one and does not cover payment of documents nor documentary collection.

It may exclusively be utilized by the beneficiary in case the invoice should not be paid on due 90 days from date of B/L.

Such claim must be presented in conformity with above terms including the statements prescribed above.

Shipping documents may not be sent to us. Nor handle as a documentary collection.

Validity: until Jan 16$^{TH}$2018 at your counter.

Covering: the due payment of the invoice relative to supply of 1000 kgs pathalocyanine blue bags 4382 in accordance with contract no 91 bgstrboo23 dated Sep 9$^{th}$ 2017.

Special instructions:

(1) kindly advise beneficiary of this credit adding your confirmation.

(2) in the event of any drawing being made hereunder, we authorize negotiation of this credit at your counter, payment will be affected by us 3 zurich baking days after the date of your duly tested telex advice to us confirming that does. In conformity with the terms of this credit have been received and forwarded to us by registered airmail.

(3) your telex/negotiation advice at under 2 above must be in our hands not later than Dec 31$^{st}$ 2017.

This credit is subject to UCP600.

We hereby agree with drawers, endorsers and bonafide holders of drafts drawn under and incompliance with the terms of this credit that they will be duly honored on due presentation of drawee.

This message presents the operative instruments. No mail confirmations will follow.

Yours truly

Union bank of Switerland, Zurich

问题:

（1）列出该备用信用证的当事人。

（2）金额是多少？

（3）汇票有何要求？

（4）声明的内容是什么？

（5）受益人需要提供哪些单据？

（6）有效期是什么时候？

（7）受益人什么情况下可以获得赔偿？

（8）该信用证根据什么惯例开立？

# 第十二章　银行保函

## 知识要求

通过对本章的学习，学生应掌握以下知识点：银行保函的含义、银行保函的分类、银行保函的操作流程和银行保函的使用范围。知识要求主要体现在第一部分汇款常识部分。

## 技能要求

通过对本章的学习，学生应当掌握的操作技能包括：掌握保函通知的填写、利用银行保函推动产品出口和国际工程承包的操作、防止银行保函风险操作、读懂银行保函等、熟悉银行保函和备用信用证与担保公司的保函的异同。学生通过完成第二部分的实训习题来掌握以上技能和操作方法。

## 关键术语

银行保函　履约保函　还款保函

# 第一部分　银行保函的常识

国际贸易中，跟单信用证为买方向卖方提供了银行信用作为付款保证，但不适用于需要为卖方向买方作担保的场合，也不适用于国际经济合作中货物买卖以外的其他各种交易方式。然而在国际经济交易中，合同当事人为了维护自己的经济利益，往往需要对可能发生的风险采取相应的保障措施，银行保函和备用信用证，就是以银行信用的形式所提供的保障措施。

## 一、银行保函的含义

银行保函是由银行开立的承担付款责任的一种担保凭证，银行根据保函的规定承担绝对付款责任。银行保函大多属于"见索即付"（无条件保函），是不可撤销的文件。银行保函的当事人有委托人（要求银行开立保证书的一方）、受益人（收到保证书并凭此向银行索偿的一方）、担保人（保函的开立人）。

## 二、银行保函的种类

**1. 根据保函与基础交易合同的关系，可分为**

（1）从属性保函（Letter of Accessory Guarantee）。

（2）独立性保函（Letter of Independence Guarantee）。

**2. 根据保函索赔条件的不同，可分为**

（1）无条件保函（Unconditional L/C）。

（2）有条件保函（Conditional L/C）。

**3. 根据保函的使用范围不同，可分为**

（1）履约保函。在一般货物进出口交易中，履约保函又可分为进口履约保函和出口履约保函。

A. 进口履约保函。进口履约保函是指担保人应申请人（进口人）的申请开给受益人（出口人）的保证承诺。保函规定，如出口人按期交货后，进口人未按合同规定付款，则由担保人负责偿还。这种履约保函对出口人来说，是一种简便、及时和确定的保障。

B. 出口履约保函。出口履约保函是指担保人应申请人（出口人）的申请开给受益人（进口人）的保证承诺。保函规定，如出口人未能按合同规定交货，担保人负责赔偿进口人的损失。这种履约保函对进口人有一定的保障。

（2）还款保函。还款保函又称预付款保函或定金保函，是指担保人应合同一方当事人的申请，向合同另一方当事人开立的保函。保函规定，如申请人不履行他与受益人订立合同的义务，不将受益人预付或支付的款项退还或还款给受益人，担保人向受益人退还或支付款项。

（3）其他种类的保函，如：投标保函、补偿贸易保函、来料加工保函、技术引进保函、维修保函、融资租赁保函、借款保函等。

## 三、银行保函的作用

保函作为银行的信用凭证，其出具的目的是为了使受益人一方得到一种保证，以消除受益人对申请人是否具有履行某种合同义务的能力或意愿的疑虑和担心，从而促使交易的顺利进行。从本质上讲，保函具有以下基本作用。

### （一）商务支付的保证手段

买卖合同及劳务承包合同项下的付款保函、逾期付款保函、补偿贸易合同项下的补偿贸易保函、租赁合同项下的租金保付保函、借贷合同项下的还款保函以及其他诸如关税保付保函、票据保付保函等，都是用来保证合同项下的付款责任方按期向另一方支付一定的合同价款，保证合同价款与所交易的货物、劳务、技术等的交换，保证借贷资金及利息的偿还及清偿这是保函的一种重要职能，也是保函之所以能成为国际结算方式之一的主要原因。

## （二）违约补偿和惩罚作用

作为对合同履约责任者的制约手段和对违约受害者的补偿保证手段，保函的应用范围远远大于信用证。如承包工程项下的履约保函、解决拖欠民工工资问题的民工工资保函、质量保证保函等，对各类合同的履约责任进行细分，并相应提供担保，避免和减少合同项下违约事情的频繁发生。保函除了上述两种自身最基本的作用外，对于保函的各个当事方而言，保函成为促进其他业务发展的重要的手段。当今国际经济形势不断变化，市场竞争日趋激烈，国际贸易中"保护主义"倾向日益严重，无论是商品买卖还是工程承包都呈现"买方市场"趋势。保函成为出口方/承包方（保函申请人）争揽业务的先决条件，不能提供保函，也就意味着丧失了参与合同的基本资格，当然也就更谈不上在合同项下其他方面的合作了。而作为担保人的银行，之所以愿意为客户出具保函，绝不仅仅是为了赚取那一点点的担保费，而是看中了保函业务所带来的项目资金沉淀和其他信贷业务、资金业务、国际结算和贸易融资业务等。按照银行的操作惯例，谁提供了担保，谁就拿到了项目，从而稳定了客户。掌握了业务，实现银行一直追求的提高客户对银行综合回报的目的。

# 三、银行保函主要的特点

## （一）独立性银行保函的特点

独立性担保是一种与基础交易的执行情况相脱离，虽然根据基础交易而产生，但一旦开出后其本身的效力又不依附于基础交易合约，其付款责任仅以其自身的条款为准的担保种类。作为保函受益人青睐独立性担保是为了消除担保人所在国法律对保函的影响和限制，担保银行也为了避免在从属性担保项下被迫卷入背景交易的纠纷致使丧失信誉，也要求出具独立性担保。因此国际上通行的保函业务出现了大大超越各国立法准则和法学原理的现象。独立性保函业务成为当今国际金融业务中一个十分重要的品种和业务门类，它主要有以下几个特点。

（1）保函源于一定的商业合约关系而产生，但其一旦出具后其本身的效力又独立于其所依凭的基础交易合同，基础交易合同的消亡并不意味着保函也随之而自动失效。一旦受益人与担保人之间发生争诉，法院只以保函条款本身为据来审理和解决两者之间的纠纷，除非担保人握有令人信服的足够理由来证明受益人索赔中所存在的欺诈行为。

（2）担保人在保函项下处理的只是保函中规定的单据，只要受益人按照保函的要求提交了这样的单据和书面文件，在表面相符的情况下，即可认定保函的付款条件已经具备，索赔有效，担保行必须付款。而不予考虑基础交易合同本身的实际执行情况，同时对单据的真伪、对索赔的合理性等也概不负责。

因此，作为保函申请人不能寄希望于担保银行会明辨是非，对有理的索赔才进行付款；作为担保银行为维护自身信誉，必须重视条款的单据化，只要索赔有效即应付款，避免卷入贸易纠纷。

### （二）银行保函和跟单信用证的比较

信用证指银行根据进口商的请求，对出口商所发出的，授权其签发以该行或其指定人为付款人的汇票，并保证在收到符合证下条款所规定的单据审核无误后，必定履行其付款责任的一种书面文件。作为银行的一种传统结算产品，信用证与保函有许多相同和不同之处。

**1. 相同或相似之处**

（1）银行保函和信用证都是由银行承担付款责任的一种保证凭信，二者同属银行信用形式。就其本质和使用所要达到的目的来说，都是要为交易的当事人提供一种银行信用的保证手段，使银行成为商业交易当事人所需要的中介人和保证人来介入交易，保证交易的一方或代替交易的一方来履行某种义务，保证交易的另一方能肯定获得或享有合同所赋予他的权益和权利。

（2）目前国际银行间所通行的保函一般为独立担保，就独立性的保函而言，它是一种不依附于商业合同的独立的保证文件。在这一点上，其与信用证具有类似的特点。

（3）在信用证和独立担保项下，开证行和保函开立行都只是处理单据，对于基础交易的执行情况、货物及项目的真实执行情况、单据的真伪以及其他事实情况如何概不负责，即使在出现了事实情况与受益人所提交的单据中所陈述的情景不相吻合之时，银行也只以单据中的描述为准，决定其付款与否。

（4）在信用证和独立担保项下，对于银行本身来说，都只存在单证是否相符，即合格与不合格的索赔，而不存在所谓合理与不合理的索赔的概念。面对合理的索赔，银行必须付款而不得借故拒付；面对不合理的索赔，即使银行知其然，但若单证已经相符，除非司法介入，银行也将无权拒绝付款。

**2. 不同之处**

（1）就使用范围及用途来看，保函的应用范围要远远大于普通的跟单信用证，后者通常只是作为一种国际贸易的结算手段，而保函不仅可以作为一种支付手段，也可以作为履行保证手段。由于保函涉及的经济活动及合约的范围极广，包括买卖关系、信贷关系、租赁关系等，而并非仅局限于买卖合同。因此可以说，在任何一种经济需要银行信用介入的交易和场合中，都可以使用保函。

（2）就付款的责任属性而言，信用证项下开证行所承担的是第一性的付款责任，而在保函项下，担保行的付款责任依据保函本身承诺及条款的不同，既可能是第一性，也可能是第二性的。在第一性的保函项下，银行凭保函承担首先付款的责任，与信用证一样，是以银行信用取代商业信用；在第二性保函项下，申请人应承担第一性责任，在申请人未付款或未履约的情况下，保函才被受益人动用，因此保函并没有取代商业信用，而只是作为对商业信用的补充和额外保证而已。

（3）信用证下的支付是有对价的支付，而保函则并非完全如此。信用证下的支付是以有相应的货物或劳务的对流来作为对价的，而保函项下所发生的支付却并非都具备对性质甚至在某些非融资类保函中担保行的支付根本没有任何对价。

（4）对于信用证，已有国际上公认的统一惯例来作为业务处理的准则，业务处理比较规范化；而对保函来说，至今尚无一个国际金融界、银行界所认同的统一规则对业务进行约束，处理呈现多样化，且受各有关当事人本国法律影响或制约的可能性较大，同时担保人在处理索赔上决定付款与否的随意性较大。

## 四、银行保函当事人的风险

### （一）保函申请人的风险

#### 1. 申请人资质风险

申请人在向银行提交保函申请资料的同时，银行都要求申请人同时提交其现时有效的营业执照、代码证、贷款卡，必要的经营许可文件及其他有关资格文件，银行据以核实申请人具有相应的经营范围及业务资格。对新客户的审核更为严格，例如，为没有涉外经营权的企业办理涉外担保业务，从业务角度看，申请人不具备基本的履约资格，那么合同风险可想而知；从合规角度看，银行对申请人资质审核的疏忽将面临重大违规处罚。除了上述常规性的审核，对特殊的情况国家在涉外担保上也对担保银行有制性规定，例如，为防止国内企业在国外项目的招标过程中恶性竞争、互相压价，损害国家整体利益，要求参加亚洲开发银行出资（不论出资比例大小）的境外招标项目，国内投标公司（包括中外联合投标体）委托开立或转开投标、履约、预付款等各类保函，应提供由中华人民共和国商务部签发的《对外承包工程项目投（议）标许可证》，参加境外工程投（议）标，且报价金额在500万美元（含）以上，应提供中华人民共和国商务部签发的《对外承包工程项目投（议）标许可证》，担保银行必须在审核《许可证》后才能叙做业务。

#### 2. 申请人的违约风险

申请人的违约风险，这是银行保函最大的风险，因为银行为申请人提供了担保之后，一旦申请人不履行其本应承担的责任和义务，提供担保的银行就被推上了第一性付款责任人的位置。只要受益人根据其与申请人的承诺，履行了其应尽的义务，他就有权利和理由按照担保合同规定的程序和条件，要求担保银行代位清偿，而担保银行为了维护自身的信誉只有在替申请人清偿债务后，才能向申请人索赔。这样，如果申请人是因经营不善破产或其他原因无力偿还债务担保银行就可能陷入旷日持久的法律诉讼中，而且还可能替人受灾得不到补偿，遭受损失。即一些担保申请人钻银行的空子，与国外不法客合伙骗取银行外汇担保，然后，对外不履行义务，迫使银行代位清偿，骗取银行的资金后则消失得无影无踪。或者是有的外汇担保申请人通过正常渠道难以获得外汇贷款，故意通过采取外汇担保的形式骗取银行的外汇资金贷款，给银行的安全产生危害。

## （二）银行保函受益人的风险

银行保函的受益人（Beneficiary）指保函项下担保权益的享受者，即有权凭借保函并依照其条款的规定向担保银行提出索赔要求的合同一方的当事人。

**1. 受益人恶意索赔风险**

以国际贸易为例，保函受益人是进出口商，其信誉良莠不齐。追求利润最大化是商人的唯一目的，如果出现市场价格变化或汇率波动，由于自身原因或其他影响其利益的因素，很容易引起保函项下的索赔。

**2. 受益人身份的认定风险**

从理论上说，受益人之所以能够在保函项下提出索赔，一方面是由于保函给了他这种便利，允许他作为受益人在满足了保函中所阐述的条件后去动用保函。然而归根结底则是因为他作为保函所凭以产生之合同当事人，拥有在完成了一定的合同义务后，或在合同的另一方发生违约行为时而依据合同本身的规定所得到的向合同另一方要求支付或要求赔偿的权利，合同项下的这种权利才是受益人凭以动用保函、提出索赔的真正的依据之所在。因此，如果对受益人身份认定产生偏差或不予计较，就会提高保函被无理索赔的风险。

# 五、银行保函的基本内容

银行保函的内容根据交易的不同而有所不同，但通常包括以下内容。

**1. 基本栏目**

包括：保函的编号，开立日期，各当事人的名称、地址，有关交易或项目的名称，有关合同或标书的编号和订约或签发日期等。

**2. 责任条款**

即开立保函的银行或其他金融机构在保函中承诺的责任条款，这是构成银行保函的主体。

**3. 保证金额**

是开立保函的银行或其他金融机构所承担责任的最高金额，可以是一个具体的金额，也可以是合同有关金额的某个百分率。如果担保人可以按委托人履行合同的程度减免责任，则必须做出具体说明。

**4. 有效期**

即最迟的索赔日期，或称到期日（expiry date），它既可以是一个具体的日期，也可以是在某一行为或某一事件发生后的一个时期到期。例如：在交货后三个月或六个月、工程结束后 30 天等。

**5. 索赔方式**

即索赔条件。是指受益人在任何情况下可向开立保函的银行提出索赔。对此，国际上有两种不同的处理方法：一种是无条件的或称"见索赔偿"保函（First demand guarantee），另一种是有条件的保函（Accessary guarantee）。

## 六、当事人间的法律关系

银行保函业务中涉及的主要当事人有三个：委托人（Principal）、受益人（Beneficiary）和担保人（Guarantor）。此外，往往还有反担保人、通知行及保兑行等。这些当事人之间形成了一环扣一环的合同关系，它们之间的法律关系如下。

（1）委托人与受益人之间基于彼此签订的合同而产生的债权债务关系或其他权利义务关系。此合同是它们之间权利和义务的依据，相对于保函协议书和保函而言是主合同，他是其他两个合同产生和存在的前提。如果此合同的内容不全面，会给银行的担保义务带来风险。因而银行在接受担保申请时，应要求委托人提供他与受益人之间签订的合同。

（2）委托人与银行之间的法律关系是基于双方签订的《保函委托书》而产生的委托担保关系。《保函委托书》中应对担保债务的内容、数额、担保种类，保证金的交存，手续费的收取，银行开立保函的条件、时间、担保期间，双方违约责任，合同的变更、解除等内容予以详细约定，以明确委托人与银行的权利义务。《保函委托书》是银行向委托人收取手续费及履行保证责任后向其追偿的凭证。因此，银行在接到委托人的担保申请后，要对委托人的资信、债务及担保的内容和经营风险进行认真的评估审查，以最大限度降低自身风险。

（3）担保银行和受益人之间的法律关系是基于保函而产生的保证关系。保函是一种单务合同，受益人可以以此享有要求银行偿付债务的权利。在大多数情况下，保函一经开立，银行就要直接承担保证责任。

依保函的性质不同，可分为从属性保函和见索即付保函。见索即付保函是指对由银行出具的，书面形式表示在受益人交来符合保函条款的索赔书或保函中规定的其他条件时，承担无条件的付款责任。

# 第二部分　银行保函的实训习题

### 实训习题1　先翻译保函内容，再根据保函做保函通知

如果通知银行交行在2019年8月8日收到DEUTSCHE BANK开来的保函MT760。经过审核后，如何填制银行的保函通知书呢？假设银行通知费是EURl8，银行编号是GA200900009，保函金额是合同标的的20%。

MT760电文

················ Message Header ················

Swift Output ：FIN 760 Guarantee/Std by Letter Credit

Sender ：DEUTDE3BXXX

Receiver ：COMMCNSHNJG

················ Message Text ················

27 Sequence of Total

    Number 1

    Total 1

20 Transaction Reference Number

    3300900494

    23 Further Identification

    ISSUE

30 Date

    190807

40C Applicable Rules

    Type NONE

77C Details of Guarantee

    PLEASE FORWARD THE FOLLOWING GUARANTEE TO BENEFICIARY,

    ATTN. MR. JI ENGINEERING DEPT.

    WITHOUT ANY ENGAGEMENT ON YOUR PART AND WITHOUT ANY CHARGES FOR US.

    BENEFICIARY:

    NANJING QINGTIAN CO., LTD.

    NO. 9 LOUHUI ROAD, NANJING ECONOMIC AND

    TECHNOLOGICAL DEVELOPMENT ZONE,

    NANJING, JIANGSU, 210038

    P. R. CHINA

    ADVANCE PAYMENT GUARANTEE NO. 3300900494

    DEAR SIRS,

    WE HAVE BEEN INFORMED THAT A CONTRACT, HEREINAFTER CALLED "UNDERLYING CONTRACT", HAS BEEN CONCLUDED BETWEEN BENE. AND MEDISEAL GMBH FLURSTR 65, 33758 SCHLOSS HOLTE-STUKEN BROCK, FEDERAL REPUBLIC OF GERMANY UNDER CONTRACT NO. 20190801 NANJING

DD. 01. 08. 2019 FOR "ONE COMPLETE SET OF BLISTER PACKING LINE MODEL CP400 + P3000" AT A TOTAL PRICE OF EUR750, 000. 00

AND THAT THE UNDERLYING CONTRACT STIPULATES THAT AN ADVANCE PAYMENT

IN THE AMOUNT OF 20 PERCENT OF THE TOTAL PRICE BE EFFECTED AGAINST AN ADVANCE PAYMENT GUARANTEE.

THIS BEING PREMISED, WE, DEUTSCHE BANK AG, HERFORDER STRASSE 23, 33602 BIELEFELD, FEDERAL REPUBLIC OF GERMANY, HEREBY

IRREVOCABLY UNDERTAKE TO PAY YOU WITHOUT DELAY ON YOUR FIRST WRITTEN DEMAND FOR PAYMENT AN AMOUNT UP TO EUR 150, 000. 00 (IN WORDS: EURO

ONE HUNDRED AND FIFTY THOUSAND ONLY）, PROVIDED YOU SUBMIT TO US AT THE SAME TIME AND TOGETHER WITH YOUR DEMAND AN ADDITIONAL COPY OF AN A-WARD IN ENGLISH LANGUAGE MADE UNDER THE RULES OF CONCILIATION AND ARBI-TRATION OF THE CHINA INTERNATIONAL ECONOMIC AND TRADE ARBITRATION COM-MISSION, CERTIFIED TRUE BY THE SECRETARY-GENERAL OF THE ARBITRATION COURT OF THE CHINA

INTERNATIONAL ECONOMIC AND TRADE ARBITRATION COMMISSION, IN WHICH IT IS HELD WITHOUT ANY RESERVE, THAT THE VENDOR OWES YOU THE REPAYMENT OF A CERTAIN EUR ADVANCE PAYMENT

AMOUNT UNDER CONTRACT NO. 20190801 NANJING CTTQ-MS DD. 01. 08. 2019 WHICH AMOUNT MUST NOT BE LESS THAN THE EUR AMOUNT CLAIMED UNDER THIS GUARANTEE.

THIS GUARANTEE SHALL ENTER INTO EFFECT AS SOON AS THE ADVANCE

PAYMENT AMOUNTING TO EUR 150, 000. 00 IS RECEIVED IN FULL BY US, WITH REFERENCE TO THIS GUARANTEE, IN FAVOUR AND AT THE FREE DISPOSAL OF THE VENDOR IN HIS ACCOUNT NO. 1245323,

IBAN DE05 4807 0020 0124 5323 00 SWIFT CODE DEUTDE3B THIS GUARANTEE SHALL EXPIRE ON APRIL 30, 2020, UNLESS YOUR DEMAND UNDER THIS GUARANTEE IN ACCORDANCE WITH ITS

CONDITIONS HAVE REACHED US IN BIELEFELD BY THE END OF THAT DAY.

THIS GUARANTEE IS TRANSFERABLE WITH OUR WRITTEN CONSENT ONLY.

THE ISSUANCE OF THIS GUARANTEE IS PERMITTED ACCORDING TO GERMAN LAW.

THIS GUARANTEE IS SUBJECT TO GERMAN LAW.

DEUTSCHE BANK AG

THIS IS THE OPERATIVE INSTRUMENT, NO MAIL CONFIRMATION FOLLOWS.

THANK YOU VERY MUCH AND KIND REGARDS

DEUTSCHE BANK AG

TRADE FINANCE GUARANTEES

先翻译该保函，根据保函填制保函通知书。

## ADVICE OF LETTER OF GUARANTEE

| TO：. | OUR REF. NO.： | |
|---|---|---|
| | DATE： | |
| FROM： | GUARANTEE NO.： | |
| | ISSUING DATE： | |
| | AMOUNT： | |

Dear sirs：

　　We take a pleasure in notifying you that we have received an authenticated telex/mail/SWIFT Guarantee message in your favor from a/m bank. Please note the following item（s）：

　　（·）一张保函（A Guarantee）

　　（·）根据保函规定，我行相关通知费用　　　　由贵司承担。

　　（As per stipulation of the guarantee，our bank's advising commission is for your a/c.）

　　（·）联系业务时，务请提供我行编号

　　（When corresponding，please always mention our reference number：　　　）

Important

　　如贵司发现该保函中有任何条款难以接受，请径与保函申请人联系以便及时修改，避免单据提示时可能发生的问题。

　　If you find terms and conditions which you ale unable to comply with in this GUARANTEE，please directly contact applicant in order to make timely amendment and avoid any difficulties which may arise when documents are presented.

### 实训习题2　保函案例1

　　甲银行于某年4月为乙公司2000万港币借款出具保函，受益人为丙银行，期限为9个月，利率12%。由于乙公司投资房地产失误，导致公司负债累累，在还款期满后未能依约归还丙银行贷款。

　　两年后的3月丙银行向当地人民法院起诉乙公司和甲银行，要求归还贷款本金及利息。当地人民法院裁定如下。

　　（1）乙公司在4月30日之前将其债权1100万港币收回用于偿还丙银行。余款在12月底还清。

　　（2）如乙公司不能履行，由甲银行承担代偿责任。

　　至5月底，乙公司只归还了600万港币，仍欠本金1400万港币及相应利息未归还。鉴于此，当地人民法院执行人员多次上门要求甲银行履行担保责任，否则将采取强制措施，查封甲银行资产。而该笔担保的反担保单位丁酒店，只剩下一个空壳公司存在，难以履行反担保责任。

　　为维护银行声誉，经上级行批准后甲银行垫付丙银行本金1400万港币及相应利息。

**问题：**

本案中甲银行应汲取怎样的教训？

## 实训习题3　伪造银行保函案例

**案情**

上海甲船运公司按照运输合同，为新加坡乙公司（租船人）从马来西亚装运一批货物到印度孟买港。收货人为印度丙公司，是新加坡乙公司的母公司。

按照运输合同规定，租船人如要求船东在提单未到达印度卸货港前先放货给收货人，收货人应提供200%货价的银行担保。货到孟买港之前，收货人向上海船运公司出具了由收货人和印度丁银行共同签字盖章的相当于货价200%的银行保函，要求上海甲船运公司出具放货通知。上海甲船运公司据此向收货人签发了放货通知单。

两个月后，上海甲船运公司陆续收到多家货主的函件，称因收货人未在规定时间内赎单提货，提单被退回。他们要求上海船运公司归还约14700吨货物或支付约543万美元货款。

面对突如其来的情况，上海甲船运公司立即与租船人和收货人联系，要求他们为发生的事情做出解释并尽快将货款付给货主。收货人在答复上海甲船运公司时，肯定保函是银行出具的，不过银行没收取任何费用，其要求不要对银行采取法律行动。同时，收货人也承认已经凭放货单提取了货物，只是因为公司没有钱，所以只能答应每月支付5万美元货款。

与此同时，上海甲船运公司通过业务银行就银行保函问题向印度丁银行进行了核查，令人惊奇的是，该行答复没有出具过这份保函。

面对上述情况，上海甲船运公司决定先从乔清保函出处入手。上海甲船运公司根据保函上所规定的管辖权条款，向伦敦法院起诉丁银行。该印度丁银行仍称没有签发这份保函，后来伦敦法院根据有关专家鉴定，裁定这份保函上的银行签字及签章都是不真实的。因而，上海甲船运公司得到的所谓银行保函是无效保函，不但没有得到赔偿，而且还要承担法院高额的诉讼费及律师费。上海甲船运公司只好依法与货主们一一协商赔偿数额，履行赔偿责任。

既然排除了印度丁银行出具保函的责任，那么，收货人就该承担伪造银行保函骗取上海甲船运公司放货单的责任。为此，上海甲船运公司对收货人提起了刑事诉讼。印度警方拘留了收货人公司的两名董事，扣留了他们的护照，印度银行冻结了收货人的存款以及收货人在美国拥有的旅馆等财产。

英国高等法院经过漫长复杂的诉讼程序，终于在三年后被告缺席的情况下做出裁决：收货人赔偿上海甲船运公司相应货款、银行利息和律师费。

上海甲船运公司胜诉后，代理上海甲船运公司在印度执行英国高等法院判决的印度律师对收货人情况进行了调查。调查结果发现该公司已陷入财务困难，大部分资产已经抵押给银行或其他担保债权人，净资产完全耗尽，正在申请重组或托管。同时，该收货人还面临着众多债权人的诉讼。因此，上海甲船运公司虽然胜诉，却因收货人公司的资不抵债尚未得到任何赔偿，给公司造成极大的损失。

问题：

伪造保函的风险何在，如何防范？

### 实训习题4　保函索赔

中国甲公司与A国的进口商签订了出口电视机合同。按照合同约定，A国进口商开立了以甲公司为受益人的不可撤销信用证，但该信用证的生效条件是A国进口商收到A国乙银行开立的以其为受益人的不可撤销履约保函，金额为合同总价的10%。

为此，甲公司向丙银行申请开立此项履约保函。丙银行经过审查甲公司的经营状况、生产能力和产品质量等相关情况，向A国乙银行开出了保函，保函到期日为某年5月10日，委托乙银行以丙银行的保函为反担保，向A国进口商开立履约保函，并规定了索赔条件是收到受益人出具的证明申请人未能履约的书面文件后付款。

4月30日，甲公司按照合约规定装运货物并议付单据。5月2日，丙银行收到乙银行的来电要求保函展期3个月，否则要求赔付。丙银行征求申请意见，申请人对此不予接受。理由是申请人已经履行了合约，因而其合约责任已经解除，保函没有必要展期。丙银行根据申请人的要求，对乙银行的展期要求予以拒绝，并向乙银行提供了证实甲公司履约的提单等影印件，同时提醒乙银行注销保函，乙银行对丙银行的拒绝电没有答复。

5月15日，乙银行又向丙银行提出索赔，理由是受益人已经提交了一系列证明，并且申请人没有在原有效期内提交履约证明，所以乙银行认为履约保函仍然有效，而且乙银行已经赔付受益人，故丙银行必须赔付乙银行。

丙银行立即去电拒付索赔款，并驳斥了乙银行的索赔理由：保函已于5月10日到期，申请人已经履行了合约义务，并且在保函有效期内，受益人未能提交符合要求的索赔单据。因此，受益人无权得到赔付。

此后，乙银行未再索赔，该保函业务顺利结束。

问题：

转开保函业务中如何防止无理索赔？

### 实训习题5　用银行保函为出口结算服务

生产电信设备的甲国的A公司与乙国的电信运营商B公司签订了电信设备供货协定。根据该协定，A公司向B公司出口电信设备，B公司付给A公司电信设备的货款，其中：

10%为预付定金，在发货前支付。

75%为货款，凭发票支付。

15%为尾款，在设备正常运营6个月后支付。

问题：

请分析在这种情况下，可以怎样结合不同的结算方式，既保证 A 公司的收汇安全，也保证 B 公司在预付定金后，A 公司能履约发货？

## 实训习题 6　简述保函和备用信用证的异同点

## 实训习题 7　根据案例画图保函在船舶出口业务中的应用

船舶产业链完整的产业链条：船舶制造企业 + 船舶代理贸易公司 + 船运企业（船东）+ 钢铁公司，银行按照整个船舶交易的完整产业链运行的流程提供融资。首先分析：钢铁公司（比如国内的钢铁巨头武钢、宝钢、鞍钢都纷纷与国内的船运企业签订长期合同，国内的大型煤炭企业，中国神华、中国中煤等同样如此）为特大型企业，信誉较好，履约能力较强，是非常好的目标企业。整个产业链的安全都牢牢建立在强大的钢铁公司的商务履约基础之上。

首先分析，船运企业与钢铁公司签订的长期合同价值，比如达到 3 亿元。针对船运企业，银行准备提供船舶按揭贷款融资，如提供 3 年期、2 亿元的按揭贷款融资，要求船运企业指定收款账户为在融资银行的某账户（钢铁公司支付运费必须付至该账户），并且承诺将来船舶制造完毕后，抵押给融资银行；银行为船舶代理贸易公司提供 2 亿元的预付款保函，受益人为船运企业，船运企业收到预付款保函后，将 2 亿元按揭贷款资金全部支付给代理贸易公司。船舶代理贸易公司与银行及船舶制造企业签订《三方合作协议》，约定船舶制造企业必须严格按照合同约定使用资金，用于确定的船舶制造部件的采购。银行可以为船舶制造企业签发全额保证金的银行承兑汇票、进口信用证等。在船舶制造过程中封闭抵押，上船台后，由造船企业抵押给银行；交付船舶后，由船运企业抵押给银行。

根据案例回答问题：

（1）请根据该案例画图说明当事人之间的关系。

（2）简单说明保函在业务中的作用。

## 实训习题 8　列举担保公司的保函与银行保函的区别

## 实训习题 9　读电文回答问题

BE YR SWIFT DD 20130506

RE OUR L/G NO 123456 AND 6789

YOUR REF. NO. GA123 AND GP456

AS WE ALREADY PAID THE BENEFICIARIES.

YOU ARE RELIEASED FROM YOUR OBLIGATIONS AND LIABILITIES UNDER YOUR C/G NO GA123 AND GP456.

BEST RGDS

RE YOUR GUARANTEE NO. 12345 AND OUR OUNTERGUANTEE NO GA123.

WE HAVE EFFECTED PAYMENT OF USD4789254. 00 UNDER OUR OUNTERGUANTEE NO GA123 TO YOUR THROUGH BANK OF ABC N. Y. AS INSTRUCTED. PLEASE IMMEDIATELY PAY THE BENE AND CONFIRM US BY AUTHERNTICATED SWIFT THAT ALL OBLIGATIONS AND LIABILITIES UNDER OUR OUNTERGUARTANTEE GA123HAVE BEEN CANCELLED.

BEST REGARDS

问题:

(1) 开立保函的银行保函责任解除的情况有哪些?

(2) 这两段电文的主要内容有哪些?

# 第十三章　国际结算风险

## 知识要求

通过对本章的学习，使学生了解和掌握进出口贸易结算中存在哪些风险、产生原因，以及基本的防范措施。

## 技能要求

诵过对本章的学习，使学生能够重点掌握基本结算方法的风险规避、汇率风险的规避。

## 关键术语

结算风险　汇率风险

# 第一部分　国际结算风险常识

## 一、我国外贸公司在结算风险管理中存在的问题

### （一）外贸出口企业缺乏量化的风险评估管理制度

当前各外贸出口企业都会对国际结算风险有一个自身的认识及防范手段，但仍有一些出口企业，特别是众多的中小企业没有客观地根据自身的抗风险能力和产品特点建立起量化的风险管理制度。这些出口企业对国际结算风险的判定仅凭个人经验或感觉，无法准确地对某笔业务是否能做货到付款的 T/T、D/P 托收或是信用证结算，出货金额多大以及远

期付款的时间长短做出科学的决策。这样的风险管理状况无法对自身抗风险能力以及进口企业付款能力进行量化的评估，结果导致某些企业对国际结算风险管理过于放松，坏账率过高；另一些企业由于对国际结算风险管理过于谨慎，结果导致出口业务发展缓慢。

## （二）不重视客户资信管理

我国出口企业大多采用低价竞争来扩大市场份额。一般把签订单视为经营成功的标志，而忽视了对贸易伙伴的信用调查和监控，从而导致了贸易欺诈案件不断发生，产生了大量的海外应收账款和坏账损失，并且这种情况正由沿海大城市及经济特区向内地省份、中小城市以及缺乏外贸经验的地区和公司转移。根据调查，目前海外拖欠货款中恶意欺诈已占欠款案总数的60%。老客户是出口企业的主要利润来源和资信相对优质的客户群体，很多企业在资信调查时对客户信用进行一次调查评估后就认为可以一劳永逸，而不进行定期追踪，其结果往往是陷入信用危机后才有察觉。我国外贸出口企业由于盲目信任老客户，没有及时掌握老客户的财务情况和融资情况，未能及时在老客户资金链发生危机的前期采取减少出货、及时催收应收账款等风险防范措施，导致风险迅速积累、从而风险越来越大的情况时有发生。不少出口企业认为老客户多年合作，信誉良好，不会拖欠货款。其实，决定进口商资信状况的因素除了进口商的付款意愿、信誉以外，还取决于进口商产品下游买家的付款情况、进口商的资金链、进口国的市场情况、经济环境、出口企业对该进口商的重要程度、地理位置的远近、出口企业的账款催收手段和力度等多项因素。当进口商发生资金问题时，即使该进口商信誉良好但依然无力支付货款。另外，由于中国传统的经商观念根深蒂固，部分出口企业在对待老客户业务时没有真正做到在商言商。随着交易量的扩大，信用条件逐渐放宽，对老客户的风险防范过于忽视。由于出口商没有定期对进口商进行资信跟踪，导致老客户在资信情况恶化时出口企业不知情，并且可能应老客户的请求继续加大赊销金额和延长赊销期，最终导致大额坏账的发生。

## （三）轻视贸易合同的签订和履行

在国际贸易业务操作过程中，一些出口企业不重视合同的签订。他们认为即使签订了外销合同，当纠纷发生时也没有时间和精力去海外诉讼；即使诉讼成功也无法获得判决执行，因此签订合同没有成为国际贸易业务操作过程中精心处理的步骤。特别是在进口商不愿意签署正规合同的情况下，一些出口企业即使签订了合同订单，也可能在进口商所谓的强烈要求下，将保护公平贸易的条款，如质量检验及判定、仲裁或诉讼条款简化甚至删除，取而代之的是主动权完全掌握在进口商手中，显然有失公平的合同软条款。信用证中出现的软条款已逐渐引起各出口企业的重视，但合同软条款没有被高度重视及合理规避。一些出口企业没有认识到：合同中的货款结算条款不仅是国际结算的约束要件，而且货款结算条款与合同的其他条款还会形成制约关系。例如：结算条款规定即期信用证结算，装运条款规定6月份装运，进口商在货物价格下跌情况下，故意拖延开立信用证，使出口企业无法按时交货或需在未获得银行信用的前提下冒险交货。这种合同结算条款签订不严谨或与其他条款衔接不当，造成了付款主动权完全掌握在进口商手中的情况，一旦市场行情发生变化，出口企业的国际结算风险将演变为出口收汇损失。

## （四）风险管理部门设置不合理

我国外贸出口企业大多没有设立国际结算风险管理部门。在目前的外贸出口企业国际结算由财务部门兼管的情形下，由于财务部门缺乏对国际结算风险评估及决策的独立性和权威性，使得财务部门不仅难以对业务部门活动进行全面的监督，而且与业务部门也缺少沟通。外贸出口企业内各部门在具体行使监控职责时，职责不明确，不能形成协调与制约机制，造成企业出现决策失误并导致出口货款不能及时收回或发生坏账。

## （五）外贸出口企业在国际结算中缺乏风险防范措施

目前许多出口企业因为竞争激烈而采取赊销或远期结算。这些出口企业未设定合理的赊销额，以便将风险控制在有限的范围内，另一方面也没有购买出口信用保险或办理国际保理业务。这种风险防范措施的缺失使众多企业形成大量出口坏账。

## （六）国际结算方式选择缺乏针对性

出口企业常用的国际结算方式可分为两类：一类属于商业信用结算方式，如：汇付、托收等；另一类属于银行信用结算方式，如：信用证、银行保函等。当前外贸出口企业在国际结算方式选择上出现较为极端的两种倾向：一种是为了提高出口竞争力，在结算方式上盲目让步，大量选择属于商业信用的汇付（货到付款）或托收；另一种是过分害怕风险，只接受信用证结算方式。

## （七）缺乏结算成本管理意识

我国外贸出口企业在国际结算方式的选择上未能在权衡四种成本——融资成本、管理成本、坏账成本和商机丧失成本后，选择合理的国际结算方式。

国际结算中的融资成本是指出口企业采用非预付货款方式下，由于向进口商提供信用而占用自己流动资金减少的潜在收入或由此增加的额外支出。在国际贸易中，不同的结算方式，影响出口企业收汇时间的长短，由此形成出口企业的机会成本——融资成本。

管理成本是指国际结算中的应收账款管理成本，主要包括制定信用政策的费用、对客户资信状况调查与跟踪的费用、信息收集费用、应收账款登记与监管费用、催收账款过程中产生的与应收账款有关的费用等。

坏账成本是由于进口商破产、解散、财务状况恶化、恶意欺诈等原因，出口企业持有的应收账款无法收回的损失。在不同的结算方式下，出口企业发货后进口商拒绝支付货款的可能性有所不同，给出口企业造成的损失大小也有所差异。

商机丧失成本是指由于出口企业在交易中不愿选择商业信用结算方式，使信誉好的客户转向与出口企业的竞争对手交易而使出口企业遭受的潜在损失。通常在买方市场或出口产品竞争激烈的情况下，出口企业坚持使用信用证结算方式可能形成比较大的商机丧失成本。

综上所述，坏账成本和商机丧失成本是出口企业在国际结算风险管理中的两项最大成本，融资成本和管理成本次之。如果不考虑出口企业贸易融资的情况，出口企业采用汇付和托收方式可保持较低的商机丧失成本，在成交上比信用证结算方式成功概率高，但管理成本和坏账成本要高于信用证结算方式。由于商机丧失成本、坏账成本的计算，需测算商机丧失、坏账出现的概率，这对于出口企业来说比较困难。这也是我国出口企业长期以来，一直首选信用证结算方式的原因之一。事实上，坏账成本与其他成本不同，随着出口企业应收账款管理水平的提高，坏账损失的比例将会缩小。当前一些外贸出口企业没有分析权衡国际结算成本，部分外贸出口企业过分关注商机丧失成本，大量选择了属于商业信用的汇付（货到付款）或托收，结果导致应收账款坏账率上升；部分外贸出口企业过分关注坏账成本，只接受信用证结算方式，结果导致出口竞争力下降，商机丧失。

### （八）社会征信服务落后

目前我国仍是"非征信国家"，因此，信用社会中介服务行业发展滞后。当前虽然也有一些为企业提供信用服务的市场运作机构（如征信公司、资信评级机构、信用调查机构等）和信用产品，例如信用调查报告、资信评级报告等，但这些服务机构不仅市场规模很小，经营分散，而且行业整体水平不高，市场竞争基本处于无序状态，没有建立起一套完整、科学的信用调查和评价体系。信用信息特别是涉外经济活动信息的搜集整理和利用非常不规范，因此出口企业很难获取客户资信信息和信用管理服务，对国外企业的资信难以做出正确的判断。

### （九）出口信用保险支持不足

我国的出口信用保险是在 20 世纪 80 年代末发展起来的。初期出口信用保险业务由中国人民保险公司和中国进出口银行两家机构共同办理。2001 年，国务院批准组建国有独资的中国出口信用保险公司，作为国内唯一提供出口信用保险服务的专业公司。截至1998 年，在连续 10 年的发展过程中，我国出口总额中，只有 1.1% 左右的贸易额投保了出口信用险，还有相当于我国出口总额 98.9% 左右的出口贸易没有办理出口信用保险。目前投保出口信用保险的企业也仅占我国出口企业的 8% 左右，有的企业甚至还不知道出口信用保险的存在。据统计，全球贸易额的 12%～15% 是在出口信用保险的支持下实现的，发达国家的出口信用保险涵盖率在 20%～30% 之间或者更高。

## 二、外贸出口企业国际结算风险管理的因素分析

由于国际结算涉及多方当事人，法律关系复杂，存在相关惯例理解上的差异性，因此国际结算过程中存在着多重风险。制订合理的风险规避方案首先要从认识和理清外贸出口企业国际结算风险开始。

### （一）客户信用风险

信用风险可以定义为受信方拒绝或无力按时、全额支付所欠债务时，给信用提供方带来的潜在损失。它一般分为商业信用和银行信用。商业信用是指供应商向顾客销售货物或

提供服务时，允许顾客延期支付货款。银行信用是指银行为了在未来获取利息并收回本金，而向借款人提供贷款，但是在还款过程中，人们可能会违反、撤销、重新协商或更改既定的契约，从而给信用提供方造成损失。也就是说，信用风险是交易对手违约风险的一种形式。交易对手违约风险是指合同或协议的一方无法履行其在交易中的责任时给另一方带来的风险。它可以是违约方拒绝提供所承诺的货物或服务，也可以是无力按时和全额偿还所欠的债务。在国际贸易中，由于进出口双方位于不同的国家，从出口企业发货到进口商付款，不论是采用即期付款还是远期付款出口企业都有一个收款的时滞。在出口企业未收到货款之前也就伴随着多种原因引起的客户信用风险。

## （二）不同结算方式下的出口企业国际结算风险

### 1. 汇付结算方式下的出口企业国际结算风险

汇付结算方式下，外贸出口企业的风险来自货到付款方式。这种结算方式下，卖方先发货，买方收货后或收货后再过一段时间付款。进口商尚未付款就可以提取货物，出口企业在未获得付款前就失去了对货物的控制权。如果进口商的资信较差或经营不善无力付款，出口企业就陷入钱货两空的境地。

### 2. 托收结算方式下的出口企业国际结算风险

托收方式有两种：一种为D/P，即付款交单。付款交单方式下，卖方的交单须以买方的付款为条件，即出口人将汇票连同提单交给银行托收时，指示银行只有在进口商付清货款时才能交出全套单据。另一种为D/A，即承兑交单。承兑交单方式下，接受委托收款的银行交单以进口商的承兑为条件。进口商承兑后，即可向银行取得全套单据，待汇票到期后才付款。在采用托收方式时，对出口企业来说存在如下风险：第一，进口商可能破产、倒闭或丧失偿付能力；第二，货物发运后，货价下跌，进口商寻找借口拒绝付款；第三，进口商借口单据上所载货物的规格、包装、交货期等项内容不符合合同规定，要求减价，否则不予付款；第四，进口商未办妥货物进口许可手续，致使货物到达目的地时被禁止进口或被当地海关罚款、没收，使出口企业蒙受损失；第五，进口商没有外汇，只能对代收行交付等值的进口国货币，导致出口企业的资金长期在进口国滞留而不能使用。在上述两种托收方式下，对出口企业来说，承兑交单比付款交单的风险还要大。在承兑交单条件下，进口商只要在汇票上承兑，即可取得全套单据，以此来提取货物。如果进口商到期不付款，出口企业便会遭到货物与货款全部落空的损失。

### 3. 信用证结算方式下的出口企业国际结算风险

信用证结算方式下，出口企业可能遭遇的风险有以下几个方面。

第一，"软条款"的风险。

（1）FOB术语下，不规定进口商的派船时间；在CFR或CIF术语下，规定船公司、船名、装运期、目的港须取得开证申请人（进口商）的同意。这是信用证中常见的软条款之一。前者使得进口商可以根据自己的意图决定是否派船和派船时间，致使出口企业无法主动完成交货，不能按时收汇；后者同样使得出口企业在交货、收汇等方面受控于进口商。如果接受信用证中出现的此类条款，在履约过程中就会极难操作，其付款的主动权完全被开证申请人以及开证行控制。

（2）对信用证生效附条件的软条款设置，即在信用证中规定暂不生效条款，待某条件成立时信用证方能生效；常见的有规定信用证的生效条件为进口商领到进口许可证或者货样由进口商确认等条件。

（3）"客检条款"的设置，即在信用证中规定向银行交单的商品检验证书必须由进口商指定的检验机构或检验人员签发；这种条款使出口企业受到极大的牵制，如果进口商指定的检验机构或检验人员借故不签发检验证书，出口企业冒险发货，银行就会因为单证不符拒绝付款；如果出口企业不发货，就会被进口商以货物质量有问题或不能按时交货追究违约责任。

第二，遭受欺诈的风险。

（1）进口商伪造信用证。进口商窃取银行已印好的空白格式信用证或者与已经倒闭或濒临破产银行的职员恶意串通开出信用证或将过期失效的信用证恶意涂改等，引诱出口企业发货，以骗取货物，使出口企业货款两空，损失惨重。

（2）进口商从一些资信不良的小银行开出信用证。在进出口实际业务中，不法进口商往往与一些信用较差的小银行勾结，故意开出内容叙述复杂、条款含糊不清的信用证，致使出口企业收汇困难或造成单据不符而被迫主动降价的结局。

（3）进口商不按合同规定开立信用证。信用证是银行根据进口商的要求或指示开立的，信用证的条款应与合同条款一致，但在实际业务中，存在进口商操作疏忽或故意不依照合同开立信用证，从而使合同的执行发生困难或使出口企业违反合同规定，招致额外损失。

第三，被拒付的风险（或不符点风险）。虽然信用证中的开证行以自身的信用承担独立的付款责任，但正是由于信用证运作的独立性，使一些进口商有机可乘，利用信用证只处理单据而不涉及货物的特点。当货物市场价格变化对自身不利时，在单据中挑毛病，以达到降价、减价、迟付、少付的目的。资信欠佳的开证行也往往站在其客户的立场，挑剔单据，以非实质性问题拒付，帮助客户达到目的。这时，出口企业就会面临不能安全及时收汇的风险。总之，一旦出现不符点问题，无论是确实的不符点还是挑剔的不符点，受益人（出口企业）都将承担一些潜在的风险，如利率风险、汇率风险、商品降价风险、商品损坏变质风险、增加运费风险、利息损失风险等。

第四，开证银行资信风险。对于一些资信度较低的银行来说，开立的信用证一旦被受益人接受，往往意味着收汇困难。一旦开证银行宣告破产就无法对单据进行偿付，出口企业则丧失银行信用。

第五，结算人员工作疏漏造成出口商收汇风险。在结算业务中常常发生由于工作人员对国际结算的有关国际惯例不熟悉、缺乏实践经验或工作责任心不强、违规操作等原因，造成的单证不符、单单不符，遭到开证行拒付的情形。这就是信用证结算方式下的单证不符风险。

**4. 国际保理结算方式下的出口企业国际结算风险**

在国际保理业务方式下，出口企业利用商业信用出卖商品，在货物装船后，将发票、汇票、提单等有关单据无追索权地卖断给保理商，立即或远期收进全部或部分货款，从而取得资金融通。国际保理结算方式下，出口企业面临两种风险：第一，产品争议及产品质量争议。外贸出口企业国际结算的风险管理引发纠纷时，无法获得货款的风险。在保理业务中买卖双方对产品有争议或买方挑剔产品质量时，出现进口商拒付、迟付以及货款要求打折扣等情形，保理商概不承担付款责任。第二，欺诈风险。尽管保理商对其授信额要付100%的责任，但一旦保理商和进口商勾结，特别是我们出口企业对刚接触的新客户了解甚少时，如果保理商夸大进口商的信用度，又在没有融资的条件下，容易造成钱货两空的局面。

### （三）国际结算环境风险

外贸出口企业在国际结算中，除上述风险外还会遭遇国际结算环境风险。

第一，市场风险。所谓市场风险是指由于商品的国际市场情况发生变动而对买卖双方可能造成的风险。外贸出口企业的国际结算受到国外、国内市场的影响，因而受不确定因素影响较大，即因市场价格水平或其波动幅度的不利变动给出口企业带来的货款回收风险。

第二，国家风险。由于国际结算是对不同国家间债权债务的清偿以及货币支付，因此交易对手国家的政治、经济、社会环境变化，将影响该国债务偿还的能力及支付能力。战争、内乱和国家政策措施的变化等都会形成国家风险，如出口企业对伊朗、伊拉克等国贸易，由于众所周知的原因，上述国家长期处于不稳定的战争、内乱状态，因而极易形成出口应收账款无法按期收回。国家风险还包括交易对手国家的金融政策、金融危机造成对方银行丧失支付能力。

第三，外汇管理风险。外汇管理是指一国政府对居民和非居民的涉及外汇流入和流出活动进行的限制性管理。不同的贸易伙伴国在不同的时期推行不同的外汇管理政策，例如我国目前是实行部分外汇管制的国家，即对经常项目的外汇收支原则上不予限制，对资本项目外汇收支有所限制。对贸易伙伴国的外汇管理体制及相关法规缺乏了解造成的国际结算业务风险，即为外汇管理风险。

第四，汇率波动风险。由于国际结算业务是发生在至少两个国家（或地区）间的结算行为，因而两国间货币比价的波动可能会形成的风险，即是汇率风险。如近年来，欧元的持续走高，使以欧元结算的出口企业喜上眉梢，而美元的连续贬值则使以美元结算的出口企业愁眉不展，因为前者欧元升值使其收益增加，后者美元的连续贬值使其收益下降（目前我国规定，在对外贸易中只能用美元结算）。

第五，法律和惯例风险：国际结算业务中的货物交易是营业处所分属不同国家的当事人之间的交易。由于进出口双方当事人所在国家法律制度上的差异，发生争端在所难免，由此形成了法律风险。国际商会为了解决国际结算纠纷还制定了相关的规则和惯例，如《跟单信用证统一惯例》《托收统一规则》等，由于当事人的理解不同，也可能形成惯例风险。

第六，欺诈风险。由于贸易伙伴良莠不齐，国际结算中，不良进口商设置陷阱骗取货物，致使出口企业钱货两空的事情时有发生。

## 三、结算风险的防范

### （一）客户信用风险的规避

就客户资信调查而言，其内容至少包括：第一，核实贸易伙伴是否具有合法的对外经营主体资格；第二，调查贸易伙伴是否具备从事国际贸易经营的实力；第三，了解贸易伙伴的经营记录；第四，确认贸易伙伴的信用状况，明了贸易伙伴所能提供的资信担保措施；第五，根据不同客户的信用信息，将客户按其身份、资信状况、履约能力等方面划分为不同等级，实行分类管理。

## （二）针对国际结算方式的风险规避措施

### 1. 针对不同客户选择不同的结算方式

第一，对不同地区的客户，采用不同的做法。如欧、美、日、澳、新地区的客户，一般而言，资信比较好，国家金融运作体系正常，所以一般 D/P 远期风险不大；而南美、非洲、中东、原苏东地区都是高风险地区，即便是 D/P 即期或远期付款，也要求投保出口信用险。

第二，视合同金额的大小和新老客户区别对待，灵活采用结算方式。如果是老客户，以前配合得很好，涉及合同金额比较小，可以接受托收；如果是新客户或者合同金额较大，对托收结算方式或货到付款结算方式，应投保出口信用险或采用国际保理。对于初始交易的新客户，最好从小批量做起，尽量采用 L/C（信用证）结算方式。切忌在买方资信情况不明确时采用托收方式下的即期、远期付款交单或承兑交单。同时要对客户资信实行动态掌握，连续考察，随时注意调整结算方式。

第三，对于风险难以判断的客户，预收部分定金，作为进口商履行合同的保证，以防在供货期内因出口商品国际市场价格下跌进口商寻找借口拒绝执行合同而蒙受损失。

第四，要求客户提供信用担保。如果出口企业按期交货后，进口商未按合同规定付款，则担保人负责偿还。这对出口企业来说是一种简便、及时和确定的保障。

第五，有针对性地采用出口信用保险及保理业务。出口信用保险是以国家财力为后盾的政策性保险，旨在鼓励本国出口贸易，并有效降低收汇风险。出口保理业务是出口企业把风险转嫁给了承购应收账款的组织，是规避应收账款风险的良好办法。出口信用保险及保理业务虽然需要支付一定数额的保险费及承购手续费及利息，增加了出口成本，但有效地锁定了应收账款的风险。可以在所支付的成本费用与扩大出口创汇、创利之间进行比较，权衡得失，选择合适的风险控制办法。

### 2. 采用汇付、托收方式等商业信用结算方式的国际结算风险规避

采用汇付、托收方式等商业信用结算方式时，与出口信用保险、国际保理和福费廷贸易结算组合后，出口企业商机丧失成本要低于信用证方式。在坏账风险保障程度上，出口信用保险损失赔偿比例为：由政治风险造成损失的最高赔偿比例为 90%；由破产、无力偿付债务、拖欠等其他商业风险造成损失的最高赔偿比例为 90%；由买方拒收货物所造成损失的最高赔偿比例为 80%。国际保理和福费廷为全额保障。在实际使用的费用（可以理解为管理成本）方面，保理业务手续费包括保理商佣金、发票处理费和银行费用。保理商佣金一般为发票金额的 0.6%~1.2%，其中出口保理商佣金约为发票金额的 0.1%~0.4%，进口保理商佣金约为发票金额的 0.4%~1%。发票处理费用约为 10 美元，银行费用每笔汇款约为 10~30 美元。如果出口企业需要融资，应按融资金额支付融资利息；福费廷业务收

费包括手续费和贴现利息，手续费很低，一般为每笔 50 美元，部分金融机构不收手续费。出口信用保险的费用包括资信调查费用和保费，资信调查费用按保费单定额交纳，有些保险商将该费用纳入保费一并收取。保费主要受结算方式、进口国或地区风险、进口商整体风险状况和每年投保发票总额等因素的影响，一般保费比例在 0.8% ~ 1%。出口商一般选择高风险的地区和客户投保，相对来讲，保费比例不算高。因此，相对而言，手续费加融资息之和从低到高的顺序为福费廷、保理和出口信用保险。从表面上看，这些金融工具收取的费用增加了出口企业的成本，迫使出口企业提高出口商品价格，影响出口商品的竞争力。但在实际运用中并非如此，因为货价提高的金额一般仍低于交开证费和信用证保证金而使进口商蒙受的损失，对出口企业而言是具有竞争优势的选择。

**3. 采用银行信用结算方式下的国际结算风险管理**

对于一般常见的信用证风险可以采取如下措施。

第一，重视对国外开证行与贸易伙伴的资信审查。在出口贸易结算中，要审核国外开证行的资信与经营作风，尤其是对于那些政治、经济局势不稳、外汇管理较严国家的开证行，更要谨慎审核。对于风险较大的开证行开具的信用证，可以让国际上知名的大银行加具保兑。

第二，依据相关国际结算惯例应对拒付问题。如果出口企业在交单后遭到开证行拒付，出口企业应在收到银行拒付通知后，立即根据相关国际结算惯例，判断拒付理由是否成立。

第三，提高业务人员的结算工作质量。国际结算制单员应加强国际贸易业务学习，熟练掌握相关国际惯例。缮制单据时确保单单一致、单证相符。对于发生异常现象的信用证单据业务，应完整记录业务发生、纠纷、交涉和处理结果等内容，以备查询及分析，尽早发现问题，防止风险的发生。

第四，要认真审核信用证。首先通知行应合理谨慎地审核信用证，认真核对密押或印鉴，如有疑点应及时查询；如果出口企业收到国外开证行直接寄来的信用证，一定要到银行核对印鉴。其次，出口企业要根据出口合同认真审核信用证，一旦发现有与合同不符的条款或出口企业无法提供的单据条款或信用证软条款，应及时联系进口企业修改信用证。

## （三）汇率风险的规避措施

当前由于人民币持续升值，出口企业在国际结算中面临汇率损失风险。出口企业可采取如下方法规避汇率风险：

第一，在合同中增加货币保值条款即选择某种与计价货币不一致的、价值稳定的货币，将合同金额转换为所选货币来表示；结算时，把所选货币折算为计价货币来完成收付。

第二，通过远期结售汇、提前或滞后政策、套期保值、汇率风险分担条款等金融工具，转嫁或锁定风险。

第三，用人民币结算。自 2009 年 7 月跨境贸易人民币结算试点开展以来，跨境贸易人民币结算业务增长较快，企业和银行对用人民币进行跨境贸易结算的需求不断增长。人民银行、财政部、商务部、海关总署、税务总局和银监会联合发布《关于扩大跨境贸易人民币结算试点有关问题的通知》，扩大跨境贸易人民币结算试点范围。跨境贸易人民币结算试点地区由上海市和广东省的 4 个城市扩大到北京、天津、内蒙古、辽宁、上海、江苏、浙江、福建、山东、湖北、广东、广西、海南、重庆、四川、云南、吉林、黑龙江、西藏、新疆等 20 个省（区、市）；试点业务范围包括跨境货物贸易、服务贸易和其他经常项目人民币结算；不再限制境外地域，企业可按市场原则选择使用人民币结算。出口企业直接用人民币进行结算，可以大幅降低贸易交易成本，同时规避因美元贬值所带来的风险。

### （四）加强应收账款的催收

外贸出口企业要利用账龄分析表及时掌握应收账款的动态，对于超过信用期的应收账款应积极催收。要针对不同的客户采用不同的催收方法。

第一，企业在拿到所需要的单据后应立即通过银行办理收款，争取尽快结汇。

第二，对于故意拖欠、恶意拒付的客户，出口企业应该尽早采取强硬的收款措施，给对方施加压力，以达到收回拖欠账款的目的。

第三，对于经营出现暂时困难、资金周转不灵、经过客户自身努力可以走出困境而恢复支付能力的，出口企业应给予适当的宽限期。帮助客户渡过经营难关，以有利于应收账款的回收，同时也会赢得客户的信任和支持，有利于合作关系的进一步拓展。

第四，对于超过宽限期仍无力偿付债务或濒临破产或已宣告破产的企业，则只有通过法律途径来收回应收账款。

一般来说，绝大多数通过出口企业资信调查审查的客户是重视其信誉的，如果出口企业的信用政策和程序没达到既定目标，首先应检查信用管理部门的措施是否适当和到位，然后对信用政策和应收账款管理程序做适当的调整。如果没有正确地执行信用政策，就应该适当改变信用程序；如果正确地执行了信用程序，就应该适当改变信用政策。企业制定的信用政策如果过严可能会伤害部分客户，导致出口企业丧失商机；如果信用政策过宽，又可能导致坏账率过高。企业应根据实际情况制定宽严适度的信用政策，并根据内外部环境的变化不断做出调整。

### （五）提高产品质量和服务，增强竞争力以获取风险相对较小的结算方式

在当前外贸出口企业国际市场竞争激烈、内部国际结算风险管理机制不健全的情况下，一些出口企业只顾眼前利益，以赊销方式获得订单存在很大的风险。这只能是一种短期行为。要想使外贸出口企业获得长期发展，必须从提高产品质量和服务入手，增强产品附加值，进而提高产品竞争力。企业可通过改进产品品质、精心设计商标和包装，以特色占领市场。同时，改善售后服务以及广告宣传等手段，以服务开拓市场。良好的服务能使外贸出口企业避开不利的国际结算方式，降低国际结算风险。

### （六）培养国际结算风险管理人才

企业管理以人为本，优秀的管理人才是提升管理水平的关键要素，出口企业的国际结

算风险管理也是如此。我国加入 WTO 后，国际结算风险管理工作需要熟悉 WTO 规则、国际外汇市场、期货市场、世界经济动态和国际金融市场的管理人员。国际结算风险管理人员，需要在种种诱因带来的国际结算风险发生之前，能够准确预测，主动采取避险措施，使企业遭受的损失降到最低。

# 第二部分　结算风险实训习题

**实训习题1**　银行对客户资信的审查，特别是开证行对开证申请人的审查，主要从哪些方面审查

**实训习题2**　开证之前，开证行对开证申请人提交的开证申请书需要严格审核，主要从哪些方面审查

### 实训习题3　授信构成分析

BMW 经常在 SCB 银行办理各种业务，SCB 银行根据 BMW 公司的资信、经营状况、往来信用记录为其设定了一个总额为 2000 万美元的一揽子信用额度，以方便这家 BMW 在 SCB 银行办理各种业务，这 2000 万美元的信用额度是这样确定的。

| 种类 | | 金额（美元） | | 合计 |
|---|---|---|---|---|
| 贸易融资 | 出口贸易融资 | 出口押汇 | 200 | 480 |
| | | 出口打包贷款 | 160 | |
| | | 贴现 | 120 | |
| | 进口贸易融资 | 进口开证 | 280 | 410 |
| | | 进口押汇 | 240 | |
| | 信用便利 | 保函 | 80 | 200 |
| | | 承兑汇票 | 120 | |
| 信贷 | 短期信贷 | 透支 | 400 | 600 |
| | | 短期贷款 | 200 | |
| | 长期信贷 | 长期贷款 | 200 | 200 |
| 合计 | | | 2000 | |

根据以上材料回答问题：

（1）为什么 SCB 银行为什么给予 BMW2000 万美元的信用授信额度？

（2）假如现在该公司要对外开证 300 万美元，保证金比例为 20%，BMW 需要给予银行多少保证金？

（3）假如到付款时间时银行账户上余额不足，需要对该信用证办理进口押汇，那么银行最多给予押汇多少？

### 实训习题 4　对外开立大额信用证的财务风险防范

【案例】福建东德塑料包装材料有限公司（简称：委托方）为生产型企业，为扩大生产拟从瑞士进口一条包装薄膜生产线，合同总价为 1500 万欧元。但限于自身的银行授信规模和流动资金情况，其无法自行对外开证，故委托某商贸公司（简称：受托方）对外开立即期信用证，以缓解资金压力，实现间接融资。

委托方注册资本 1 亿元，主营塑料包装材料，为当地的重点企业、市工业 30 强企业、连续 5 年被金融系统评为"AAA"级信用企业。据近期报表反映，其资产总额为 60879 万元，负债总额为 35321 万元，资产负债率为 58%，净资产为 25558 万元，累计对外担保为 8500 万元，2017 年度完成工业总产值 5 亿元。据拟引进项目的可行性研究分析报告反映，其主要财务数据如下。

| 项目的投资总额 | 投资总额 20000 万元，其中固定资产投资 17000 万元（合用汇 1500 万欧元），流动资金 3000 万元 |
| --- | --- |
| 预计年增收入额 | 50000 万元 |
| 预计年利润 | 6000 万元 |
| 动态投资回收期 | 6.34 年 |

进口生产线设备的付款方式：

（1）先以 T/T 支付合同总额的 10% 定金，剩余的货款分四张信用证等分 22.5% 来支付进口设备 90% 货款（设备分等额四批进口），即 2017 年 10 月付 10% 的 T/T 计 150 万欧元，信用证的开证和到期赎单点如下表所示。

| 2017 年 12 月对外开立第一张信用证，计 337.5 万欧元 |
| --- |
| 2018 年 2 月对外开立第二张信用证，计 337.5 万欧元 |
| 2018 年 4 月对外开立第三张信用证，计 337.5 万欧元 |
| 2018 年 6 月对外开立第四张信用证，计 337.5 万欧元 |

（2）该项目委托方拟向银行申请授信人民币 18000 万元，其中固定资产专项贷款 16000 万元，银行承兑汇票 2000 万元，贷款期限 2 年。用企业持有的土地使用权做抵押和当地较有影响力的上市公司提供连带责任担保。

**问题：**

受托方代理进口该项目，并对外开立 1350 万欧元的即期信用证，应如何考虑财务风险？采取什么应对措施？

## 实训习题 5

泰国 SCT 公司出口木薯干给上海的秋台养殖场做饲料，两家企业合作多年，在 2019 年春天，SCT 以 D/P AT SIGHT 的方式给秋台养殖场发货 20 个集装箱的饲料原材料木薯干，由于遭遇禽流感，秋台养殖场损失惨重，无力及时到银行赎单，造成 SCT 的货堆放在上海码头一个多月。问题：

（1）SCT 公司面临着哪些风险？

（2）SCT 公司产生风险的原因是什么？

（3）SCT 公司有哪些补救措施？可行性如何？

（4）SCT 为了防范类似的风险有哪些教训？

# 参考文献

［1］陈广先. 国际结算［M］. 杭州：浙江大学出版社，2009.

［2］周红军，阎之大. 国际结算函电实务［M］. 北京：中国海关出版社，2010.

［3］陈岩，刘玲. 国际结算［M］. 北京：高等教育出版社，2012.

［4］苏宗祥. 国际结算（第三版）［M］. 北京：中国金融出版社，2005.

［5］靳生. 国际结算实验教程［M］. 北京：中国金融出版社，2007.

［6］原擒龙. 商业银行国际结算与贸易融资业务［M］. 北京：中国金融出版社，2008.

［7］蓝振峰. 国际贸易实务教程［M］. 北京：经济科学出版社，2009.

［8］秦定，徐明. 国际结算实训教程［M］. 北京：清华大学出版社，2011.

［9］梁琦. 国际结算［M］. 北京：高等教育出版社，2019.

［10］林建煌. 品读 ISBP745［M］. 厦门：厦门大学出版社，2013.

［11］蓝振峰. 国际贸易结算与融资实训［M］. 杭州：浙江大学出版社，2014.

［12］蓝振峰. 信用证业务实战和范例［M］. 长春：东北师范大学出版社，2018.